平台创新：构筑国家竞争新优势

陈光华 著

科学出版社
北 京

内 容 简 介

当前，平台经济呈指数级增长态势，成为新经济发展、新动能培育的主要来源。平台型组织作为平台经济发展的主要组织模式，展现出颠覆性的经济效应、管理效应与创新效应，大国竞争在一定程度上体现为平台之争。本书从三个方面开展系统研究工作：一是分析平台型组织发展的总体趋势，包括发展态势、理论基础、崛起动因等方面；二是分析平台型组织发展的基本规律，包括组织架构、竞争优势、开放赋能、跨界融通、创新生态、价值创造、演化路径等方面；三是分析平台型组织发展的应对策略，包括治理体系和促进政策等方面。

本书可供致力于推动平台经济发展的决策者，探索平台型组织发展规律的研究者，以及运营平台型组织的实践者阅读参考。

图书在版编目(CIP)数据

平台创新：构筑国家竞争新优势 / 陈光华著. —北京：科学出版社，2021. 7

ISBN 978-7-03-069390-7

Ⅰ. ①平…　Ⅱ. ①陈…　Ⅲ. ①网络经济-研究-中国　Ⅳ. ①F492. 3

中国版本图书馆 CIP 数据核字（2021）第 143353 号

责任编辑：李晓娟 / 责任校对：郑金红
责任印制：吴兆东 / 封面设计：无极书装

科学出版社 出版
北京东黄城根北街 16 号
邮政编码：100717
http://www.sciencep.com

北京中科印刷有限公司 印刷
科学出版社发行　各地新华书店经销
*
2021 年 7 月第　一　版　开本：720×1000　1/16
2021 年11月第二次印刷　印张：12 3/4
字数：300 000

定价：138.00 元

（如有印装质量问题，我社负责调换）

前　　言

平台在自然界和人类社会自古有之、形态多样。近年来，借助互联网、移动互联网作为“平台之母”的作用，平台型组织创新机会不断增多，不仅创造了一些全新的平台，而且把一些传统的业务改造成了平台。平台型组织的革命性影响已经率先在电子商务、交通出行、移动支付、旅行住宿、能源交易、社交网络等多个行业领域展现。随着新一代信息技术向经济社会各行业各领域加速融合，未来平台型组织将更广泛渗透到金融服务、知识技能、生产能力、制造过程等关系生产、生活的方方面面。平台经济的规模、范围和影响力与日俱增，成为一种重要的经济现象、组织现象、管理现象和社会现象，产生全方位影响和颠覆性作用。

平台型组织的实践已经远远走在理论之前，呼唤理论研究不断深入。新经济发展总是与产业组织模式的变革相辅相成，如第一次工业革命的“工厂制”，第二次工业革命的“流水线”都极大加快了生产力发展的进程。“平台化”是新一轮科技革命与产业变革的鲜明特征。数字经济、智能经济等新兴经济业态，以及开放式创新、大规模定制、社会化生产等新兴生产组织模式均以平台型组织为依托。

平台型组织的发展经历了从线下到线上，再到线上线下融通的过程。互联网的发明催生了操作系统、搜索引擎等第一代纯线上的平台型组织的发展浪潮。移动互联网的兴起，则带动了苹果、优步等第二代平台型组织的发展浪潮，开始打破线上线下隔绝的局面，逐步实现线上线下的融通发展。随着物联网的兴起，以GE Predix为代表的第三代平台型组织浪潮横空出世，彻底消弭了线上线下的边界，实现现实世界与数字世界的镜像孪生。可以说，平台型组织发端于传统经济，成长于互联网经济，爆发于移动互联网经济，成熟于数字经济、智能经济。

随着新一代信息技术的广泛渗透，数字属性、连接属性、智能属性成为各行业各领域的普遍属性，组织面临更多的环境复杂性、艰巨性和不确定性，给传统组织的发展带来前所未有的挑战，也为组织模式变革提供了新的条件和手段。平台型组织通过发挥“媒介”或者“载体”作用，聚合优质发展资源，为广大参与者开放赋能，开创群体创新的新范式，实现与利益相关者的价值共创、收益共享、生态共赢，在实现自身发展的同时，带动平台生态系统的成形和平台经济的壮大。总体而言，平台型组织的产生和发展，符合生产力变革的大方向，顺应生产关系变革的潮流，代表组织变革的总体趋势。

平台经济成为经济增长的主要动力来源之一，国家之间的竞争在一定程度上表现为平台之间的竞争，直接影响到国家竞争新优势的构筑。2019 年全球市值最高的 10 家企业中，有 7 家属于平台型组织，包括美国的微软、苹果、亚马逊、谷歌、脸书，以及中国的阿里巴巴和腾讯，中美两国已经发展成为平台经济的“双子星座”。平台型组织已经成为培育壮大新动能，改造提升传统动能，促进数字经济发展的主要媒介和载体，是国家创新能力和产业竞争力的重要依托和表征。同时，平台型组织在市场竞争、灵活就业、数据安全等方面还面临不少治理、监管和政策问题。我们既要发挥平台型组织的正面积极效能，又要防止其负面影响，保障其始终处于规范健康持续发展的快车道上。

近年来我国平台经济快速发展，在经济社会发展全局中的地位和作用日益突显，平台经济发展受到政策层面的高度关注。2021 年 3 月，中央财经委员会第九次会议召开，充分肯定平台经济的作用，认为“平台经济有利于提高全社会资源配置效率，推动技术和产业变革朝着信息化、数字化、智能化方向加速演进，有助于贯通国民经济循环各环节，也有利于提高国家治理的智能化、全域化、个性化、精细化水平”，并强调“我国平台经济发展正处在关键时期，要着眼长远、兼顾当前，补齐短板、强化弱项，营造创新环境，解决突出矛盾和问题，推动平台经济规范健康持续发展”。《国民经济和社会发展第十四个五年规划和 2035 年远景目标纲要》提出，“促进共享经济、平台经济健康发展”，并要求“健全共享经济、平台经济和新个体经济管理规范，清理不合理的行政许可、资质资格事项，支持平台企业创新发展、增强国际竞争力。依法依规加强互联网平台经济监管，明确平台企业定位和监管规则，完善垄断认定法律规范，打击垄断和不正当竞争行为”。2019 年 8 月，国务院办公厅发布《国务院办公厅关于促进平台经济规范健康发展的指导意见》（国办发〔2019〕38 号），该意见是国家层面促进平台经济规范健康发展的重要文件。从地方来看，上海、江苏、湖北、福建、广西、重庆等地相继发布促进平台经济发展的专门实施意见。从部门来看，国家发展和改革委员会、商务部等部门出台关于平台经济发展的政策措施。促进并规范平台经济发展的政策合力已经形成。在新冠肺炎疫情期间，平台型组织发挥不可或缺的重要作用，成为生产生活联系、供给需求对接的重要桥梁，受到普遍关注。平台经济是新经济，缺乏现成经验可循，对行政审批、政策支持、标准规范、资源开放的要求均与传统产业发展存在较大差异，需要根据平台型组织的发展特征重塑治理体系、监管体制和政策工具。

平台型组织可以作为贯彻落实新发展理念，实施高质量发展战略，建设现代化经济体系的重要抓手和核心引擎。创新发展、协调发展、绿色发展、开放发展、共享发展的新发展理念与平台型组织的发展特征不谋而合。从创新发展理念来看，平台型组织正在催生一个个新的行业，也在颠覆一个个传统行业，是实施创新驱动发展战略的重要载体；从协调发展理念来看，平台型组织有助于贯通国民经济循环各环节，协调了大量中小企业甚至是海量个体参与到生产过程之中，促进了资源和要素在全社会、各领域、各区域之间的广泛融通，实现了大中小型企业和用户的协调发展格局；从绿色发展理念来看，平台型组织有利于提高全社会资源配置效率，为低碳绿色发展创造了经济可行的方式；从开放发展理念来看，平台型组织是边界开放的，对接组织外部的一切知识、技术、人力资源，实现“为我所用”，打破了传统组织、区域、学科、身份的边界束缚；从共享发展理念来看，平台型组织是共享经济发展的重要依托，没有平台型组织就难以分享任何事物，其促进了分享经济的广泛渗透。因此，搭建好、运营好、管理好平台型组织，对准确把握新发展阶段，深入贯彻新发展理念，加快构建新发展格局，实现高质量发展具有重要意义。

本书的章节安排如下：第 1 章，分析平台型组织的概念内涵、发展历程和国内外发展态势。第 2 章，分析平台型组织研究的理论基础，运用文献计量研究方法揭示国内外平台研究的整体概览，从管理学和经济学的视角对平台型组织理论进行文献综述，指明平台型组织研究的未来趋势。第 3 章，分析平台型组织的崛起动因，平台型组织作为组织变革的一种方式，是在生产力变革和生产关系变革的大背景下发生的，并且代表了组织变革的前沿趋势。第 4 章，分析平台型组织的架构原型，构建媒介型平台与载体型平台两种不同类型的架构原型，阐释媒介型平台与载体型平台的组织形态、组织结构与组织功能。第 5 章，分析平台型组织的资源聚合方式，聚合不同于整合，聚合更具开放性和包容性，资源聚合的纽带是各类有形和无形界面接口。第 6 章，分析平台型组织的开放赋能方式，重点分析平台型组织如何为产业赋能、为企业赋能以及为个体赋能。第 7 章，分析平台型组织的跨界融通方式，包括三次产业跨界融通、上中下游价值链跨界融通、大中小型企业跨界融通、近中远空间跨界融通、产业集群/虚拟集群跨界融通驱动因素与实施路径。第 8 章，分析平台型组织的创新生态体系，平台型组织带动形成群体创新的新范式，基于平台型组织的开放式创新、颠覆式创新和集群式创新战略有利于提升创新效率。第 9 章，分析平台型组织的价值创造模式，是一个从价值共创、收益共享到生态共赢的整体过程。第 10 章，分析平台型组织从基石构建到平台生态系统成型的演化路径，重点研究渐演平台化、天生平台化、转型平台化和复合平台化 4 条主要演化路径。第 11 章，分析平台型组织的治理体系，面对市场失灵、政府失灵、组织失灵的治理困境，需要构建具有“适新应变”特征的新型平台治理体系。第 12 章，分析平台型组织的发展政策，重点分析产业政策、标准政策、就业政策、竞争政策等与平台型组织发展密切相关的政策，并对中央、各部门、各地方当前实施的平台经济政策进行重点解析。

本书的研究得到了国家社会科学基金青年项目“平台型组织创新研究”（17CGL005）的资助和支持，在此表示衷心的感谢！平台型组织的研究从属于组织变革研究这样一个宏大命题。组织变革受到宏观环境和微观主体的双向作用和影响，是一个十分复杂的问题。当前，在新一轮科技革命与产业变革，特别是新一代信息技术的使能和赋能之下，组织正在加速变革的过程之中，这一过程充满复杂性、长期性、动态性和艰巨性。面对这样一个极具挑战性的研究问题，作者的知识积累、研究经验、时间精力显得尤为不足，疏漏之处在所难免，希望各位读者不吝赐教，以便在后续研究过程之中不断改进。

著　者

2021 年 7 月

目　　录

第1章 继承超越——平台型组织概念要义

“平台”一词含义多样，应用广泛，历史悠久，作为一种自然现象和社会经济现象，其在自然界和人类社会自古有之且形态多样，并不是一个全新的概念。在互联网时代，平台型组织获得了全新的规模、内涵与影响力，发展为区别于传统经济的现代平台经济形态，并逐步成为理论研究和实践关注的焦点。当前，无论是平台理论研究还是平台管理实践都在如火如荼地进行。为了解各种情景下，平台的概念是同义的，还是使用同样的词汇去描述截然不同的事物（Thomas et al.，2014）？需要开展针对平台型组织的系统概念辨析，明确平台型组织的基本内涵、发展历程与发展特征。

1.1 平台型组织的概念内涵

平台概念在不同流派的学术文献中都有使用和讨论，尤其是在产品开发、技术战略和产业经济学中得到较多的研究（Gawer，2014）。分析平台型组织的基本内涵，系统辨析平台型组织与其他平台概念的联系与区别，构建简单、清晰、普适的平台分类体系，有利于更好地把握平台型组织的共通性，有效区分不同产业的特殊性，建立平台型组织的研究基础，形成统一的认知框架，更有针对性地反映和指导行业实践。

1.1.1 平台型组织的基本内涵

根据《牛津英语词典》的解释，平台是指“人或事物站立的凸起的水平面，通常指用于特定的活动或操作的离散结构”。“平台”这个术语在许多情景中都被使用过，但是其最基础的含义是指基础、跳板以及一套标准的互动界面。表1-1梳理了从技术视角、经济视角、管理视角和能力视角等多种不同视角出发，有关平台的代表性定义。不同类型的组织之所以都能称之为平台，是因为有着共通的组织架构（Gawer，2011）。虽然在具体定义上有所差别，但是这些定义都强调了平台的可扩展性、开放性和互动性。

表 1-1 基于不同研究视角的平台代表性定义

视角	定义	作者	对象
技术视角	平台是为满足核心顾客群体，便于通过加、减或修改模块等方式调整衍生产品而设计的产品	Wheelwright 和 Clark（1992）	飞机、汽车
经济视角	平台是市场上相互不同程度需要的双边交易的空间或场所	Roche 和 Tirole（2003）	信用卡
管理视角	产业平台是一项产品、服务或技术，由一个或数个公司研发，作为其他公司创建互补产品、服务和技术的基础	Gawer 和 Cusumano（2002）	微软、英特尔
能力视角	平台是一套商业能力，在这些能力的基础上，可以发展其他的能力，并把原有的能力与其他能力连接起来，进一步增强扩展	桑福德（2008）	国际商业机器公司等

根据上述研究定义，结合研究的实际情况，提出平台型组织的定义。本书研究的平台型组织是打造提供平台、管理运营平台、治理平台的企业组织。当前，平台型组织的辐射范围迅速扩大、承载功能迅速提升、匹配效率迅速增强，平台型组织是协调配置资源、汇聚创造价值的基本经济组织，是平台经济、分享经济、信息经济、智能制造经济等新兴经济业态的基本依托和存在形态。

平台型组织多种多样、形态各异，在三次产业中都广泛存在，汽车车身框架、电子商务、视频游戏机、软件程序、交通出行、社交网络、购物中心、信用卡、操作系统、园区、港口等很多貌似不相关的业务均被称为“平台”，它们具有某些共同的组织属性，但在具体产业形态上却相去甚远。国内外有关平台型组织的典型分类见表 1-2。在进行平台分类的时候，存在各种不同的标准。例如，按照平台的功能可分为交易平台、创新平台、投资平台、集成平台；按照平台的范围可分为内部平台、供应链平台、产业平台、双边/多边市场平台；按照平台的竞争程度可分为垄断性平台、竞争性平台、存在竞争性瓶颈的平台。平台型组织的分类体系尚未统一。从趋势来看，平台型组织的分类体系逐步从复杂走向简约，打破依据行业的复杂分类体系，依据平台型组织的共通属性来进行分类，如方军等（2018）将平台型组织分为普通连接型平台、产消合一型平台，联合国贸易和发展会议（2019）将平台型组织分为交易平台（双边市场平台）、创新平台（技术平台），从而进一步提高分类体系的普适性和包容度。

表 1-2　国内外有关平台型组织的典型分类

作者	类型	时间
Rochet 和 Tirole	交易类平台、媒体类平台、支付类平台、软件类平台	2003 年
Armstrong	垄断性平台、竞争性平台、存在竞争性瓶颈的平台	2006 年
徐晋和张祥建	纵向平台、横向平台、观众平台	2006 年
Hagiu	中介市场、受众制造者市场、共享投入的市场、基于交易的市场	2009 年
Gawer	内部平台、供应链平台、产业平台、双边/多边市场平台	2011 年
Evans 和 Gawer	交易平台、创新平台、投资平台、集成平台	2016 年
Langley 和 Ley-shon	在线交易市场、社交媒体、共享经济、众包、众筹	2016 年
方军等	普通连接型平台、产消合一型平台	2018 年
联合国贸易和发展会议	交易平台（双边市场平台）、创新平台（技术平台）	2019 年

科学合理的分类体系，有利于统一对平台型组织的认识，并发现不同类型平台型组织管理模式的差异。本书根据事物特征属性来识别平台型组织类型，尝试抽象并归纳综合性更强、实践面更广的平台型组织分类体系，使其能够适应和融合多种不同类型平台型组织的特点，力争为平台型组织的理论研究奠定坚实基础。本书遵循简化分类的研究趋势，根据平台型组织的最本质性质的差别，将平台型组织的基本原型分为“媒介型平台”和“载体型平台”两类，每一类都在具体的组织形态、组织结构与组织功能等组织的基本属性上存在显著差异。

1.1.2　平台型组织的概念辨析

平台概念成为政府、产业和研究界的热门词汇，平台组织、平台商业模式、平台生态系统等概念也经常混淆使用，给平台理论研究和实践带来疑惑。有必要通过“去粗取精、去伪存真、由此及彼、由表及里”的概念辨析过程，对平台（platform）、平台化（platformization）、平台型组织（platform organization）、平台生态系统（platform-based ecosystem）（Ozalp et al., 2018）、平台经济（platform economy）的概念进行系统辨析，界定不同概念的学术内涵、适用边界与应用范围，从而精准认识概念之间的差异性和关联性。

有关研究对平台型组织概念的认识存在狭义的和广义的不同理解。平台是平台型组织的基石，是对外提供产品和服务的接口，是最狭义的关于平台的定义。平台化是平台型组织生成、壮大直到形成平台生态系统的整个动态过程。平台型组织是平台的提供者、管理者、运营者、组织者、维护者，技术架构和治理机制是平台型组织运营的重要方面（Saadatmand et al.，2019）。平台生态系统是基于平台基石，以平台型组织为主体，通过平台化过程，各类参与主体共同互动而形成的平台生态系统，平台生态系统包括平台在内的一切相关事物。平台经济是最广泛的关于平台的定义，是围绕平台、平台之间、平台上多方主体产生的一系列经济现象及其外部性的总和（图 1-1），是建立在平台型组织基础之上的新型经济形态（芮明杰，2018）。

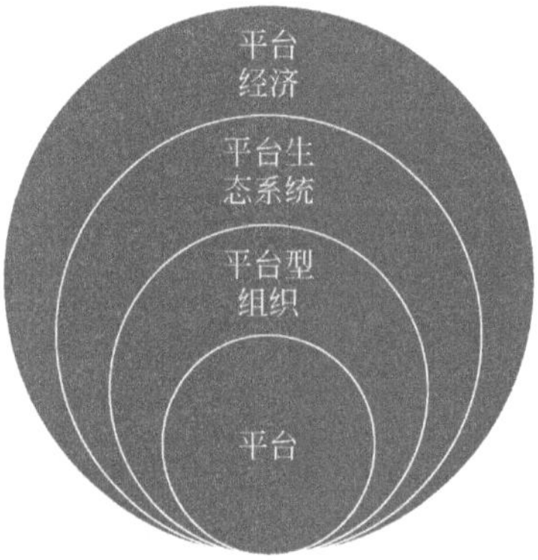

图 1-1　平台型组织概念辨析

其中，平台型组织与平台经济的概念需要重点明确。平台型组织与平台经济是两个相互关联但是又相互区别的概念，平台型组织与平台经济的关系，如同产业组织与产业经济的关系。平台经济、互联网经济、数字经济、分享经济是发展之“表”，平台型组织是发展之“里”，平台经济、互联网经济、数字经济、分享经济的发展模式各异、异彩纷呈，但是“隔行不隔理”，背后都遵循平台型组织发展的基本规律与运行逻辑。平台型组织是参与平台经济的主体，但平台经济不仅包括平台组织，还包括平台生态系统的其他成员。

平台经济发展与平台型组织成长是相互交织、相互影响的过程。一方面，平台经济的发展，要求快速响应用户需求，聚合外部网络资源，传统的科层制、金字塔形组织结构和运行机制难以满足平台经济发展的需要，必须朝着平台型组织的结构和形态演化。另一方面，平台型组织的演化变革，会显著影响平台经济的发展规模、范围和绩效，要么建设平台，要么参与平台战略之中，这已经成为众多企业的共同选择，那些成功的平台型组织能够显著促进平台经济的增长。

从平台、平台化、平台型组织、平台生态系统到平台经济，呈现出几个方面的重大变革：一是概念范围不断扩大，实现从基石到经济体系的变革；二是覆盖主体不断增多，实现从单一主体到海量主体的变革；三是分析层次不断叠加，实现从单一层次到多级层次的变革；四是功能不断扩展，实现从单一管理、经济或者技术功能到复合功能的变革；五是内涵不断丰富，实现从单一内涵到复合内涵的变革。

1.1.3 平台型组织的发展历程

平台理论初步成形的时间不久，但平台现象却和人类历史一样久远。最早有关平台的研究，可以追溯到进化论的奠基人达尔文。达尔文在环球旅行时发现，珊瑚礁在浩瀚的海洋中间形成了一个完美的椭圆形，为什么呢？达尔文的答案是，珊瑚礁是珊瑚虫和虫黄藻两种生物经过数百万年的共生，在火山口上长期沉降形成的。珊瑚礁为数百万海洋物种提供了栖息地，并在贫乏的水域，产生奇妙的、不可思议的、多种多样的生命，创造了多样化的海洋世界。珊瑚虫并没有积极主动地去建造珊瑚礁，这是一种不经意的、自然发生的行为，最终却促成一个活跃的生态系统的形成（钱平凡等，2014）。自然界中的珊瑚礁诠释了一个成功的平台型组织的基本运行形态。珊瑚虫和虫黄藻是相互需要、互为依赖的双边群体，下沉岛屿是作为“半成品”的平台，而珊瑚礁就是充满生命活力的平台生态系统，这一理解奠定了现代平台研究的基本内涵。

平台型组织的发展经历了从线下到线上，再到线上线下融通的过程（图 1-2）。根据平台的界定，平台现象非常普遍，线下的平台型组织，如酒吧、集市、交易所等都可以看作是平台型组织的原型，由来已久。可以说，平台模式并非全新的商业模式，并非为信息时代所独有独创。那么，当前人家对平台型组织的发展为何如此关注呢？那是因为平台型组织是在信息技术的“推波助澜”之下实现突破式发展的。

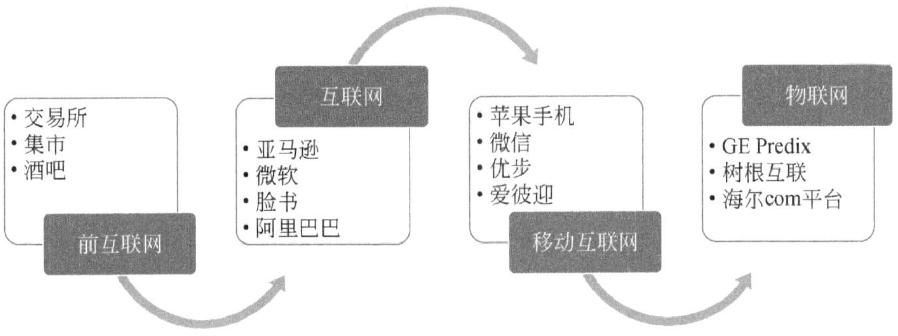

图 1-2 平台型组织发展历程

信息技术在平台型组织的萌芽、成长、爆发、成熟的整个过程之中起到重要的助力作用。互联网的发明催生了操作系统、搜索引擎等第一代平台型组织的发展浪潮，这些平台型组织都是纯线上的平台型组织。移动互联网的兴起，则带动了苹果、优步等第二代平台型组织的发展浪潮，这些平台型组织开始打破线上线下隔绝的局面，逐步实现线上线下的融通发展。而随着物联网的兴起，以 GE Predix 为代表的第三代平台型组织浪潮横空出世，彻底消弭了线上线下的边界，实现现实世界与数字世界的镜像孪生。可以说，平台型组织发端于传统经济，成长于互联网经济，爆发于移动互联网经济，成熟于数字经济智能经济，平台业务创新机会更多，新平台不断涌现，平台之间的互动更强，平台之间的竞争更为激烈，这些都意味着平台化时代正在兴起。

2019 年底，新型冠状病毒感染肺炎疫情（Corona Virus Disease 2019，COVID-19）爆发，迅速席卷全球。在此期间，各类企业的运行面临严重打击，而平台型组织和平台经济的力量悄然逆势崛起，展现出蓬勃发展势头。平台型组织成为疫情期间供给侧和需求侧快速连接的市场化桥梁。平台型组织发挥连接器作用，实现供给侧和需求侧的互联互通，连接参与各类活动的主体。例如，在线办公平台将雇主和员工连接起来，在线医疗平台将医生和病人连接起来，在线面试平台将雇主和求职者连接起来，在线健身平台将教练和学员连接起来，虽然这些连接平时都存在，但是在疫情期间，它们成为不可替代的重要选择，流量、用户数量、安装量都得到跳跃式发展。新型冠状病毒感染肺炎疫情可以说为平台经济的发展创设了天然的试验场，充分证明在物流、人流阻断的情形下，平台型组织保持了信息流、资金流的畅通，平台型组织有能力承担起在资源配置、供需匹配等方面发挥强有力作用的重任。平台型组织凭借可短时间、低社会成本地广泛调动社会资源，高效完成资源配置的优势，成为国家应急动员和协同合作的不可或缺的重要补充。2020 年并非平台经济的发展元年，却是平台经济发展登堂入室的一年，标志着平台经济正式成为未来主流经济形态的重要组成部分。

1.1.4 平台型组织的关注重点

当前，平台经济的发展，平台型组织的崛起受到政府、产业界、学术界、研究界、金融界、用户等政产学研金用各方面主体的共同关注。政产学研金用等不同主体关注的侧重点各有差别，有的更加关注微观的平台应用，有的则更加关注宏观的平台经济。

政府关注平台经济发展，应用平台模式促进经济增长，促进就业增长，发掘新的经济增长点，不断提高国家的整体核心竞争力。例如，由于欧洲平台经济的发展远远落后于中美两国，近年来，关于欧洲平台经济的总结报告大量出现。再如，德国 2019 年发布的《国家工业战略 2030》明确指出“目前，全球闻名的平台经济互联网公司几乎被中国与美国独揽，而德国与大多数欧盟成员国则被排除在外。这一形势似乎还没有发生改变，而德国需要采取行动”。欧盟委员会（European Commission）、欧洲议会（European Parliament）等发布了系列关于平台经济的研究报告，分析了平台经济的现状，反思了欧盟在平台经济发展中为何失去竞争力，以及如何增强欧盟平台经济发展能力。

从我国的情况来看，中央、各部门、各地方出台的有关平台经济、互联网+、双创、制造业与服务业融合、就业等方方面面的政策都涉及平台发展，国务院办公厅、商务部、国家发展和改革委员会专门印发有关平台经济的文件，致力于促进平台经济规范健康发展。上海在2014年最先发布推动平台经济发展的指导意见，江苏、湖北、福建、广西和重庆相继发布支持平台经济发展的意见。这些政策文件都强调，平台经济是一种新型的经济形态，是新经济发展、新动能培育的主要形式，应当促进平台经济规范健康发展。

产业界关注平台型组织发展和平台生态系统构建，希望通过采用平台型组织运营模式，建立平台生态系统，在行业内获取垄断地位，实现指数级发展，并在面临制度压力的情况下实现合法生长。平台型组织是带动新经济发展和新动能成长的利器，不少市值排名靠前的巨头企业和成长迅猛的独角兽企业都以平台型组织方式运营，不断构建和完善平台生态系统。

理论界关注平台经济和平台型组织的理论体系，利用现有的经济学、管理学理论或者探索新的理论来解释平台经济现象，从而适应平台经济对经济学、管理学、组织理论等理论体系的冲击，能够更好地指导平台的实践发展。例如，2014年诺贝尔经济学奖得主，法国经济学家让·梯若尔（Jean Tirole）的重要贡献之一就是对双边市场的研究，并以数学的方法指出了平台型组织作为双边市场与传统市场的差异（Rochet and Tirole，2003）。国内外有关平台经济的理论研究文章呈快速增长态势，一大批学者都开始关注平台型组织的规律，并在国际经济学、管理学主流期刊发表有关平台经济和平台型组织的理论文章（McIntyre and Srinivasan，2017）。平台型组织研究正在形成一股研究热潮。

研究界关注平台经济和平台型组织发展规律，及时跟踪监测平台经济和平台型组织发展的最新动态，并为政府科学决策提供智力支撑。例如，世界经济论坛、联合国贸易和发展会议等国际知名的研究机构，阿里研究院、腾讯研究院、美团研究院等企业的研究机构，以及中国信息通信研究院等政府研究机构，都开始定期或者不定期发布有关平台经济和平台型组织发展的专门报告，指导企业的平台化转型，促进政府平台经济政策的优化与出台。

金融界关注平台型组织发展带来的投资融资机遇。平台经济和平台型组织发展对金融发展带来全新的挑战和机遇，有利于运用平台模式改造和提升传统金融模式的运行效率，特别是促进普惠金融的实质性发展，为长期以来中小微企业的无报表、无信评、无抵押的“三无”问题，金融机构高成本、高风险、高定价的“三高”问题，以及政府监管难统一、难规范、难推广的“三难”问题提供一定的解决之道，构建金融、产业及政府生态融合的普惠金融创新生态。

用户关注具体的平台应用。平台经济渗透到生活的方方面面，为百姓日常的衣、食、住、用、行等各方面带来便利。例如，早晨去上班的时候可以通过移动出行平台出行，购物的时候可以通过在线电商平台等一键购买，吃饭的时候可以通过外卖平台点餐，支付的时候可以通过支付平台付款，可以说平台已经广泛深刻影响到人们的生活，带来更为便捷的生活。

1.2 平台型组织的发展态势

平台型组织的发展实践已经远远走在了平台型组织理论的前面，“平台”作为互联时代的组织管理新范式，其发展的规模、范围和影响力与日俱增，正在对全社会、各行业、各领域进行全面重塑和整体再造。中央财经委员会第九次会议指出，“近年来我国平台经济快速发展，在经济社会发展全局中的地位和作用日益突显。平台经济有利于提高全社会资源配置效率，推动技术和产业变革朝着信息化、数字化、智能化方向加速演进，有助于贯通国民经济循环各环节，也有利于提高国家治理的智能化、全域化、个性化、精细化水平。我国平台经济发展的总体态势是好的、作用是积极的，同时也存在一些突出问题，一些平台企业发展不规范、存在风险，平台经济发展不充分、存在短板，监管体制不适应的问题也较为突出”。从发展规模来看，平台型组织和平台经济的规模正日益壮大，有的发展成为超级平台。从发展速度来看，平台型组织和平台经济呈指数级增长速度。从发展领域来看，平台型组织和平台经济扩散到国民经济的所有领域，生产、生活的方方面面。从发展效应来看，平台型组织和平台经济的正面积极效应明显，同时也产生了一定的负面消极效应。概括而言，平台型组织在发展过程之中呈现出规模大、增长快、覆盖广、效应强的特征。

1.2.1 平台型组织的规模庞大

平台型组织成为主要的经济增长动力来源之一，受到各方面的广泛关注。从平台经济规模估计研究来看，具体估算结果虽然略有差异，但毫无疑问都认为平台经济发展规模庞大，已经成为重要的经济形态。从总体规模来看，中国信息通信研究院《中国数字经济发展白皮书（2017 年）》表明，1995 ~ 2015 年，平台企业的市值从 167 亿元上升到 2.56 万亿元，增长超过 150 倍。联合国贸易和发展会议《2019 数字经济报告》估测，将全球 1 亿美元市值以上的平台公司加总起来，2015 年全球平台型组织的总市值为 4.7 万亿美元，2017 年的总市值为 7 万亿美元。根据世界经济论坛的“数字化转型倡议”研究，从 2015 年到 2025 年的 10 年间，数字平台可以为企业和更广泛的社会带来约 67 万亿美元的价值。

从代表性的超级平台型组织的市值（表 1-3）来看，平台型组织已经成为孕育超大型企业的温床。2009 年，全球市值排名前 10 的企业中仅有微软一家平台企业，而 2019 年后这一数字升至 7 家，除了伯克希尔-哈撒韦、摩根大通和强生之外，苹果、亚马逊、谷歌、微软、脸书、腾讯、阿里巴巴都是以平台型组织为基本形态运营的，市值比例从不到 10% 上升至 70% 以上，完全实现了对传统企业规模的逆袭，成为全球经济增长的新引擎。同样，对中国而言，平台型组织也是近年来最大的经济增长亮点。腾讯、阿里巴巴等平台型组织逆势增长，成为发展新动能、新就业增长的重要依托。

表 1-3　全球代表性平台型组织市值　　（单位：10 亿美元）

排名	平台型组织	区域	2019 年 7 月 6 日
1	微软（Microsoft）	美国	1007
2	亚马逊（Amazon）	美国	888
3	苹果（Apple）	美国	875
4	谷歌（Alphabet）	美国	741
5	脸书（Facebook）	美国	495
6	阿里巴巴（Alibaba）	中国	402
7	腾讯（Tencent）	中国	398
8	网飞（Nctflix）	美国	158
9	奥多比（Adobe）	美国	136
10	贝宝（PayPal）	美国	134

资料来源：根据《2019 年互联网趋势报告》修改

如果说市值反映了平台型组织的有形价值，那么品牌则反映了平台型组织的无形价值。比较来看，平台型组织具备更高的品牌价值。根据品牌估值机构 BrandZ™发布的数据（每年发布全球最具价值品牌 100 强，以及中国最具价值品牌 100 强）可以看到，无论是全球品牌还是中国品牌，都是平台型组织占据品牌价值榜的第一位，分别是美国的亚马逊和中国的阿里巴巴（表 1-4）。平台型组织占到全球品牌价值排行榜前 15 名的 9 名，也占到中国品牌价值排行榜前 15 名的 9 名，均占到 60%，充分说明平台型组织的品牌溢价能力之强。

表 1-4 最具价值全球品牌 15 强和中国品牌 15 强（单位：亿美元）

排序	全球品牌	品牌价值	中国品牌	品牌价值
1	亚马逊	3155.05	阿里巴巴	1409.53
2	苹果	3095.27	腾讯	1381.58
3	谷歌	3090.00	中国工商银行	407.25
4	微软	2512.44	中国移动	391.03
5	维萨	1779.18	茅台	365.55
6	脸书	1589.68	华为	33167
7	阿里巴巴	1312.46	中国平安	269.67
8	腾讯	1308.62	百度	267.10
9	麦当劳	1303.68	中国建设银行	22841
10	美国电话电报公司	1083.75	京东	211.83
11	威瑞森电信	945.98	小米	206.24
12	万事达卡	919.29	滴滴出行	200.41
13	国际商业机器公司	860.05	美团	199.18
14	可口可乐	808.25	中国农业银行	184.30
15	万宝路	719.58	海尔	162.72

资料来源：根据《BrandZ™ 2019 最具价值全球品牌 100 强》修改

超大规模市场与超大规模数据是平台型组织发生发展的必要条件。从统计来看，平台型组织的全球分布并不是均匀的，而是高度集中的。中国和美国已经成为平台型组织发育最充分的国家，平台经济的发展主要体现为中美之间的竞争与合作，中美两国堪称平台经济的“双子星座”，而欧盟、日本、韩国等国家和地区的平台型组织发展则相对滞后，既缺乏国际化的有影响力的平台型组织，扎根国内市场的本地平台型组织影响力也较小。根据联合国贸易和发展会议发布的《2019 年数字经济报告》，从全球 70 家最大平台型组织的市值来看，美国占到 68%，中国占到 22%，中美两国合计占到全球 70 家最大平台型组织市值的 90%。欧洲占到 3.6%，非洲占到 1.3%，拉丁美洲占到 0.2%，规模微乎其微。

1.2.2 平台型组织的增长快速

整体来看，平台经济已成为 20 世纪 90 年代末至今全球发展最迅速的经济形态之一。近十年是平台经济爆发的十年，也是平台型组织的体量快速增长的十年。平台经济呈指数级增长态势，能够快速获取规模效应、范围效应和网络效应，成为新动能发展、新经济成长的典型代表（伊斯梅尔等，2015）。

近年来，平台型组织始终保持较高的增长速度。当企业规模增长到一定程度，持续增长也成为难题，能够保持基业长青的企业少之又少。相对一般企业组织而言，平台型组织能够保持高于一般企业的增长速度。美国的脸书、亚马逊、微软、谷歌、苹果占据纳斯达克100强公司市值的39.2%，虽然规模已经是庞然大物，但依然保持强劲的增长势头。例如，亚马逊发布的财报显示，2019财年亚马逊营业收入为2805.11亿美元，同比增长20.45%。其中，云计算业务AWS的营业收入为350.26亿美元，同比增长36.53%。阿里巴巴发布的财报显示，2019财年阿里巴巴营业收入为3768.4亿元，同比增长50.6%，净利润802.3亿元，同比增长30.6%。美团发布的财报显示，2019财年美团全年总交易金额为6821亿元，同比增长32.3%，平台年度交易用户达4.5亿人次。无论是国外的典型平台，还是国内的超级平台，其关键指标都保持良好的增长态势。

相比传统产业按部就班的发展速度，平台型组织的发展速度明显提升。从市值/估值达到100亿美元的时间来看，网易用了16年，今日头条用了5年，拼多多用了3年。从用户渗透率达到50%的时间来看，亚马逊用了14年，淘宝用了9年，爱奇艺用了6年，WhatsApp用了5年，而腾讯仅用了3年（中国信息通信研究院，2019）。独角兽企业代表了一批最具成长性的企业，平台型组织已经成为孕育独角兽企业的温床。“独角兽”被定义为创办不超过10年、估值达到10亿美元的科技初创企业，获得过私募投资且未上市。近年来，一大批新兴的独角兽企业如雨后春笋般涌现，根据统计，全球独角兽榜前20名约有半数是以平台型组织为主要运营形态的，充分体现平台型组织的价值创造速度之快。平台生态系统越强大，孵化出来的独角兽相对来说规模更大，更具竞争力。

1.2.3 平台型组织的覆盖面广

平台型组织不仅自身规模大、增长快，也带动平台生态系统的迅速扩展，从消费端到生产端，从服务业到制造业，从核心群体到边缘用户，平台型组织呈蔓延发展态势，逐步形成一种崭新的平台生态系统，带动平台经济快速发展壮大。

平台型组织从消费端到生产端，再到消费端和生产端融通。目前，围绕人们日常吃、穿、住、用、行等消费环节的平台型组织已经遍地开花，极大方便了人们的生活。可以预见，消费端、生活类平台型组织的大规模发展仅仅只是数字平台发展的前奏和开端，围绕生产设施、制造能力、运行数据等生产要素开展业务的平台型组织更具基础性、带动性、颠覆性，空间更广、潜力更大，正在成为下一轮平台型组织发展的主战场。

平台型组织从服务业到制造业，形成制造业和服务业相互融合态势，特别是先进制造业和现代服务业的融合更为紧密。平台型组织这一组织形态最先出现在互联网产业，属于信息服务业的范畴。之后，平台型组织逐步改造餐饮住宿、交通出行、教育医疗、资讯传媒等传统行业的生产组织方式，促进现代服务业发展。当前，聚焦制造业的平台型组织逐步增加，特别是工业互联网平台、物联网平台的发展成为重点，力图实现人、机、数据之间的互联，在工业企业数字化转型过程中占有先机。可以说，平台型组织已经覆盖三次产业，从虚拟到实体，从第一产业到第三产业，各个领域、各个行业都开始大量涌现平台型组织，分享经济、信息经济、体验经济等新兴经济业态的发展更是进一步丰富了平台型组织类型。

平台型组织成为平台经济发展的主要支撑力量，形成了“梯次交错”的平台经济发展格局。在平台生态系统之中，各类不同的组织处于不同的生态位。其中，平台型组织引领龙头，中生代的互补资源和能力提供商等强势崛起，一大批中小微企业迎头赶超，如雨后春笋般涌现，还有大量的用户参与其中，不仅促进了平台型组织的发展，更带动了平台生态系统的发展壮大。

1.2.4 平台型组织的效应明显

平台型组织的蓬勃兴起、平台经济的快速发展正在对经济、管理、社会、品牌等各方面产生全方位、深层次、革命性的影响，平台型组织影响效应见表1-5。平台型组织释放出颠覆性的创新潜能，依托网络效应实现网络经济、激活群体创新、扩大创新范围，重构传统价值链“管道”为价值交互空间（Alstyne et al., 2016），消解生产者/消费者的边界，变经典品牌创造为平台品牌创造，从而在极大程度上改变了传统经济学和管理学研究的理论逻辑。

表1-5 平台型组织影响效应

影响效应	传统企业组织	平台型组织
经济效应	规模经济、范围经济	网络经济、平台经济
管理效应	价值链“管道”衔接	价值网“空间”交互
社会效应	消解生产者/消费者二元 生产者/消费者分离	产消者融合为一
品牌效应	经典品牌价值	平台品牌价值

（1）平台型组织的经济效应

生产效率是经济学的永恒话题。平台型组织的发展对全要素生产率提高，

GDP 增长起着显著的带动作用。工业经济是由规模经济驱动的，而新经济的驱动力是网络经济。平台的经济效应，则是在规模经济、范围经济基础上，追求平台效应，实现平台经济。平台的经济效应是规模经济、范围经济、网络经济的叠加效应，是行业技术创新效应、行业竞争效应和创业溢出效应的综合作用，展现出非凡的经济效应，这也就不难理解全球市值最高企业榜单和独角兽企业榜单已经被平台企业牢牢占据。

（2）平台型组织的管理效应

平台对商业模式、战略管理也产生了颠覆性的影响，平台重构了传统的价值链关系，压缩了价值链环节，让供需双方直接在平台对接，形成从“管道”到平台的新价值连接：一是从资源的控制到资源聚合，形成平台型组织与生态系统成员的多样化联系；二是从内部最优到外部互动，增进外部生产者与消费者的互动以实现平台价值创造；三是从客户价值创造到生态系统价值创造，形成平台型组织与生态系统成员的命运共同体。

（3）平台型组织的社会效应

平台深刻改变了社会组织方式。传统上来看，生产者和消费者的角色是相对固定的，一般是“企业生产，用户消费”，传统的企业与个体之间的关系表现为雇佣关系或者买卖关系。而在平台上，传统的生产者、消费者的划分将不成立，“产消合一”的生产消费者出现，个体可能既是生产者，也是消费者，生产者和消费者的边界日益模糊，成为产消者，形成一种灵活而松散的组织关系，大量的自由职业者，可以自主决定上下班时间，最大程度释放个体能力。平台型组织为包容性增长提供渠道与机遇，平台型组织通过创造均等的机会，为弱势群体赋能。

（4）平台型组织的品牌效应

品牌价值是有品牌相对于无品牌所产生的额外的增值，品牌价值来源逐步从资产价值来源、顾客价值来源过渡到利益相关者价值来源。区别于一般品牌的打造过程，平台品牌价值的形成具有路径多样性、参与主体广泛性、产生过程交互性：一是平台型组织的品牌由平台生态系统的所有成员共同打造而成，利益相关者、用户/客户都为平台品牌价值贡献力量，产品品牌和平台品牌存在相互增强的过程，在宣传产品品牌的同时宣传了平台品牌；二是平台型组织的品牌是上下结合互动生成的，除平台型组织自上而下推广自身品牌之外，利益相关者、用户/客户的行为，包括链接、转发、点赞等自发行为，也会自下而上间接推动平台品牌的形成（沈蕾和何佳婧，2018）。

（5）平台型组织的负面效应

平台型组织正面的经济、社会、品牌与管理效应受到高度重视和广泛关注。

然而，在发展过程之中，平台型组织的负面效应也暴露出来，一些学者开始反思平台型组织发展已经呈现的或者可能带来的问题。例如，平台型组织可能会削弱员工就业和收入的稳定性，大型平台凭借垄断地位妨碍创新和公平竞争，平台型组织可能滥用数据产生“杀熟”和歧视行为等，影响国家数据安全。甚至认为，平台型组织的力量过于强大，凭借超额利润和权力，可能改变资本主义的底层逻辑，是资本主义在数字经济时代的集中体现，存在发展的隐忧。平台资本主义（platform capitalism）（Langley and Leyshon，2016）、平台帝国主义（platform imperialism）（Dal，2015）等一些关于平台经济新议题的出现正是这种隐忧的直接反映。

因此，应该辩证看待平台型组织、平台经济发展，平台型组织发展在带来重要积极增长作用的同时，也会带来负面的影响，特别是带来新的不平等，导致全球数字鸿沟加剧。我们既要大力促进平台型组织、平台经济的快速发展，也要规范平台型组织、平台经济的行为，特别是防范数据安全风险，从而保证平台型组织、平台经济始终走在持续健康的发展道路之上。

第2章 追根溯源——平台型组织理论基础

平台经济与平台型组织的研究逐步成为管理和经济研究的新范式。相关研究从技术视角、管理视角、经济视角、法律视角等多重视角，或者从平台经济学（徐晋和张祥建，2006）、平台管理学、平台组织学（刘绍荣等，2019）、平台战略学（陈威如和余卓轩，2013）、平台治理法律（Cohen，2019）等多维学科切入，虽然在研究范式、研究问题、研究对象、研究方法和研究结论方面有很大差别，但都将平台作为一类新兴领域加以细致考察。

根据本书的研究主题，首先运用量化的文献计量研究方法，形成对平台研究的整体概览。其次运用质性的文献综述研究方法，从管理学视角和经济学视角对平台有关研究进行理论综述，并重视从管理视角和经济交叉融合的视角来分析。通过定性研究和定量研究相结合的研究方法，明确平台研究的整体进展，以及国内外平台研究的共同点和差异性，并指出平台研究下一步的发展方向。

2.1 平台研究的文献计量学分析

文献计量是一种从定量角度分析文献的研究方法，其优势是可以对文献的发表时间、发表期刊、署名机构、关键词和引用等情况进行统计分析。通过文献计量研究方法，可以全面综合地反映特定领域学术研究的历史演变、分布情况、重要文献、研究热点和理论基础等内容，有利于形成关于平台研究的整体概览。

2.1.1 平台研究文献基础

本书通过文献计量研究方法，从以下几个方面，对平台研究相关文献进行分析。第一，根据文献发表年份，对国内外平台研究的历史演变趋势进行分析。第二，根据文献发表的期刊和署名机构，对文献的领域分布和机构分布进行分析。第三，根据文献的被引用情况，明确平台研究领域的重要文献，即被引用次数较多的文献，考虑到不同数据库收录文献的范围存在差异，为更好地描述文献被引情况，中文文献同时采用CSSCI被引次数和百度学术被引次数，英文文献同时采用 Web of Science（WOS）被引次数和谷歌学术被引次数。第四，通过关键词共现分析，明确平台研究的热点问题，即认为不同文献中出现次数较多的关键词内容是该领域学者较为关注的，即该领域的研究热点。第五，通过共被引文献分析，明确平台研究的理论基础，共被引文献即同时被不同的平台相关文献所引用的文献，这些共被引文献共同构成了该领域的理论基础。

有关平台研究的中文文献数据来自中文社会科学引文索引数据库（http：//cssci. nju. edu. cn）。检索过程中，对篇名包含“平台”的文献进行检索，时间跨度为 1998 ~ 2018 年，检索结果包括 680 篇管理学领域的文献和 953 篇经济学领域的文献，共计 1633 条文献记录。平台的含义较为宽泛、用途多样、不易于检准，因此为保证准确性，通过人工阅读方式对 1633 条文献记录逐一进行浏览、检查和筛选，删除会议综述和书评类文献，并删除虽有平台字眼但明显不属于平台理论研究的文献，得到管理学文献 622 篇，经济学文献 882 篇，共计 1504 条文献记录。由于个别期刊在 CSSCI 数据库中既被归为管理学领域又被归为经济学领域，去除重复期刊文献之后，最终得到 1472 条符合要求的文献记录。

有关平台研究的英文数据来源于 Web of Science 核心合集（http：//www. webofknowledge. com）。检索过程中，在高级检索功能下利用检索式“TI = platform”对题目中包含“platform”（平台）的文献进行检索，语言为英文，时间跨度为 1900 ~ 2018 年，文献类型为研究长文（research article），文献领域选择管理、商业和经济（management，business and economics）三类，共计得到 603 条文献记录。通过人工阅读方式对 603 条文献记录逐一进行浏览、检查和筛选，把明显与平台研究不相关的文献删除，最终得到 552 条符合要求的文献记录。

2. 1. 2　平台研究描述统计

对检索得到的中英文文献进行描述统计，重点分析平台研究的年度分布、主要期刊、主要机构、高被引文献、高被引作者等特征，揭示平台研究的整体格局，发现平台研究的一般规律性特征。

（1）关于平台研究的年度分布

图 2-1 展示了平台研究中英文文献的时间分布。在本书的数据范围内，关于平台研究最早的英文文献出现于 1991 年，是 Perrow 发表在 *Quality Progress* 上的 *Choosing a data acquisition-system for a PC platform* 一文；最早的中文文献出现于 1998 年，当年的两篇相关文献分别为任学锋和苗立志发表在《科学学与科学技术管理》的《高技术企业产品平台战略及其管理》一文，以及张瑜和陈禹发表在《中国软科学》的《企业信息化：一个战略的高效能、多元化平台》一文。

整体上看，国外有关平台的研究要明显早于中国。近年来，关于平台研究的中文文献和英文文献都呈现出相对稳定的增长趋势。同时，可以发现，中文的文献数量明显高于英文的文献数量。

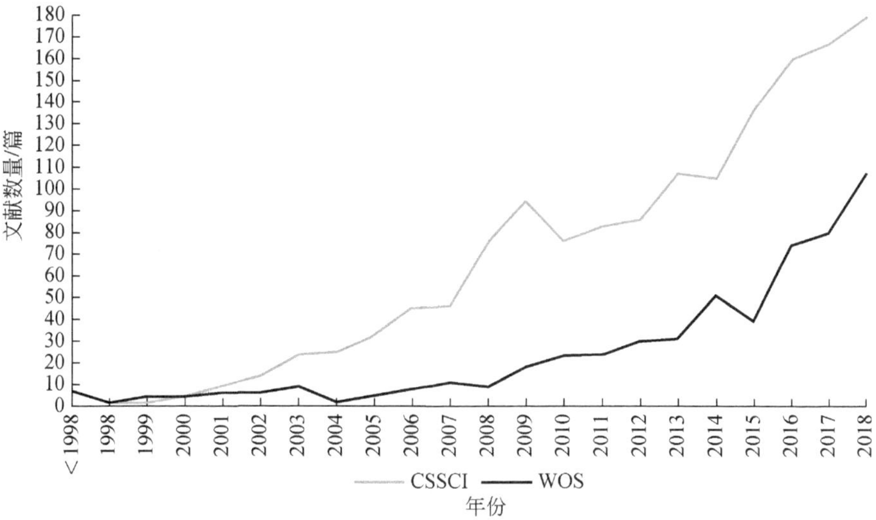

图 2-1　平台研究中英文文献的时间分布

（2）关于平台研究的主要期刊分布

表 2-1 列出了关于平台研究的主要中文和英文期刊。发表平台研究文献最多的中文期刊是《科技进步与对策》，发文数量为 126 篇，发表平台研究文献最多的英文期刊是 *Information Systems Research*，发文数量为 22 篇。另外，发表平台研究相关文献数量较多的中文期刊有《科技管理研究》《中国科技论坛》《科学学与科学技术管理》等；发表平台研究相关文献数量较多的英文期刊有 *Journal of Product Innovation Management*、*International Journal of Industrial Organization*、*International Journal of Technology Management*、*MIS Quarterly* 等。同时可以发现，中文平台研究文献的期刊集中度相对高于英文，当然这与中文文献的总量较大有关。

表 2-1　平台研究主要期刊　　　　（单位：篇）

中文文献		英文文献	
期刊	发文数量	期刊	发文数量
科技进步与对策	126	*Information Systems Research*	22
科技管理研究	85	*Journal of Product Innovation Management*	15

续表

中文文献		英文文献	
期刊	发文数量	期刊	发文数量
中国科技论坛	65	*International Journal of Industrial Organization*	13
科学学与科学技术管理	42	*International Journal of Technology Management*	13
软科学	37	*MIS Quarterly*	13
科学管理研究	33	*Journal of Economicsand Management Strategy*	12
中国工业经济	28	*Management Science*	12
情报科学	26	*Journal of Management Information Systems*	10
科研管理	26	*Electronic Commerce Research and Applications*	9
情报杂志	25	*European Journal of Operational Research*	9
统计与决策	24	*Journal of Advertising Research*	9
经济管理	22	*Journal of Information Technology*	9

(3) 关于平台研究的主要机构分布

表2-2 列出了发表平台研究文献较多的机构名称。发表与平台研究相关中文文献最多的机构是武汉大学，共发表 35 篇。发表与平台研究相关英文文献最多的机构是哈佛大学，共发表 20 篇。另外，发表平台研究中文文献较多的机构有哈尔滨理工大学、华中科技大学、山东大学、西安交通大学等；发表平台研究英文文献较多的机构有麻省理工学院、佐治亚大学、伦敦大学等。

表 2-2　平台研究相关文献主要发文机构　　（单位：篇）

中文文献		英文文献	
机构	数量	机构	数量
武汉大学	35	哈佛大学（Harvard University）	20
哈尔滨理工大学	30	麻省理工学院（Massachusetts Institute of Technology）	15
华中科技大学	29	佐治亚大学（University System of Georgia）	15
山东大学	26	伦敦大学（University of London）	14
西安交通大学	26	新加坡国立大学（National University of Singapore）	13
复旦大学	25	清华大学（Tsinghua University）	13
南京大学	25	佛罗里达州立大学（State University System of Florida）	12
吉林大学	24	加州大学系统（University of California System）	12
上海交通大学	24	马里兰大学（University System of Maryland）	12
中南大学	22	哥本哈根商学院（Copenhagen Business School）	11

续表

中文文献		英文文献	
机构	数量	机构	数量
清华大学	21	帝国理工学院（Imperial College London）	11
中国人民大学	21	美国国家经济研究局（National Bureau of Economic Research）	11
四川大学	20	马里兰大学帕克分校（University of Maryland，College Park）	11
浙江大学	20	得克萨斯大学系统（University of Texas System）	11

（4）关于平台研究的高被引文献

表 2-3 和表 2-4 分别列出了有关平台研究的中文和英文高被引文献。为更全面综合反映文献被引情况，针对中文文献，本书综合考虑了 CSSCI 被引和百度学术被引情况；针对英文文献，本书综合考虑了 WOS 被引和谷歌学术被引情况。

表 2-3　中文平台研究高被引文献　（单位：次）

文献	CSSCI 被引	百度学术被引
王会娟和廖理（2014）	72	177
徐晋和张祥建（2006）	37	299
程贵孙等（2006）	36	274
曲振涛等（2010）	28	112
欧黎明和朱秦（2009）	25	120
张辉和刘奕（2012）	25	75
冯华和陈亚琦（2016）	25	40
游达明和朱桂菊（2011）	24	83
程贵孙等（2009）	24	55
薛捷和张振刚（2006）	23	97

注：被引次数截至 2019 年 11 月 09 日

表 2-4　英文平台研究高被引文献　（单位：次）

文献	WOS 被引	谷歌学术被引
Rochet 和 Tirole（2003）	1029	4329
Asheim 等（2011）	495	1021
Robertson 和 Ulrich（1998）	446	1324
Koufteros 等（2005）	377	858
West（2003）	298	1058
Purvis 等（2001）	271	731

续表

文献	WOS 被引	谷歌学术被引
Ordanini 等（2011）	259	1032
Tiwana 等（2010）	243	—
Gawer 和 Cusumano（2014）	240	896
Lee 和 Youn（2009）	214	672

注：被引次数截至 2019 年 10 月 17 日

中文文献被引次数较多的文章主要有 3 篇，其中，CSSCI 被引次数最多的是王会娟和廖理在 2014 年的文章，被引次数为 72 次；百度学术被引次数最多的是徐晋和张祥建在 2006 年的文章，被引次数为 299 次。

英文文献被引次数最多的 3 篇文献是：Rochet 和 Tirole 于 2003 年发表在 *Journal of the European Economic Association* 上的 *Platform competition in two-sided markets*，Asheim 等于 2011 年发表在 *Regional Studies* 上的 *Constructing regional advantage：Platform policies based on related variety and differentiated knowledge bases*，Robertson 和 Ulrich 于 1998 年发表在 *Sloan Management Review* 上的 *Planning for product platforms*。其中，WOS 被引和谷歌学术被引次数最多的均为 Rochet 和 Tirole 在 2003 年发表的文章，被引次数分别为 1029 次和 4329 次。

可以发现，英文文献的被引次数远远高于中文文献。第一，关于平台研究的英文文献有非常突出的标志性研究成果，Rochet 和 Tirole 在 2003 年的文章的被引次数远远超过其他英文文献，是因为其开辟了关于双边市场平台的研究领域，而中文文献则没有出现开创性的研究发现。第二，英文文献被引次数普遍高于中文文献，英文文献的谷歌学术被引次数超过 1000 次有 5 篇，而中文文献被引次数没有超过 1000 次的，中文文献的百度学术被引次数超过 100 次的有 5 篇。虽然中文文献和英文文献的受众存在差异，但是这在一定程度也反映出中文文献的总体影响力还不高，特别是高质量的原创性研究还比较匮乏。

（5）关于平台研究的高被引作者

平台经济研究的高被引作者主要有 7 组，组别的划分以是否有合作文献为原则，共涉及 13 位高被引作者，主要来自美国、英国、法国等发达国家的研究机构，如表 2-5 所示。通过对高被引作者的代表性文献进行梳理，可以发现高被引作者对平台经济的研究主要集中在两个方面：一是有关平台经济的基础理论研究；二是有关平台与创新的研究，尤其是技术创新的研究。高被引文献的作者都推进平台研究某个领域方向的研究工作，作出了重要的原创性贡献。例如，Rochet 和 Tirole 有关双边市场平台的开创性研究工作提出了双边市场平台的价格机制模型。Armstrong、Wright、Hagiu 等关于平台竞争的开创性研究工作分析了影响平台竞争结果的若干重要因素。Gawer 和 Cusumano 有关产业平台的开创性研究工作最早分析了平台领导的形成及平台生态系统创新的重要性。Eisenmann、van Alstyne、Parker 等有关平台战略的开创性研究工作提出了平台包络等重要的平台战略。

表 2-5 英文平台研究高被引作者

组别	作者	机构	代表文献
1	Jean Charles Rochet	日内瓦大学（University of Geneva）	Rochet 和 Tirole（2003）； Rochet 和 Tirole（2006）； Rochet 和 Tirole（2004）
	JeanTirole	图卢兹经济学院（Toulouse School of Economics）	
2	Mark Armstrong	牛津大学（University of Oxford）	Armstrong（2006）； Armstrong 和 Wright（2007）； Hagiu 和 Wright（2015）； Wright（2004）； Kaiser 和 Wright（2006）； Hagiu（2006）； Hagiu（2009）
	Julian Wright	新加坡国立大学（National University of Singapore）	
	Andrei Hagiu	波士顿大学（Boston University）	
3	Joel West	凯克研究所（Keck Graduate Institute）	West（2003）； West（2003）； Dedrick 和 West（2004）
4	XenophonKoufteros	梅斯商学院（Mays Business School）	Koufteros 等（2002）； Koufteros 等（2005）
5	Annabelle Gawer	萨里大学（University of Surrey）	Gawer（2011）； Gawer 和 Cusumano（2002）； Gawer 和 Cusumano（2014）
	MichaelCusumano	麻省理工大学斯隆商学院（MIT Sloan School of Management）	
6	ThomasEisenmann	哈佛商学院（Harvard Business School）	Eisenmann 等（2006）； Parker 等（2016）； Eisenmann 等（2011）； Eisenmann 等（2009）
	Marshall vanAlstyne	波士顿大学（Boston University）	
	Geoff Parker	达特茅斯学院（Dartmouth College）	
7	NicholasEconomides	纽约大学斯特恩商学院（NYU Stern School of Business）	Economides 和 Katsamakas（2006）； Economides 和 Tåg（2012）

2.1.3 平台研究流派特征

对检索得到的中英文文献进行耦合分析，重点分析平台研究的共词规律、共被引文献等信息，发现平台研究的共性关键研究问题，得出平台研究的主要流派特征。

（1）平台研究的共词分析

共词分析是通过对文献关键词的共现情况进行分析，来反映研究的焦点领域。本书通过 CiteSpace 实现有关平台研究的关键词共词分析，中文结果和英文结果分别如图 2-2 和图 2-3 所示。可以发现，中文文献的主要关键词包括双边市场、平台、平台经济、电子商务等。

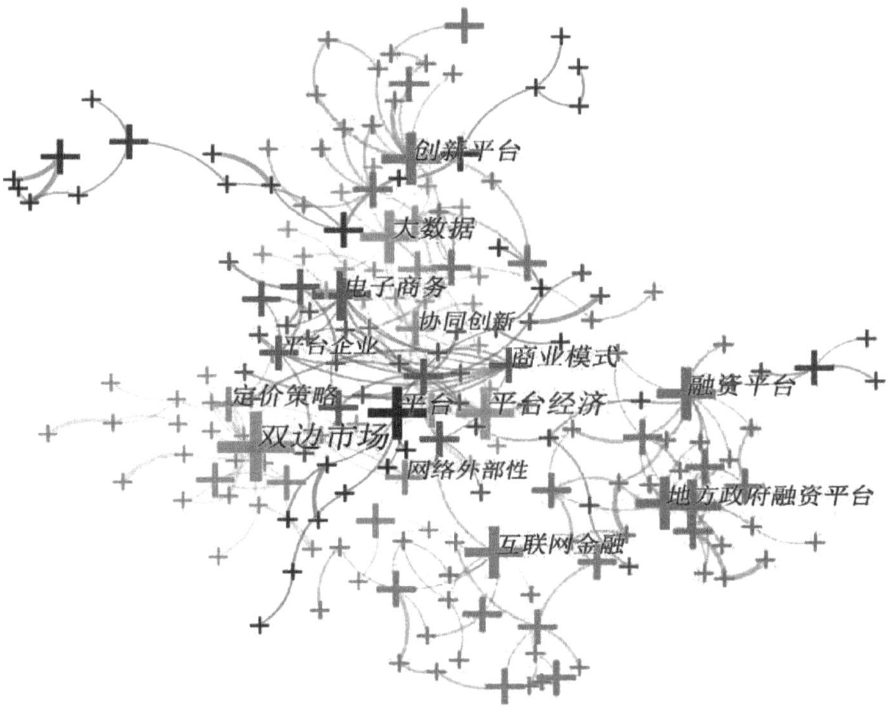

图 2-2　平台研究中文文献共词分析

英文文献的主要关键词包括 two-sided market（双边市场）、platform（平台）、competition（竞争）、network externality（网络外部性）等。

中英文文献的主要关键词存在一定的相似度，都关注双边市场、平台等重要学术概念。中英文文献的主要关键词也存在比较大的差异，主要体现在中文文献的主要关键词包括互联网金融、融资平台、地方政府融资平台等金融相关术语。随着 P2P 互联网金融平台相继转型出清，相关研究已经迅速降温。

图 2-3　平台研究英文文献共词分析

(2) 平台研究的共被引分析

共被引分析是对某一领域的文献所引用的参考文献的共现情况进行分析，即哪些文献同时被引用。共被引文献反映了一个研究领域的知识基础，而共被引文献的聚类则能够更好地反映出知识基础的所属领域，本书通过 CiteSpace 工具实现共被引分析。

平台研究英文文献的主要共被引文献见表 2-6，主要包括 Armstrong 于 2006 年发表在 *The RAND Journal of Economics* 上的 *Competition in two- sided markets*，Rochet 和 Tirole 于 2006 年发表在 *The RAND Journal of Economics* 上的 *Two- sided markets：a progress report*，Boudreau 于 2010 年发表在 *Management Science* 上的 *Open platform strategies and innovation：Granting access vs. devolving control* 等。

表 2-6　平台研究英文文献的主要共被引文献

文献	被引次数	聚类
Armstrong（2006）	40	#1
Rochet 和 Tirole（2006）	38	#1
Boudreau（2010）	38	#2
Tiwana 等（2010）	37	#0
Gawer（2014）	31	#0
Rysman（2009）	30	#1

续表

文献	被引次数	聚类
Zhu 和 Iansiti（2012）	30	#0
Eisenmann 等（2011）	29	#2
Boudreau（2012）	28	#2
Ceccagnoli 等（2012）	27	#0

主要聚类集中在 mobile payment platform（移动支付平台）、platform competition（平台竞争）、integrative framework（整合性框架）、crowdsourcing platform（众包平台）等方面。比较而言，英文有关研究更加关注平台的基础理论研究，中文有关研究则更加关注平台理论的应用研究，特别是对有中国特色的金融平台加以分析。

有关平台经济的英文文献的主要聚类情况如表 2-7 所示。第一个聚类（#0）的标签是"mobile payment platform"，文献数量为 52，主要活跃文献是 Thomas 等在 2014 年发表在 *Academy of Management Perspectives* 上的 *Architectural leverage: Putting platforms in context* 一文。这一聚类的文献主要是基于移动支付平台这一具体对象，进行有关平台的研究。第二个聚类（#1）的标签是"platform competition"，文献数量为 52，主要活跃文献是 Weyl 在 2010 年发表在 *American Economic Review* 上的 *A price theory of multi-sided platforms* 一文和 Beelleflamme 和 Peitz 在 2010 年发表在 *European Economic Review* 上的 *Platform competition and seller investment incentives* 一文。这一聚类的文献侧重从双边或多边市场的角度，对平台竞争进行研究。第三个聚类（#2）的标签是"integrative framework"，文献数量是 50，主要的活跃文献是 Thomas 在 2014 年发表在 *Academy of Management Perspectives* 上的 *Architectural leverage: Putting platforms in context* 一文，和第一个聚类一样。这一聚类的特征是与其他的聚类有比较明显的重合，说明整合性框架是平台经济研究中的一个焦点内容。第四个聚类（#3）的标签是"crowdsourcing platform"，文献数量是 44，聚焦在众包趋势下的平台研究。

表 2-7　英文文献主要聚类

聚类号	标签	数量/篇	年份均值	活跃文献	活跃文献被引次数（WOS）
#0	mobile payment platform	52	2013	Thomas 等（2014）	101
#1	platform competition	52	2007	Weyl（2010）	174
				Belleflamme 和 Peitz（2010）	28

续表

聚类号	标签	数量/篇	年份均值	活跃文献	活跃文献被引次数（WOS）
#2	integrative framework	50	2008	Thomas 等（2014）	101
#3	crowdsourcing platform	44	2012	Boudreau（2017）	2

2.2 管理学视角的平台研究概述

基于管理学视角的研究是平台型组织研究的重要方向之一，大致可以分为平台生态系统研究、平台创新研究、平台商业模式研究和平台发展战略研究等分支方向。总体来看，国际平台研究已经有了一定的理论基础，但尚未形成体系。

2.2.1 平台生态研究概述

在信息化、数字化、智能化的时代背景下，各界对于平台研究的关注度越来越高，那么“平台是什么?”就成为大家需要明晰的问题。经济学视角的平台研究将平台视为一个黑箱（black box），而管理视角的平台研究，则致力于打开这个黑箱，透视平台的基础架构（architecture），并分析基础架构差异对平台生态系统、平台技术创新、平台商业模式和平台发展战略等方面的差异和影响。

围绕平台架构的研究，大致可以分为两类，一类是从“内向”（internal）角度出发，聚焦研究平台本身的基础架构与功能；一类是从“外向”（external）角度出发，不但关注平台本身的架构与功能，而且更加关注研究平台生态系统的架构与功能。

“内向”角度的平台架构研究由来已久，产品平台和产业平台研究是其中的重点。产品平台指的是通过增加、删减或修改模块来生产相关而各异的产品共用的技术架构，基于对产品生产模块的修改来推出一系列的相关产品，平台则作为制造一系列产品的公共部分为产品生产提供基础服务，其存在价值表现为降低成本、增加产品的多样性（Wheelwright and Clark，1992）。产业平台是由一个或多个企业共同研发的产品、服务或技术，为一些企业提供技术支持和服务等，具有功能性、开放性和通用性三个特点（Gawer and Cusumano，2002）。

基于“内向”的角度，从模块化理论的视角来看，平台架构是一个概念蓝图，平台“核心”视为整体或集成化的子系统，是低可变性和高复用性的平台，平台“边缘”的子系统则以模块形式存在，是高可变性和低复用性的模块（Tiwana et al.，2010），核心组件和外围组件之间通过松散或者紧密耦合的接口相连接，形成轴辐式（hub and spoke）的组织结构，一系列外围公司通过共享或开放源码技术和/或技术标准连接到中心平台。通过连接平台，互补者不仅可以产生互补创新，还可以直接或间接地接触到平台的客户（Jacobides et al.，2018）。模块化架构可以尽量降低子系统之间的相互依赖，允许子系统独立变化并且可以相互操作。通过具有标准接口的界面连接来保持平台稳定性与任务多样性、演化敏捷性的平衡，依据“模块”来分割任务、架构组织，使边缘子系统的各单元在其模块边界上处于与平台核心“稀薄交叉点”（thin crossing points）相连的状态，从而以松散耦合来应对和管理系统复杂性（王凤彬等，2019）。

“外向”角度的平台架构研究将对象扩展到平台生态系统。有关生态系统的研究大致可以分为商业生态系统研究、创新生态系统研究和平台生态系统研究。平台生态系统研究是关于生态系统理论研究的三大主流方向之一，主要是借鉴商业生态系统（business ecosystem）的概念，分析平台生态系统的结构与功能（Tiwana，2014）。在商业生态系统中，核心企业作为搭建者和调控者，借助平台的辐射作用，塑造和协调其所在的商业生态系统，最终实现仅靠企业自身无法完成的发展目标。平台领导在商业生态系统之中扮演着重要角色，一是具备其他系统成员不具备的，而对维持商业生态系统运行至关重要的核心优势，能够持续不断地为商业生态系统创造价值，为系统成员提供基础平台；二是恰当地与商业生态系统成员分享所创造的价值，并在这一过程中形成其他系统成员对平台的依赖（张金萍和周游，2005）。

基于“外向”的角度，从利益相关者的视角来看，平台生态系统是由平台利益相关者及相关事物构成的整体，包括利益相关者和其他相关环境因素。平台生态系统生成于平台的可靠基石与精妙对接，平台生态系统成长依赖具有共生关系的关键群体，平台生态系统的健康发展需要吸引众多相关群体的共同参与（钱平凡和钱鹏展，2017）。平台生态系统是不同于传统市场结构的一种产业组织形式，或者说是融合多产业的组织形式，它对运用平台的企业和个人具有一定的约束性（万兴和杨晶，2015）。平台依托互补性资产打造平台生态系统，提升价值专属特性，增强价值捕获能力，培育动态能力，从而实现平台增长（刘江鹏，2015）。平台生态系统是围绕共同的基础设施、技术和平台建立的，平台生态系统的竞争力依赖生态系统的其他成员利用该平台来提高自身的性能，生态系统参与者之间建立复杂的相互依赖网络，为终端用户开发新产品和应用，寻求满足最终用户的需求（Mäkinen et al.，2014）。平台生态系统是一种价值创造形式，其核心是整合效应和正外部性，平台生态系统是一种组织形式，重新建构各利益群体的角色和关系；从演化的视角来看，平台生态系统始终处于演化过程之中。平台演化是一个复杂、多面和动态的过程，也是平台架构、治理机制和动态环境的共演过程（石海瑞等，2018）。

2.2.2 平台创新研究概述

平台作为一种群体创新的新范式，具有不同于传统创新的新型创新模式、创新组织、创新体系、创新管理、创新过程，得到广泛关注。

从创新模式来看，平台创新模式是围绕核心企业平台或者共性技术平台进行的创新活动。平台创新是基于多边平台的空间、规则及价值网络的一种创新模式，是一种开放的多元主体互动合作的创新模式。平台创新模式具有开放性的特征，整合了网络创新、集成创新等模式的优点（张小宁和赵剑波，2015）。平台创新模式成功的关键在于能否整合外部资源与市场需求，将研发行为转变成开放的创新平台和生态系统（张小宁和赵剑波，2015）。平台生态系统作为一种开放的创新战略，鼓励互补者开发可为平台生态系统增值的互补产品、服务或技术（Eckhardt et al.，2018）。平台创新的精髓在于把生态系统中的多元主体联结到平台，各相关主体的互动合作可导致交易成本降低进而促进创新，核心功能在于基于平台价值网络实现的协同创新。

从创新组织来看，基于平台的创新活动突破了企业的组织边界，创新参与主体已从组织内部员工扩展到用户乃至社会公众，创新活动呈现出跨组织的特征。平台创新组织的方式有以下三种：一是产品终端化，在边界延伸的过程中降低交易成本；二是网络价值化，在激发利益群体之间正外部性的同时提供价值；三是服务商品化，通过提供激励正外部性、降低负外部性的服务，构建平台的利润核心（崔晓明等，2014）。

从创新体系来看，平台创新体系主要由平台生态圈、创新载体、客体、主体和规则构成。其中，平台生态圈由平台、补足品、基于平台合作产生的直接或间接网络效应等要素共同构成。平台创新载体可以是物理的实体空间，可以是抽象的、虚拟的空间，也可以是虚实结合、线上线下融通的空间。平台创新客体包括产品创新、服务创新与技术创新。平台创新主体即联结平台价值网络并直接或间接地从事平台创新活动的各类群体。平台规则是平台建设和运作需要遵循的制度体系，用来调节平台与补足品关系，由内部规则和外部规则构成（刘家明和柳发根，2019）。

从创新管理来看，平台创新管理的主要任务包括：一是构想和领导整体平台与生态系统的演变；二是增强和刺激自主第三方公司的经济价值创造活动，增强平台的整体价值主张；三是鼓励自主伙伴目标一致；四是评价生态系统整体演化以及关于生态系统内新出现的机会和威胁的信息；五是通过保持对平台和生态系统演化的控制来确保战略一致性和收益的可适用性。

从创新过程来看，基于平台的创新过程分为6步：第1步是平台创新战略的制定和调整；第2步是平台创新战略的分解；第3步是基于平台的业务创新规划；第4步是平台创新战略的实施；第5步是战略监测和学习；第6步是基于平台的创新战略的适应与测试（Scholten and Scholten，2012）。

从开放创新来看，创新、开放和平台控制之间具有内在关联，开放创新和平台之间的关系成为平台创新研究的重要议题。开放创新与平台化作为近年来涌现的两股潮流，改变了多个不同产业领域的性质和态势，并且正在相互合流，产生更大的影响。开放创新范式表明，组织越来越依赖从组织边界外部获取知识和技术来加速内部创新，同时也在寻找外部市场，使其内部知识资产和技术商业化或货币化（Nambisan et al.，2018）。向外部创新者披露的内部资源数量，以及外部创新引入平台以供所有参与者利用的速度，是决定创新开放度的重要因素（Parker and Alstyne，2018）。平台开放的模式和程度对创新率都会产生影响（Boudreau，2010）。

2.2.3 平台模式研究概述

平台是一种基于外部供应商和顾客之间的价值创造互动的商业模式（杰奥夫雷G. 帕克等，2017）。从价值创造的逻辑来看，平台商业模式是在基于利益相关者所构建的价值网基础上，实现价值共创及共享的典型商业模式（江积海和李琴，2016）。平台连接两个或多个群体，以提供双方或多方的互动机制来满足所有群体的需求并从中获利，其创造价值逻辑是以“连接”再“聚合”的方式降低各个平台参与方的交易成本，促使网络效应发生作用（冯华和陈亚琦，2016）。平台商业模式包括价值主张、价值网络、价值维护、价值实现4个构成要素，以连接与聚合多方群体，通过扩大用户规模和增强关系密度两个方面来创造网络效应并从中获利（朱芳芳，2018）。平台商业模式是指企业运用互联网平台构筑以顾客价值创造与传递为核心的交易网络，通过平台交易内容、结构和治理的设计，来开发商业机会，并最终实现双边甚至多边市场价值的商业生态系统（李巍等，2018）。平台承担系统中必不可少的功能，解决众多参与者的难题，制定系统规则、开放接口、用户类型与互动方式。平台发展过程需要识别用户社区，确立价格结构，设计成功的组织，策略性地同其他平台竞争并不断演进（埃文斯和施马兰西，2011）。

相比于一般的商业模式，平台商业模式的价值逻辑更加复杂，优势来源于网络效应，强调开放共享，强调用户在价值共创网络中的作用，强调平台提供者多元化职能。平台商业模式具有价值关系的复杂性、价值传递与价值分配在整个商业模式中的重要性以及价值逻辑各环节的分离性等不同于一般商业模式的性质（王生金和徐明，2014）。随着产业与互联网的深度融合，催生的产业赋能平台模式既具备传统封闭价值链模式下的价值聚焦性和能力专业性，又具备数字化交易平台模式下的边界开放性和资源社会性，从而在数字化交易平台模式的基础上实现对平台参与方的深度锁定（刘绍荣和夏宁敏，2019）。

可以根据不同维度将平台商业模式分为多种类型和不同阶段。例如，根据平台商业模式设计中的结构要素（复杂性/简单性）和平台商业模式的创业行为（模仿/创新），将多边平台商业模式的演化分为 4 类，即简单创新型、复杂创新型、简单模仿型、复杂模仿型。简单创新型指的是平台型组织偶尔引入与其业务模式松散耦合的创新。复杂创新型指的是平台型组织通过在自己的业务模型中进行不断的创新，在大量的设计元素之间创建复杂的相互依赖关系。简单模仿型指的是平台型组织观察竞争对手的业务模型，选择并将最优秀的设计元素复制到自己的业务模型之中。复杂模仿型指的是从模仿竞争对手的创新开始，但成功通过创新开发之前的模仿结果（Zhao et al.，2019）。通过聚类可以将平台商业模式分为“有效的产品交易”（efficient product transactions）、“数字产品社区”（digital product community）、“产品爱好者”（product aficionados）、“按需线下服务”（on-demand offline services）、“在线服务”（online services）和“点对点线下服务”（peer-to-peer offline services）（Täuscher and Laudien，2018）。平台商业模式由引入期、成长期、调整期和成熟期 4 个阶段构成，每个阶段的关键驱动力存在差异。引入期主要由技术驱动，成长期主要由市场驱动，调整期主要由价值链驱动，成熟期主要由范围经济驱动生态系统形成（邵鹏与胡平，2016）。

2.2.4 平台战略研究概述

平台型组织的颠覆式发展带来显著的示范效应，大量企业组织希望借助平台型组织模式实现创新转型，制定了各式各类平台战略（陈威如，2013）。平台战略具有多种不同的类型，有的将平台战略分为平台进入战略、平台构建战略、平台包络战略、平台创新战略四大战略（张小宁，2014），有的将平台战略分为平台定价战略、平台开放战略、平台整合战略、平台差异化战略和平台包络战略五大战略（Wan et al.，2017）。其他类型战略在各行各业都有体现，平台包络战略则较为特殊，是平台型组织竞争所独有的，差异化的战略竞争形式。平台包络战略是指平台企业基于平台基础架构共享，通过实施向不同行业、不同服务功能的包络，利用多边用户共生依赖和互补创新，实现提升用户价值体验的目标（蔡宁等，2015）。依托平台包络战略，构建竞争优势的四个关键行动是基础用户沉淀、网络效应激发、商业系统共生和主导架构锁定。平台竞争优势强烈依赖激发互补者网络的共同价值创造，并利用随之而来的正反馈动力（McIntyre and Srinivasan，2017）。

平台战略制定面临着多重选择难题，其中封闭与开放是平台战略选择的首要问题。平台要有选择地开放，以平衡分散性创新与集中性控制的需要。平台领导者应根据发展阶段实施授权接入与彻底放权等差异化的平台开放和排他战略，并充分考虑反馈机制和动态复杂性（张利飞和张运生，2013），以便能够很容易地与外部产品、组件或服务相对接。新兴平台和成熟平台的开放策略应有所差异，以壮大社群和成员资源等关键资产（Alstyne 等，2016）。市场需求越低，进入成本越低，开放平台的成本优势越大，下游厂商就会放弃封闭平台，充分利用开放平台来拓展自己的规模（郭广珍等，2017）。无论是开放还是封闭平台，都需要通过有选择性地推广互补品来管理平台生态系统价值。平台型组织可以奖励成功的互补品，吸引人们对未得到充分赏识的互补品的关注，诱导和奖励互补品提供商的忠诚度，减少互补品提供商之间的竞争，从而影响用户对生态系统深度和广度的认知（Rietveld et al.，2019）。

2.3 经济学视角的平台研究概述

基于经济学视角的研究是平台型组织研究的重要方向之一，大致可以分为平台定价与网络效应研究、平台竞争与垄断研究、平台经济发展研究、平台治理研究等分支方向。经济学视角的双边市场平台研究开始时间较晚，可以说平台研究仍然是一个新兴领域。

2.3.1 平台结构与功能研究概述

定价、网络效应与竞争是平台经济研究的三个息息相关的核心议题。价格结构影响网络效应，网络效应影响平台竞争结果。在经济学的观点中，平台被视为特殊类型的、有组织的市场，这些市场通过允许不同类型消费者之间的直接交易来促进交换，否则这些消费者很难通过其他方式进行交易。经过十余年的发展，经济学方面有关双边平台研究的对象显著扩展，从早期的信用卡研究开始，扩展到电子商务、购物中心等看似完全不相关的研究对象，研究范围比较广泛，研究的现象多样化。

Tirole 于 2014 年荣获诺贝尔经济学奖，他和 Rochet 首次将规范的经济学方法带入了平台研究之中，将平台经济特征中最为本质的规律、最为重要的成果，以最为简洁的经济学模型语言表达出来。Rochet 和 Tirole（2003）作出有关双边市场平台的开创性研究，推导出双边市场价格结构的简单公式，平台被视为同时连接两类客户的双边市场，是双边市场交易互动的媒介，交易平台双方的效用取决于对方的参与者数量。Rochet 和 Tirole（2003）突出双边市场平台的价格结构非中性特征。价格结构非中性是指在保持总体价格水平不变的情形下，平台通过调节对双边用户的定价，可以实现总交易量的变动，价格结构设计的目标是吸引双边用户加入平台。

平台是一种制度安排形式，可以有效降低交易费用，激发正的网络外部性。Armstrong（2006）强调交叉网络外部性对双边市场平台发展的影响，揭示了不同治理结构下的价格分配和最终用户盈余的决定因素，为双边市场平台竞争分析奠定了基础框架。交叉网络外部性是指平台一边用户效用的高低取决于平台另一边用户数量的多少。跨边网络效应与同边网络效应是双边市场平台的典型特征，C2C 平台的跨边网络效应比同边网络效应要大（Chu and Manchanda，2016）。平台结构、用户多属成本、平台差异化、同边网络外部性等因素影响平台价格结构，随着多属一边数量的增加，价格越有利于单属一边（黄纯纯，2011）。价格结构要考虑用户偏好与异质性，指引协调参与者行为，最大化各自利益（叶琼伟等，2016）。

值得注意的是，基于双边市场的平台研究与基于产业的平台研究并非相互割裂的，基于双边市场的平台研究强调了价格机制在其中的重要作用，然而，也有研究发现，价格结构和网络效应并不是决定平台竞争结果的唯一要素。越来越多的平台竞争研究，开始关注其他因素对平台竞争结果的影响。Hagiu（2006）通过脸书的案例发现，仅仅依靠定价与补贴机制难以达到最佳运行状态，如何让互补商保持创新动机、如何基于互补市场的基础性特征来提供协调和协议等问题没有得到很好的解决。

2.3.2 平台竞争与垄断研究概述

从平台经济的研究源流来看，平台型组织理论研究的兴起与竞争政策研究有着不解的渊源，平台经济的研究议题从竞争与反垄断开始，并逐步扩展形成一系列关键议题。Evans 和 Schmalensee（2010）在研究微软垄断案、信用卡垄断等行业的时候受到启发，逐渐认识到操作系统、信用卡等行业不同于一般行业的典型特征，那就是这些行业具有网络效应，并将具有此类特征的行业称之为双边市场。正是在此基础上，双边市场平台理论，作为平台理论的一个重要分支，得到迅速发展，代表经济学领域和经济法学领域且发展最快、进步最快的一个分支出现了。

网络效应影响平台竞争结果，因此对平台竞争的研究往往以针对网络效应的分析为起点。平台竞争是一个动态过程，在间接网络效应较弱的情况下，新进入平台具有一定的成功可能（Zhu and Iansiti，2012）。与以往不同的是，双边市场平台中的捆绑销售行为可以增加用户和服务商的协同程度（史普润与江可申，2014）。平台通过“非对称倾斜”的定价策略、“分而治之”的用户培育策略、“赢者通吃”的市场策略，可以实现平台利润与消费者收益的同步增长，从而赢得平台竞争的主动权（卢远瞩和张旭，2015）。当然，网络效应不是万能的。基于网络效应的“赢家通吃”策略也受到质疑。

平台竞争的结果往往呈现出寡头垄断格局，加强平台反垄断研究势在必行。在直接网络外部性，间接网络外部性和锁定效应的影响下，平台形成寡头垄断，表现为市场集中程度高、进入壁垒高、信息不畅通、服务差异程度低等特征。应以“基础设施”为原则建立和完善网络反垄断措施，实施包括：拆分网络中的数据，明确各类数据的涵盖范围，以立法形式确立匿名数据的“基础设施”身份，提供修改、删除及“移植”身份数据和匿名数据的路径，以及赋予用户解除网络支付捆绑功能的权力（冯然，2017）。

以智能手机操作系统为代表的平台竞争充分体现了平台竞争的态势和策略。智能手机产业操作系统平台竞争战略组合，包括开放源代码竞争战略、技术标准化竞争战略、技术专利化竞争战略、移动互联网在线应用服务竞争战略四个相辅相成、不可或缺的基本战略。其中，开放源代码竞争战略旨在降低各类软硬件开发商与生产商成本，降低市场准入门槛，吸引成千上万的合作伙伴借助“长尾效应”不断提高平台各边用户类型丰裕度，为操作系统平台竞争提供了市场用户规模条件。技术标准化竞争战略旨在推动各种不同类型的软硬件模块创新同步化，协调一致形成系统性创新，实现各类应用软件在不同类型终端无缝移植及互联互通，为操作系统平台竞争提供了一致化的技术基础。技术专利化竞争战略旨在攫取高昂的专利费，预防竞争对手专利诉讼要挟，抬高竞争对手技术成本，为操作系统平台竞争提供了法律保障。移动互联网在线应用服务竞争战略旨在绕开“渠道为王”的通信网络运营商与“产品为王”的移动终端生产商，攫取移动互联网产业大部分利润，为操作系统平台竞争提供了激励与动力（张利飞和张运生，2013）。

2.3.3 平台经济与产业研究概述

从平台经济的重要性来看，随着基于平台模式的新经济的蓬勃发展，平台经济作为一种特殊的经济形态得到广泛认可，并被作为一种独立的经济形态加以研究讨论。Kenney 等（2016）指出平台经济崛起的趋势，认为平台经济正在瓦解传统经济活动的组织方式，改变价值创造方式、价值分配逻辑与经济系统权力结构。平台经济的效用体现在催生新兴产业形态、形成新价值、呈现新型盈利特性三个方面，平台经济改变生产生活方式，改变产业组织形式，催生新的监管方式（王玉梅和徐炳胜，2014）。平台经济的兴起对传统社会结构、政治关系等形成强烈冲击，加速市场、行业的垄断和通吃（汪玉凯，2018）。

从平台经济的概念定义来看，早期的研究重视平台经济的双边市场特性，后期的研究注重平台经济与新一代信息技术的有效结合，从而区分出传统平台经济和现代平台经济，现代平台经济又称为数字平台经济。平台组织在经济的循环和周转过程中，与经济中其他主体所形成的各种经济联系的总体，就是平台经济。平台经济是围绕平台、平台之间、平台上多方主体产生的一系列经济现象及其外部性的总和。现代平台经济是指利用互联网技术条件，结合一系列规章制度，促进产销体制变革与创新，形成延伸服务和新的生态规则，并产生经济效益的经济现象（芮明杰等，2018）。平台经济是基于虚拟或现实空间，以平台型企业为主导，通过整合各关联方力量，与平台各方一起组成的新的经济生态系统（王玉梅和徐炳胜，2014）。现代平台经济是一种基于互联网、大数据、云计算、移动互联网等技术的跨地域、跨部门、跨领域、跨行业的网络型、数字化、一体化的跨界经济（汪玉凯，2018）。平台经济以敏感的数据采集和传输系统、发达的算力和功能强大的数据处理算法为基础，以数字平台为核心，可以跨时空跨国界跨部门地集成生产、分配、交换与消费活动的信息，促进社会生产与再生产过程顺利进行（肖红军和李平，2019）。

从平台经济的特征效用来看，平台经济与传统经济相比具有很多新特点，是一种不同于农业经济、工业经济的新经济形态。李允尧等（2013）认为平台经济具有双边性、多属性、外部性、服务性、竞争垄断结合等特点。王玉梅和徐炳胜（2014）强调平台经济具有弱空间依赖、跨区域性、生态系统自生长性、专业化集聚性和加速增值性等特点。叶秀敏（2016）指出平台经济具有层次性、零成本复制性、分工协作、开放性和外部性等特点。肖红军和李平（2019）认为平台经济具有关系多层性、主体多元性、影响跨边性、功能社会性、边界动态性的特征。

2.3.4 平台治理与政策研究概述

平台治理是规则和价值在平台生态系统的实践，是一个权衡价值共创与治理成本的过程（Huber et al., 2017），包括针对平台的治理（governance of platforms），以及通过平台的治理（governance by platforms）两类治理过程（Shafiei Gol et al., 2019）。针对平台的治理，治理对象是平台型组织本身，治理主体主要是政府。通过平台的治理，治理对象是平台型组织的利益相关方，治理主体则是平台型组织。

平台治理的核心挑战是，平台所有者必须保持足够的控制以确保平台的完整性，同时放弃足够的控制权，以鼓励平台模块开发人员的创新。平台治理水平可能存在“过高”“过低”“刚好”3 种情况。平台治理存在分享责权治理、协调激励治理、分享利益治理 3 种主要治理方式（Tiwana et al., 2010）。

平台型组织的形成与平台生态系统的发展具有自身规律，需要构建符合其发展规律的平台治理体系。平台企业越来越具备传统意义上的企业所无法具备的“能量”，包括被动的“准行政权力”和主动的市场权力，要求提升对平台独特性的认识，科学合理地构建新型平台治理体系（李广乾和陶涛，2018）。平台治理需要多方的共同参与，平台参与外部监管有助于提升监管效率，政府参与内部管理有助于保障市场稳定（汪旭晖和张其林，2015）。

根据行为主体特征，可以将平台治理体系分成多个层次。核心层是政府，主要通过立法执法、设立框架、制定标准等完善制度层面的规范与执法机制；中间层是多利益主体，包括企业、第三方等，主要在政府设定的标准之内增强权力的透明度与监督作用；最外层是用户个体，通过为用户有效赋权，引导用户对自己权益的重视和对超级权力的监督。第一层面是法治，是政府主导基于公权力的治理体系；第二层面是共治，也就是国际上常说的多利益相关方机制；第三层面是自治，也就是广大自主性前所未有强大的网民群体（方兴东和严峰，2019）。平台型组织的生态化治理是通过所有成员和参与主体的共商、共建、共享、共治与共生，将整个平台商业生态圈打造成社会责任共同体，对外显现为对社会负责任的平台型企业和健康共益的商业生态系统（肖红军和李平，2019）。

2.4 平台研究的下一步发展方向

平台研究已经成为国内外学术界关注的焦点和热点问题，取得了长足的研究进展，但总体来看，平台型组织的实践还是远远走在理论之前，呼唤理论创新的跟进。基于单一企业视角、以线性思维为主的传统经济学理论与管理理论，已经不能很好地解释平台型组织的原理、机制以及运营模式，难以很好地应用于平台时代企业的管理实践，这就需要我们在更广泛的领域，在借鉴跨学科理论的基础上，重视经济学和管理学交叉融合的研究视角，探索和发展能够更好地解释、引导平台型组织发展的理论。下一步，可以着重从平台演化机理研究、平台运营模式研究、平台治理体系研究、平台统计计量研究等研究方向加强探索，尽快改变平台理论研究滞后于发展实践的现状。

2.4.1 平台演化机理研究

平台型组织始终处于动态演化过程之中，静态、线性、割裂的分析视角难以揭示平台型组织的整体发展规律。现有研究大多是基于发展成熟的平台型组织，较少关注新创平台“从无到有”的演化过程，忽视了平台如何启动和成长这一难题（van de Kaa et al.，2019）。很多平台都只是“昙花一现”，平台成长是平台生命周期最为关键的一步。因此，如何帮助平台更好地成长，相应的价格机制、竞争战略、政策措施值得深入思考。除了要特别关注成长期之外，针对平台型组织动态演化的关键节点，包括萌芽期的“存活点”，发展期的“引爆点”，成熟期的“制高点”，以及转型期的“平衡点”，需要加强深入研究与刻画，可以通过建立数学模型展示平台型组织的动态演化过程，也可以通过案例研究实证揭示平台型组织的动态演化阶段规律，进而明确平台型组织的演化机理。

2.4.2 平台运营模式研究

平台运营是一个有机的整体，平台搭建不易，平台生态系统形成更难。平台运营过程之中容易出现重视平台搭建，尤其是重视平台的硬件基础设施建设和软件管理信息系统建设，而轻视资源聚合与开放赋能的情况，导致用户之间，以及用户与平台之间难以形成很强的黏性。这样的情况必须得到扭转，否则平台难以摆脱夭折的命运，或者难以可持续地运营起来。从着手搭建平台到让平台生态系统成形，实现其可持续运营，还存在十分漫长的过程。既有研究针对平台运营理论框架的系统化研究还存在不足，尤其缺乏一个用于指导平台型组织实际组织运营的综合性、整体性运营框架。需要加强理论研究和实践总结，提炼更加符合组织运营规律、适应组织运营实践需求的平台型组织运营体系。

2.4.3 平台治理体系研究

国内外大量的平台正在加速涌现，这对促进和规范平台经济发展提出了更高需求。现有理论研究对平台治理的关注度还远远不够，尤其是针对中国平台型组织实践的平台治理理论研究和案例分析还很少。现有基于企业或者行业的政策工具、治理体系出现了很大程度的不适应，政策工具、治理体系亟须转向基于平台的政策工具和治理体系。应加强平台治理体系研究，根据平台型组织和平台生态系统的特点，主动探索建立适应新事物发展的治理规则，及时调整治理策略和监管政策，构建符合平台型组织发展要求的现代治理体系。

2.4.4 平台统计计量研究

目前，一些国际组织、研究机构开始着手平台经济统计方法研究，并发布关于平台经济发展的统计报告。然而，由于范围不清晰、数据不一致、标准不统一等原因，相关统计报告给出的平台经济规模统计差异很大，目前还缺乏官方机构权威发布的平台经济规模统计，制约了平台经济的理论研究和政策制定。需要加强平台经济的统计计量研究，明确平台经济统计范围，建立平台经济的统计指标体系。未来，需要不断发展新的平台经济计量研究方法，更好地刻画平台经济发展的动态演化规律，注重大数据研究与传统计量经济学研究方法的结合与运用，更加客观真实地反映平台经济发展实际状况，从而为平台经济的理论研究和政策制定提供可靠依据。

第 3 章　时代变局——平台型组织蓬勃兴起

21 世纪是受网络化、数字化、智能化深刻影响的时代，企业面临着更加复杂、动荡的竞争环境。著名的企业史学家，战略管理领域的奠基者之一艾尔弗雷德·D. 钱德勒（Alfred D. Chandler）分析了环境、战略、组织结构三者之间的关系，并且作出了“战略适应环境，组织结构跟随战略”的精辟论述。“环境”、“战略”和“组织”是相互匹配的三个要素，理解平台型组织的生成与发展逻辑，必须超越平台型组织本身，置身于环境变革的大背景下来考察和分析。

当前，企业组织面临的发展环境正在发生深刻变革。从宏观层面来看，当今世界面临百年未有之大变局，全球化进程、人类文明形态、人类发展模式、大国间国际关系、全球治理体系、世界权力格局都处于变革的“拐点”，世界政治经济社会处于大发展、大变革、大调整的重大转折期、深刻变革期和战略机遇期（谢伏瞻，2019）。

从中观层面来看，技术变革模式、产业发展模式、创新管理模式、社会组织模式正在发生颠覆性变革，加速打破传统的发展模式、组织模式、管理模式，产生新的发展模式、组织模式、管理模式（卡斯特，2001）。以网络化、数字化、智能化为核心的新一轮科技革命与产业变革正在成为全球经济增长的重要动能，成为影响产业竞争格局的主要因素。

从微观层面来看，组织的基本存在与运行逻辑正在发生变化，组织与个体的新型关系正在加速形成，组织与个体的边界被打破，个体的主观能动作用更加突出，个体的就业形态发生了很大变化。

宏观层面和中观层面的变革，必然着力于微观层面的组织变革。组织是典型的微观单元，正面临宏观层面和中观层面双重变革的压力。只有那些能够适应环境变革的组织，才能始终走在这个变革时代的前列（富金鑫和李北伟，2018）。

3.1　生产力变革趋势

生产力变革是分析组织变革的逻辑起点。平台型组织的发展受到生产力变革的驱动作用，技术的变革是支撑平台型组织大量涌现、广泛应用的重要因素。以人工智能（artificial intelligence）、区块链（block chain）、云计算（cloud computing）、大数据（big data）为代表的新一代信息技术的有机组合不仅是改变信息技术本身和信息产业本身的属性，还是全方位、全空域、全流程、全场景、全解析和全价值渗透，使得连接属性、数字属性、智能属性成为所有产业普遍存在的共同属性。数据（data）、链接（network）、人工智能（artificial intelligence）成为平台型组织发展变革的DNA，必将进一步加速平台化演进的过程。

从生产力的历史演变规律来看，随着时代的进步，生产力的构成要素，包括关键的生产者、生产工具、生产要素和生产对象都在发生变化。农业经济时代的主要生产要素是土地和劳动力，工业经济时代的生产要素在农业经济时代基础上，新增了资本、技术进步、企业家等新的生产要素。随着万物感知、万物互联和万物智能的发展，创新成为引领发展的第一动力，连接、数字、智能等加入到生产要素行业之中，这些生产要素具有边际报酬递增的性质，正加快融入生产进程和价值创造过程，并且很难被其他传统生产要素替代。劳动、资本、土地、知识、技术、管理、数据7类生产要素一同构成知识经济时代的主要生产要素。从农业经济时代、工业经济时代到知识经济时代，生产要素不断呈现出多样性、细分性、虚拟性、累积性、共享性的特征。一是多样性，关键的生产要素不断增多，从农业经济时代的2个要素，增加到知识经济时代的7个要素，“数据”被纳入生产要素分配序列。二是细分性，知识、技术、管理、数据等细分的生产要素被逐步从传统生产要素中剥离出来，并作为独立的生产要素而存在。三是虚拟性，生产要素从农业经济时代、工业经济时代土地、劳动等实体生产要素，变成知识经济时代的虚拟生产要素。四是累积性，传统生产要素具有不可再生性，新型生产要素具有累积性，数据、知识积累越多，越能产生颠覆性的作用。五是共享性，传统生产要素具有独占性，新型生产要素具有共享性和非竞争性，知识、技术、管理、数据等要素可以供全社会共享使用，一个人的使用不影响其他人的使用，并且随着使用人数的增多，其价值逐步提高。

新一代信息技术给传统组织的发展带来前所未有的挑战，也为组织模式变革提供了新的条件和手段。传统组织的规模越来越大，组织成本急剧上升，组织效率显著降低，增加了信息不对称性，提高了委托代理成本，也可能带来机会主义行为。组织结构需要不断得到调整重塑，以更好贯彻组织面临的新使命。先知先觉者引领时代变革浪潮，后知后觉者跟随时代变革步伐，不知不觉者则将被时代淘汰。新一代信息技术为平台型组织的产生提供了动能，也为平台型组织的演化提供了条件。传统的产业组织方式和产业组织体系正在逐步瓦解，新型组织体系不断突破地域、组织、技术的界限，朝着跨专业、跨行业、跨学科的跨界方向发展，形成更加扁平化、柔性化和网络化的产业组织方式。

3.1.1 万物皆数

数据成为一种重要的生产要素，人类生产、生活的方方面面都在加速数字化（迈尔-舍恩伯格，2013），人类现实世界的所有对象，不管是物质的，还是精神的，都可以通过数字孪生技术交汇融合，消除时间空间壁垒，映射到网络世界之中，万物皆可以用数字来表达。《经济学人》杂志认为，21世纪的数据就像20世纪的石油一样，是增长和变革的驱动力。数据的流动创造了新的基础设施、新的商业、新的垄断、新的政治和新的经济（Economist，2017）。事实上，数据具有比石油更重要的价值，石油不可再生，数据可以积累。数字在生产力的发展过程中，在组织、规划、判断、预测等多个方面起到愈发重要的作用。

根据中国信息化百人会发布的《2017中国数字经济发展报告》，全球数字经济规模持续扩张，2016年美国数字经济规模排在全球首位，已超10万亿美元，中国数字经济总量达到3.4万亿美元。平台型组织是数字经济发展的基础。数字经济的发展离不开平台的作用，如同工业经济的发展离不开公司的作用。在此背景下，利用平台思维、共享思维、大数据思维再造传统产业，赋能传统经济已经是大势所趋。以平台经济、数字经济为代表的新经济展现出蓬勃发展潜力。当前，大多数平台型组织的发展都是依托数字技术，因此这些平台型组织又称为数字平台（de Reuver et al.，2018）。

数字属性成为所有产业的普遍属性。与资本、劳动力等要素不同，数字具有更强的累积性。数据源源不断地产生或接收，各类传感器实时、准确传递各类数据，数据获取手段更加多样，数据获取的方式更加智能。有的企业是天生的数字化企业，有的企业正加速向着数字化的方向转型。如今人类95%以上的信息都以数字格式存储、传输和使用。全球数据流量在过去十年增加了45倍，大数据新产生量年增40%，到2020年将年增40ZB。全球互联网协议（internet protocol，IP）流量呈现爆炸性增长势头，1992年全球每天大约有100GB的流量，2002年全球每秒大约有100GB的流量，2017年全球每秒大约有46 600GB的流量，到2022年，全球每秒将大约有150 700GB的流量（联合国贸易和发展会议，2019）。随着数字化技术的飞速发展，基于平台的互动更加精准、快速、便捷，极大提高了平台在规模扩展上的能力及速度。平台型组织正是在生产力变革的背景下，构建平台生态系统并产生强大的经济威力。

3.1.2 万物互联

随着计算机处理和存储成本显著降低，通讯成本显著降低，宽带连接快速普及，万物互联正变成现实，不断扩大连接规模、拓展连接内容，丰富连接功能。人类信息通信技术大约每 10 年实现一次大的技术跃迁，当前，信息通信技术已经从 1G 发展到 5G，并用 20 年左右的时间达到扩散应用的峰值。信息通信技术 1G ~5G 比较见表 3-1。平台型组织是信息通信技术研发、应用、扩散的重要组织，平台型组织的发展史与信息通信技术的发展史交相辉映。2G 时代以 Windows +Intel 为代表的基于互联网的平台，3G 时代以 Android+Arm、iOS+iPhone 为代表的基于移动互联网的平台，4G 时代微信等各类移动应用平台遍地开花，这些平台产生了全方位的影响力。5G 具有增强型移动带宽（eMMB）、海量机器类通信（mMTC）和超可靠低时延通信（uRLLC）。基于 5G 的技术优势，更多类型、更大规模、更高价值的平台型组织必将趁势涌现。

表 3-1　信息通信技术 1G ~5G 比较

项目	1G	2G	3G	4G	5G
时间	20 世纪 80 年代	20 世纪 90 年代	21 世纪 00 年代	21 世纪 10 年代	21 世纪 20 年代
原理	模拟通信	数字通信			
数据带宽	2kbit/s	64kbit/s	2Mbit/s	1Gbit/s	>1Gbit/s
功能	语音	语音、文本	图片、视频	移动互联网	万物互联
商业模式	单一模式 应用面小	电信网络服务模式； 短信、彩信、彩铃等	多媒体服务模式； 音乐、图片、游戏、视频等	多场景服务模式； 移动支付、购物、直播	多场景服务模式； 物联网、车联网等
代表平台		Windows+Intel	Android+Arm； iOS+iPhone	微信等	工业互联网； 物联网平台

从连接规模来看，不管是人的连接，还是物的连接，都呈现出海量端点、广泛连接的态势。从人的连接来看，根据世界互联网大会发布的《世界互联网发展报告 2017》，截至 2017 年 6 月，全球网民总数达到 38.9 亿人，超过 50% 世界人口已经连接上互联网。根据中国互联网络信息中心（China Internet Network Information Center，CNNIC）发布的第 44 次《中国互联网络发展状况统计报告》，截至 2019 年 6 月，我国网民规模为 8.54 亿人，手机网民规模达 8.47 亿人，超过 50% 中国人口已经连接上互联网。从物的连接来看，BI Intelligence 预测 2020 年全球联网设备数量将达到 340 亿台，其中物联网设备数量达到 240 亿台。数据显示，2017 年全球物联网设备数量强劲增长，达到 84 亿台，首次超过人口数量。2018 年前半年全球蜂窝物联网总连接数接近 9 亿台，其中中国移动物联网连接数已达到 3.84 亿台，沃达丰（Vodafone）连接数超过 7000 万台，美国电话电报公

司（AT&T）连接数超过4000万台（中国信息通信研究院，2018）。人类社会即将进入万物互联时代，连接对象将从人、家庭、企业扩展到万事万物，连接规模将呈几何级增长。

从连接内容来看，互联内容从信息互联、人人互联、人物互联、物物互联，走向“连接一切”的万物互联。例如，德国提出“工业4.0”战略，本质就是通过产品与设备的连接、设备与设备的连接、虚拟与现实的连接、企业与用户的连接，提高效率和竞争力。工业互联网平台、物联网平台、人工智能平台快速发展，平台的影响力将从网络空间扩展到物理世界，重组整个物理世界的关系，乃至人、机、物之间的联系。平台型组织崛起的时代可以分为互联网时代、移动互联网时代和物联网时代。移动互联网和物联网的快速发展，促进了数字世界和物理世界的融合，是平台模式向以产品制造业为代表的传统产业延展的重要催化剂。

从连接功能来看，参与方突破时间和空间的限制，随时随地发生联系，连接的场景变得无穷多样。早期主要通过字符来联系，随着2G、3G、4G的快速发展，尤其是5G时代的到来，语音、图像、视频等更加丰富多样的载体形式，语音识别、图像识别、视频监控等多样化的形式开始兴盛。应用程序接口（application programming interface，API）的发展使得连接的拓展更为简便，效率更高（埃文斯等，2010）。

3.1.3 万物智能

机器智能、平台企业和众包模式成为改造商业世界的三大趋势（McAfee and Brynjolfsson，2017）。无所不在的感知需要无所不在的链接，无所不在的链接带来无所不在的数据，当感知、链接、数据、计算无所不在的时候，就意味着无所不在的智能得以产生，产品、装备、生产、服务、管理的智能化迈向新阶段。平台、数据、算法、算力与资本的应用组合共同推动了人工智能的复兴，带动了人类进入万物智能新时代。

人工智能的研究发展起步于20世纪50～60年代，期间人工智能的发展跌宕起伏，经历了3次发展波峰与波谷。以2016年Deep Mind公司开发的AlphaGo战胜人类世界围棋冠军为标志，人工智能迎来第4次发展浪潮。随着数据量的爆炸式增长、计算能力的显著增强、算法模型的持续优化、资本与技术的深度耦合，人工智能将对生产生活产生颠覆性影响（李杰，2019）。人工智能正融入万物，成为驱动生产力发展的关键要素，推动人类走向智能社会。

除了人工智能之外，机器智能、混合智能的发展，人类大脑与机器大脑的合作与互补，以及从人类体力协同到人类脑力协同的跃迁的实现，将共同驱动万物智能时代的到来。机器智能是一切机器所具有的智能，机器智能能够执行复杂的、需要人类智慧的任务。机器智能由基础层、平台层、应用层三个层次构成，核心技术包括机器智能算法、硬件、软件等。机器智能将在经济社会发展中扮演重要角色，已经成为世界主要发达国家关注的焦点。美国高度重视机器智能发展，并发布《美国机器智能国家战略报告》，建议实施持续投资机器智能技术研发，为机器智能时代发展劳动力，为机器智能繁荣提供灵活和开放的数据系统，制定促进机器智能应用和减少障碍的有效公共政策，采取对机器智能的危险进行控制的主动策略，通过建立战略伙伴合作关系在全球范围内发展机器智能技术和机器智能管理等六大战略，以实现促进机器智能技术安全、负责任的发展，保持美国在机器智能的全球领导地位。

人工智能、脑科学等的发展，将重塑人机物之间的关系，乃至重组整个物理世界的关系，机器将逐步具备特定智慧功能，由工具关系变为伙伴关系。智能显著改变当前人类社会聚集、生产劳动、价值分配等各种活动的组织形态，提高了人类实践活动的广度、深度和范围。智能化大力提升了物质、能量、信息交换能力，基于智能化的分析算法实现双方高效率匹配，降低资源配置成本，提高社会资源的配置效率。数据分析技术以及近来蓬勃发展的人工智能，使平台运营更加智能化、效率更高、用户体验更佳，并能通过数据变现等缔造出新的商业模式，对未来的产品形态、业务流程、产业业态和商业模式产生颠覆性变革。

3.2 组织变革趋势

恐龙之所以会灭绝，是因为难以适应外部自然环境的剧烈变化。进入新时代，生产力和生产关系都处于变革过程之中，经济形势与社会环境瞬息万变。作为企业组织，其组织管理范式也在发生颠覆性的变化。组织环境、组织资本、组织技术、组织规模、组织目标、组织文化、组织价值、组织结构、领导方式、沟通方式、控制方式、决策主体等所有衡量组织范式的维度都在发生系统性的变革。

3.2.1 组织结构

经济发展总是与产业组织形态的变革相辅相成，新经济与传统经济的基础支撑和技术特征存在明显差别，形成了差异化的组织结构与产业组织特征。组织形态的演进有其自然规律，任何一种新型的组织形态都是建立在之前组织形态的基础上的，新型组织形态并不是对之前组织形态的否定，但是新型组织形态能够包容，涵盖之前的组织形态特征，是对之前组织形态的继承与超越（李海舰和李燕，2019）。每一次产业组织形态的进化，都带来产业组织效率的明显提升，产业组织成本的明显降低。表 3-2 比较了新经济与传统经济的组织特征。

表 3-2　新经济与传统经济的组织特征比较

维度	基础支撑	技术特征	组织结构	产业组织特征
新经济	互联网及新一代互联网技术，移动互联网，大数据，量子计算，物联网，移动物联网，区块链，云计算，云脑，数字孪生技术，人工智能，机器学习，仿生技术，新能源，新材料等	数字化，虚拟化，去中心化，开源开放，多样共享，跨界，个性化，就地化，柔性化，大规模协作，产品生命周期快速更迭，用户参与，机器代替人的神经和大脑	大型平台型组织，基于上下游产业的全网络生态系统，多事业部制，扁平化，组织边界模糊	规模起点较低，市场进入壁垒下降，边缘式创新为主，小企业发起较多，周期短，衍生速度快，互联网特征显著，边际成本递减，边际收益递增，用户效用递增，市场分散竞争特征显著
传统经济	无线电磁波，磁盘记录技术，光纤技术，半导体，材料合成，化工技术，煤炭、石油、电力等传统能源	机械化，专用性，规模化，自动化，体系化，机器解放人的四肢	科层结构，垂直一体化，中央集权，组织边界清晰	规模起点较高，边际成本递增，边际收益递减，模块化创新、系统集成创新为主，大企业集团主导，经济性集中垄断显著

资料来源：戚聿东和李颖（2018）

第一次工业革命的组织结构是“工厂制”，适应蒸汽时代的要求，面对稳定、统一的市场环境，逐步通过分工和标准化实现工厂机器生产对手工劳动的替代，这一时期的典型产业组织形态是“泰勒制”。第二次工业革命的组织结构是“公司制”，同样面对的是稳定、统一的市场环境，适应电气时代的要求，提高市场集中度，逐步通过规模化、标准化、自动化实现流水线机器生产对工厂生产的替代，这一时期的典型产业组织形态是“福特制”。第三次工业革命的组织结构是“模块化”，面对高不确定性的市场环境，为适应信息时代的要求，逐步通过分散化、个性化和数字化实现网络协同生产对流水线生产的替代，这一时期的典型产业组织形态是“丰田制”。目前，第四次工业革命正快速发展，组织进化的速度在加快，组织形态整体朝着去中心化、无边界化的方向演进，从垂直结构、中央集权的金字塔式组织结构，向着扁平化、社会化和竞合化的网状组织形态发展，可能彻底颠覆传统的组织结构。从第一次工业革命到第四次工业革命的组织形态演进过程见图 3-1。

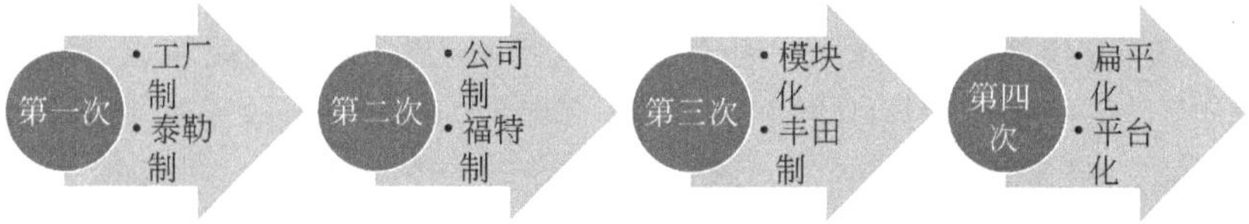

图 3-1　四次工业革命的组织形态演进过程

随着新一轮科技革命和产业变革的深入发展，尤其是大数据、云计算、物联网、人工智能等新一代信息技术的广泛渗透，企业组织结构正在发生深刻变革，可能重塑研发、设计、制造、管理、营销等各个环节，这既对传统组织形态变革提出了变革要求，也为组织形态变革创造了条件。大量以平台型为组织形式的公司的出现，这是新经济、数字经济、智能经济时代的独特现象，是创新基因成为经济发展新动力的直接体现。平台型组织对传统企业组织是继承与超越的关系，需要厘清平台型组织继承了哪些传统企业组织的特征，并在组织机制、动力机制、管理机制方面有所超越，以更好理解平台型组织的产生和演化过程。

3. 2. 2　组织功能

随着传统的行业界限与企业边界日益模糊，环境日趋动态与复杂，不确定性不断增强，组织的分工关系、合作关系、竞争关系、供求关系等在发生颠覆性变化，企业间的联系越来越紧密，跨企业、跨行业的联合也越来越普遍，企业正在通过不断地合纵连横来提高自身的竞争力。以新兴的数字平台为代表，庞大的商业网络已经逐渐演化成为现代经济中一种日益稳定的运作模式。

一是从分工合作到共享合作。在过去近百年的大规模工业化时代，常见的模式是，一个企业可以提供一种或者多种独立、明确的产品和服务，生产、销售和售后服务往往是在同一个组织内部相互结合。随着经济全球化与科技进步，整个商业环境变得越来越开放和复杂，现在，在很多行业中，已经不是一个企业提供多种产品和服务，而是多个企业提供一种产品和服务，甚至出现了成千上万家企业围绕着一个简单的产品进行设计、制造和分销的情况。企业之间的分工合作也从工业时代传统的层级式垂直分工，到信息时代的扁平式授权分工，再到平台时代的网络式“超分工合作”。许多企业结合在一起组成了一个相互依赖的平台生态系统，相互共享关键的产品、服务和技术。

二是从技术驱动到需求驱动。很多实体产业的发动机与驱动力，已经从原来的产品驱动、核心技术驱动发展到了消费者需求驱动经济这一新模式。消费者在其基本需求得到满足后，不再满足于自己去寻找单一的标准的制式化产品和服务，而是期望能够获得“一揽子”的产品或服务，或一整套个性化的解决方案。这就导致单个企业往往无法仅凭一己之力为消费者提供全套的产品或者服务，而必须与相关的企业紧密合作才能满足消费者的需求。从某种意义上，可以说，消费者需求不仅促成了企业间基于产品价值链的分工合作，更使它们走向了更高层面上的联合。

三是从规模效应到协同效应。新型的网络经济打破了传统的产业界限，超分工整合与消费者需求驱动更是让不同行业的企业走到了一起，只要对接的方式正确，联合体将产生巨大的整体协同效应。这种协同作用更进一步改变了商业社会的游戏规则，企业之间的竞争也从单兵作战转变为了团体对抗。竞争与合作，都不再是企业个体的行为，而是在团体与团体之间、平台与平台之间、生态与生态之间发生。

四是从价值独创到价值共创。现代企业的发展趋势是从生产产品的宝塔式科层制管理组织，变成提供服务的扁平化创新创业平台和开放式的创造共享价值平台。平台改变了传统“垂直宝塔”的合作方式，形成“扁平网状”的新格局。价值创造思路由“产品中心化”向“用户中心化”转变，用户成为平台竞争优势的真正来源。价值创造层次由生产、营销向研发、工艺、管理等深层次拓展，出现了以平台带生态、以线上带线下的新技术经济范式。价值创造规模从有限变为极大甚至无限，社会化大联合、大协作成为可能，形成你中有我、我中有你、相互借力、互利共赢的产业生态体系。

3.2.3 组织成员

在工业经济时代，组织内部存在若干等级森严的层级，组织外部存在若干繁琐冗长的环节，导致组织难以直接作用于个体，难以直接与员工和用户交互，基本上也不需要与员工和用户直接交互。随着进入知识经济时代，员工的自主性和用户的能动性越发重要，对竞争结果产生直接的决定性作用。组织与员工等内部成员，以及与用户等外部成员的关系发生颠覆性变化。

一方面，组织与员工等内部成员的关系发生变革。青年一代组织员工是数字经济时代的“原住民”，逐步成为生产力中最活跃的要素，只有充分激活生产者，才能有效提高生产力。平台型组织的出现，打破了组织内外部固有的层级与环节，改变了组织与员工之间的关系，改变了垂直宝塔式的组织结构，使得组织与员工得以直接对接对话，实现用户价值与企业价值的有机融合。

另一方面，组织与用户等外部成员的关系发生变革。传统行业不太重视用户的需求，而互联网行业始终视用户为上帝，最为关注用户的需求，起点和终点都是用户需求，始终将用户作为公司最大的价值资产进行打造（彭剑锋和云鹏，2015）。用户本身的规模以及其所带来的网络效应也具有重大的价值，用户群体越多，生态系统资源越为丰富。用户的背后是数据，更多的用户意味着更多的数据。用户不仅仅是产品或者服务的消费者，同时也主动参与生产甚至创新过程，成为产消者；不仅被动接受资源信息，也能够主动操控资源信息，激活闲置资源，满足个性化需求。

3.3 平台型组织方兴未艾

新经济的发展壮大既离不开新科技的发明创造，也离不开产业组织模式的变革，需要科技生产力和科技生产关系同步变革、技术创新和制度创新的双轮驱动。在生产力变革、生产关系变革的驱动下，组织的使命定位、表现形态和组织形式都处于快速变革过程之中。平台型组织的实践源远流长，形态日新月异，随着信息通信技术的广泛深入渗透，各式各类的平台蓬勃发展，并且在技术进步、经济发展和社会生活中起着越来越重要的作用。平台型组织的产生、发展和演化正是组织变革的具体表现形态和具体组织形式，符合生产力变革的大方向，顺应生产关系变革的潮流，代表组织变革的总体趋势。越来越多的领航平台企业率先进行组织变革探索，以平台型组织为依托建立新型的组织模式，产生强烈的示范效应和引领带动效应。

3.3.1 符合生产力变革的大方向

平台并非全新的事物，农业社会的集市，工业社会的超市、交易所，信息社会的双边市场都可以看作是平台。在组织环境的万物互联、数字孪生、人工智能、分享经济等变革的大趋势下，平台型组织应运而生，异军突起，并且大有可为。平台型组织行驶在新经济发展快车道上，产生新的业务板块，酝酿新的市场结构，导入新的技术路径，开辟新的产业方向，不同于工业经济时代的传统公司，具有自身独特的发生发展规律。

作为互联时代的组织管理新范式，平台型组织代表了最先进的生产力，源源不断产生新的理念、方法、工具，正在对各行业各领域进行全面重塑、彻底再造，以实现组织与环境的匹配。平台型组织不仅为自身发展，也为其他所有参与者的创新发展开辟新疆域，是一种创新最强劲、合作最紧密、共享最彻底的新型跨界融通发展模式。

3.3.2 顺应生产关系变革的潮流

平台型组织并不鲜见，但是由于生产力变革、生产关系变革给平台型组织带来了罕见的规模、范围和影响力，平台型组织成为一种普遍性的组织模式。平台型组织的产生、发展、壮大绝不是偶然的，也不是短期的，更不是个别的现象，而是具有规律性、长期性、共通性。

平台型组织的发生发展符合生产关系变革的规律性。信息化、全球化带来的产业发展空间更大，竞争也更为激烈，提高产业效率与降低交易成本的内在要求更强，产业平台化发展的竞争优势更加明显。单打独斗、零和博弈的传统产业发展模式会受到根本性冲击，以平台型组织为基石的平台生态系统正成为产业共同发展与群体竞合的新利器。平台型组织是在生产力大变革、生产关系大调整、组织大再造的前提下的必然产物，是对传统组织模式的继承和超越，是一种规律性的变革。

平台型组织的发生发展符合生产关系变革的长期性。身处平台化时代，企业要么搭建产业平台而成为平台领导，要么选择合适的产业平台而成为平台补足者，独立运行的企业数量越来越少，生存越来越艰难。新时代的竞争，不是企业与企业之间的竞争、产业与产业之间的竞争，而是生态系统与生态系统之间的竞争。平台与生态系统成员成为“命运共同体”，生态系统竞争能力的强弱和竞争的结果不仅关乎生态系统本身的命运，更关系万千生态系统参与成员的命运。平台型组织是新时代的一种新的组织模式，不是短暂的过渡形态，而是要存续相当长的一段时间，具有旺盛的生命力，是一种长期性的变革。

平台型组织的发生发展符合生产关系变革的共通性。从现代产业体系的角度来看，现代产业体系的产业组织是以各类平台为基础的产业生态圈，平台型组织已经成为现代产业体系的中心节点，抓住了平台型组织，就抓住了现代产业体系建设的“牛鼻子”（芮明杰，2018）。平台型组织是平台经济、共享经济等新兴生产组织模式的内核所在，是一种共通性的变革。

3.3.3 代表组织变革的总体趋势

传统科层制组织结构按照自上而下的组织方式，权力、责任、信息层层递进，上级命令下级，下级服从上级，导致管理层级过多、信息传递不及时、沟通效率低下、组织结构僵化等问题，横向上存在各种各样的“部门墙”，纵向上存在各式各样的“隔热层”，垂直整合的纵向一体化发展模式越来越不适应新时代的竞争要求，难以适应日益动态变化的竞争环境，传统的企业组织架构面临严峻的挑战（穆胜，2018）。越来越多的企业开始将主要资源用于核心竞争力的提高，而将非核心业务外包，企业的功能越来越模块化和专业化。平台型组织突破传统企业的增长理念和组织架构，建立网状融合的组织结构，对多个行业甚至全社会资源进行开放重组和融合再造，有效节约交易费用，通过资源聚合，变纵向分工为横向协调，给企业带来新的竞争优势。平台型组织在生产力变革、生产力关系变革的基础上，叠加组织模式变革，充分释放组织潜能，代表组织变革的总体趋势。

第4章 媒介载体——平台型组织架构原型

“平台”这个词以多种形式出现在各类文献中，对于什么是平台型组织众说纷纭，缺乏统一的定义、组织结构和分类体系。表4-1比较了媒介型平台与载体型平台在组织形态、组织结构与组织功能等方面的基本特征。

表4-1 媒介型平台与载体型平台比较分析

维度	媒介型平台	载体型平台
组织形态	群体划分； 双边市场	层次划分； 基础设施
组织结构	群体互动； 网络效应	层级叠加； 模块接口
组织功能	降低交易成本； 优化资源配置； 增强社会信任	深化专业分工； 强化网络协同； 提供柔性服务

当然，随着平台的发展演化，载体型平台与媒介型平台在某一个具体的平台型组织中可能合二为一，出现兼具载体型平台功能与媒介型平台功能的复合型平台。例如，亚马逊可以看作是通过发挥媒介作用起家，通过联系书店与读者，建立零售平台。但随着亚马逊在此过程之中计算能力、网络能力的增长，亚马逊开始发展AWS云平台业务，这时候的亚马逊则是在发挥载体作用，相关中小企业借助亚马逊的云计算平台搭建企业的运营框架，降低创新成本。

4.1 媒介型平台

基于互动观的视角，平台是双边或者多边互动的媒介，可以称之为媒介型平台。平台型组织模式由来已久，但之前作为媒介，其作用范围是十分局限的。随着互联网尤其是移动互联网的发展，媒介作用的范围急剧扩大。媒介型平台具有区别于载体型平台的组织形态、组织结构与组织功能。从组织形态上来看，媒介型平台“分群”而治，即划分各种群体，生产商、消费者和平台协调商围绕价值单元的创造、消费、修正而协同。从组织结构上来看，媒介型平台由两组具有网络效应的群体互动而成，互动价值单元的形式可能是信息、物质、领导力、货币或能源。从组织功能上来看，媒介型平台致力于降低交易成本、优化资源配置、增强社会信任。

4.1.1 媒介型平台形态

媒介型平台的基本组织形态见图4-1。双边用户或者多边用户彼此相互需要，或者某一类用户成员之间相互需求，但是基于自身很难对接起来，媒介型平台是关联方互动的媒介。按照利益相关者分析方法，可以将媒介型平台的生态系统成员分成三大类，分别是平台方、用户与补足服务提供商。作为媒介的平台，为了能够发挥功能作用，媒介型平台的形态一般具有如下基本特征（Evans et al.，2011）。

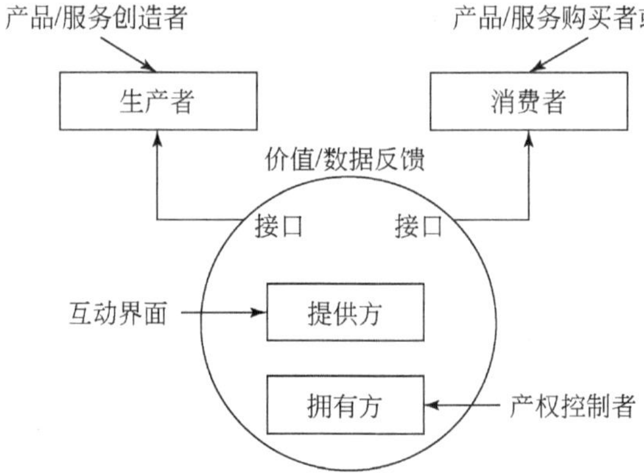

图4-1 媒介型平台的基本组织形态

一是市场必须有两组或多组独立的客户群体。群体数量越多，能够产生的价值越大，超级平台一般都有海量的用户端点。用户是平台型组织发展的基础，平台用户只有达到临界规模才能实现可持续发展，离开了一定规模的用户，平台型组织发展就毫无意义。由此也可看出，平台只是半成品，没有用户参与的平台并非真正的平台。

二是这些群体在某种程度上相互需要。平台各边需求并非相互独立的，平台一边的需求同另一边需求存在相互联系，存在直接的网络效应或者间接的网络效应。间接网络效应指的是拥有更多某一类用户的平台对其他类的用户来说更有价值。例如，越多的用户使用软件平台则对开发者越有利，开发者越多则让平台带给用户的价值越大。这些正反馈效应让拥有更多双边用户的平台对两边用户更有利。平台型组织通过刺激正反馈效应在市场竞争中抢占先机。只有双边用户同时对平台企业提供的产品或服务有需求，平台企业的产品或服务才真正有价值，如果任何一边用户对平台企业的产品或服务没有需求，该平台企业的产品或服务的价值就不存在。这种网络外部性主要取决于参与到平台上的另一边用户规模。生态系统中创造或使用补充创新的外部参与者越多，平台就越有价值。

三是将这些独立客户群体中的成员联系或协调在一起能够获得一定的利益。平台要从联系或协调的过程中能够赚取利润，而不仅仅是作为一个流量通道。当平台不能有效地观察双边的交易时，如会展中心，平台只能一次性收费。当平台可以有效地观察交易时，如银行卡，平台就可以按交易次数收费，并且通常区分固定的会员费与交易费用。

四是能够为行业中的众多参与者解决普遍的关键性难题。媒介型平台满足的是行业中众多参与者的普遍需求，解决的是行业中众多参与者普遍面临的共同难题，如果只是解决个别参与者的个性化需求，那么平台发展的空间是十分有限的。例如，淘宝推出之前，线上交易面临信任缺失等诸多关键难题。优步推出之前，打车难一直是大城市的顽疾。这些平台的推出解决了产业发展的痛点，满足了行业的共性需求，或者降低搜寻成本和交易成本而提高价值，使得每个群体都能受益，同时聚集了众多专业服务商为商家提供精准化与个性化服务来满足用户的差异化需求，从而提高整个生态系统的效用。

4.1.2 媒介型平台结构

促进群体互动是媒介型平台的核心使命。媒介型平台围绕双边用户，立足价值单元，激发网络效应，形成有组织的市场。其中，价值单元是互动的客体，是媒介型平台双边用户互动的本质内容。网络结构是双边用户围绕价值单元的互动形式。有组织的市场则是媒介型平台搭建双边市场的互动秩序。价值单元、网络结构和有组织的市场决定了互动的内容、形式与秩序，奠定了媒介型平台的基础结构。

依托媒介型平台，生产商、消费者围绕价值单元的创造、消费、协同而紧密互动。价值单元的形式可能是信息、物质、领导力、货币或能源。媒介型平台的差异主要体现在价值单元的差异上。“只有想不到，没有做不到”，随着平台型组织业务范围的扩大，价值单元的形式在迅速丰富，价值单元的列表还在不断增长。价值单元的价值含量在不断提升，早期媒介型平台承载的价值含量较低，随着时代的进步，从低价值含量向高价值含量跃升，房产、汽车等高价值含量商品都开始在平台上出现。

网络效应是所有成功平台的原初驱动力量。梅特卡夫法则指出，一个网络的总价值等于该网络所有结点的平方，网络效应呈现规模报酬递增的特性，即随着平台发展规模增长，网络效应更强。双边市场平台通过发挥“催化剂”的作用，激活双边之间的网络效应，更多的消费者会吸引更多的生产者进入平台，反之亦然。媒介型平台不断增强双边相互之间的黏性，增强平台双方的匹配度，给平台带来显著的网络经济效应（埃文斯和施马兰西，2011），促进平台生态系统快速形成，是解锁网络效应的“触媒密码”（catalyst code）。在至少有一边用户多属的成本比较高，至少一边的网络效应非常明显，且用户对特殊功能没有强烈偏好的情况下，容易锁定用户，形成”赢家通吃”的格局（方军等，2018）。

媒介型平台主要指的是双边市场，区别于无组织的市场，媒介型平台属于有组织的市场。有组织的市场具有如下特征：存在适宜的低费用的度量技术和度量衡标准，集中大量的买者与卖者，众多成员之间存在竞争，交易主体拥有排他性的财产权利，国家提供作为公共产品的有效法律，人们拥有公平合法的交换观念（诺思，2008）。有组织的市场通过设计新的规则或制度安排，在保留市场交易和市场竞争的效率的同时，避免市场无序交易和无序竞争的损失。在无组织的市场上，交易者分散，交易过程随机，交易频率较低，不确定性和风险极大，导致交易成本增加。而在有组织的市场上，交易双方交易频率较高，多次或者重复进行交易活动，遵循市场交易规则，从而降低了机会主义行为的可能性，能够更好结合无组织市场交易的效率和组织协调机制的规则。

4.1.3 媒介型平台功能

媒介型平台的主要功能是降低交易成本，优化资源配置，增强社会信任，从而创造出独特的价值。

4.1.3.1 降低交易成本

科斯认为，企业产生是为了节约市场交易费用。平台型组织突破了传统企业的增长理念和组织架构，对多个行业甚至全社会资源进行开放重组和融合再造，有效节约交易费用，给企业带来新的竞争优势，传统的企业组织架构受到了严峻挑战。

第一是大幅降低信息搜寻成本。在平台产生之前，买方和卖方需要花费大量的时间、人力和财力成本去搜寻相关的信息，且局限在一定的地域范围之内。基于单向的、链式的分工，信息主要通过中间商逐级自上而下传递，价值从上游向下游传导，每一级之间存在严重的信息不对称，“雁过拔毛”靠信息攫取利润来源。平台基于网状分工，极大压缩信息传递的层级，促成双边直接交互，降低了信息逐级传递过程所产生的交易费用。平台有效整合各方信息资源，即时传递信息，扩大信息交换范围，大大降低经济主体获取相关信息的费用。

第二是大幅降低资产专用性成本。平台的设备都是很昂贵的，但是用到的次数可能并不是很多，如果没有平台，每个企业都购买相应设备的话会极大增加企业负担，如果没有企业用平台，平台的成本则很难摊薄。平台将服务器、存储设备、算力等能力转为公用，“将昂贵和麻烦留给自己，将便宜和便捷留给别人”，最大程度摊薄专用性资产购买和使用成本。

第三是大幅降低履约成本。平台通过设定系统规则，约束双边互动者的行为边界，促使双边按照合同标的履行合约。从双边互动者进入平台，到发生互动行为，到最后互动结束离开平台，所有过程在平台上都会留下痕迹，确保整个过程可追踪、可回溯，降低了合同履约风险。通过在线服务评价机制，加大对平台方和双边用户的质量约束，有效督促提升服务质量并实现优胜劣汰。随着越来越多的平台型组织运用区块链技术，利用加密技术来验证与存储数据，利用分布式共识算法来新增和更新数据，利用智能合约来保证业务逻辑的自动强制执行，交易过程将变得更加安全，更加可靠，更加透明（袁勇和王飞跃，2016）。例如，有货运平台通过搭建整车运力调度平台和智慧物流信息平台，有效降低了重卡司机和货主双边的交易成本。平台上司机的月行驶里数由 9000km 提高到 13 500km，平均找货时间从 2.27 天降低为 0.38 天，空驶率由 37% 降低到 32%，交易纠纷率由 25% 下降到 3%，年约节省柴油费用 860 亿元，减少碳排放量 4600 万 t，实现了降本增效社会效益和节能减排经济效益的双丰收（国家信息中心分享经济研究中心，2019）。

4.1.3.2 优化资源配置

资源配置是经济发展的基础。在传统情形下，供需双方由于信息不对称，难以“硬性”对接，往往使得资源紧缺的情形与资源闲置的情形并存。随着技术基础、组织形态的演化，资源配置的主导逻辑也在发生变化，逐步从市场配置资源，企业配置资源，网络配置资源的主导逻辑，向平台优化资源配置的主导逻辑演化。平台作为一种快速配置资源的框架，将部分替代市场和企业，成为新的资源配置手段。平台将互动多方有力黏合起来，恰好在其中起着“黏合剂”的作用，扩大资源配置的范围，缩短资源配置的时间，从而能够切实提高资源配置的精准性。

一是平台型组织能够更快捷、更准确地传递市场信号，实时动态调整价格需求信息，实现供需的精准匹配。某在线货运平台实现了货车司机、货主的精准匹配，过程的瞬时优化，定价的动态调整，以及准入与退出的即时管理，减少了货车空驶率。优步等网约车平台通过系统分配最近距离的司机，以及动态弹性价格调整，实现高峰时期的供求平衡。美团开发的“超脑”即时配送系统在高峰期可每小时完成路径规划29亿次，平均0.55ms为骑手规划1次路线，平均配送时长已缩短至30min以内。

二是平台型组织能够加强需求引导作用，以需求引导供给。例如，找塑料网、青岛红领集团等通过先下订单，后进行生产的方式，实现按需生产和个性化定制。平台模糊了供给和需求的组织边界、地域边界、技术边界，推动了供需要素的密切持续联系。宁波易联汇商信息科技有限公司生意帮的“云工厂”将每一个产品的生产任务揉碎、分解成最小单元，让每一个有“绝活”的工厂只做他们最擅长的一道工序，重新组织生产流程和生产关系，从而构建了一个具有市场配置资源功能的“云工厂”。

4.1.3.3 增强社会信任

随着互动规模骤增，边界扩展，构建互动多方的信任关系成为平台型组织生存和发展的必然抉择。平台放大了信任在社会发展中的作用，信任是平台经济发展的核心和基础，信任在一定程度上决定了平台生态系统的活跃度，信任关系驱动平台型组织的成长。信任实际上是平台运营的一种社会资本，可以降低机会主义行为，减少经济交易中的不确定性，有效地降低交易成本。平台的健康运行需要用户群体之间建立相互信任的关系，如果平台型组织不能增强用户之间的信任关系，那么这样的生态系统是不可持续的，平台型组织的发展就会面临瓶颈。

平台型组织通过制度建设、平台服务质量、互动反馈等多种方式来维系和增进供需双方之间、供方与平台之间、需方与平台之间的信任程度。为了培养这种“信任”，平台型组织一般建立各种显性的规则、协议、标准，如身份认证审核、用户背景审查、信息展示沟通、双向评价、社交分享、信息隐私保护、保险保障、第三方信用认证等多种手段，以及培养隐性的约定俗成的文化来提升信任程度。例如，网购诞生之初就面临中国人都不轻易信任陌生人的大环境。对此，阿里巴巴提供工具建立交易诚信，一是通过第三方来建立独立验证服务，由第三方处理卖家的请求，并且由卖家支付此过程的费用；二是建立支付宝系统。支付宝与许多西方网络使用的“贝宝”（PayPal）不同，它预收货款，存入托管账户，商家相信经由支付宝的货款很保险。区块链作为信任机器，建立了新的信任方式，改变千百年来的信用机制，有利于平台型组织建立更加低成本、高效率、大范围的信任体系。

4.2 载体型平台

基于基础设施视角，可以将平台看作是创新的载体，称之为载体型平台。载体型平台具有区别于媒介型平台的组织形态、组织结构与组织功能。从组织形态上来看，载体型平台是“分层”而治，即将载体型平台划分为不同层级，认为平台的实质是一种新型的基础设施，发挥的是基础性的作用，主要是为相关群体提供共性基础空间与通用技术架构。从组织结构上来看，分层的模块通过“接口”相对接。从组织功能上来看，载体型平台主要是深化专业分工，强化网络协同，提供柔性服务。

4.2.1 载体型平台形态

载体型平台的基本组织形态见图 4-2。平台生态系统是由一组少变的、稳定的“核心”组件，以及一组多变的、动态的“外设”互补组件嵌入构成，其中发挥载体作用的基础设施即构成载体型平台（桑福德和泰勒，2008）。载体型平台承担平台生态系统中必不可少的功能，起到创新载体的作用，如果缺乏平台型组织的载体作用，众多参与者的连接就难以开展，自身很难对接起来，或者开展对接的效率很低、成本很高。依托载体型平台形成的平台生态系统可以划分为不同的层级，以堆栈的形式出现，就像考古遗址一样，层层叠叠堆积而成。从底至上，可以将载体型平台的架构分为核心层、中间层、外围层。

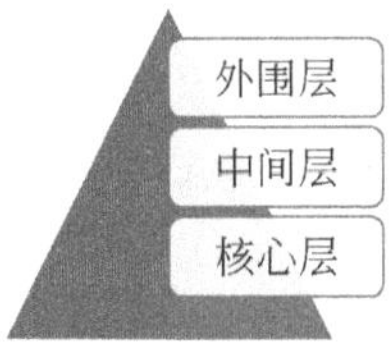

图 4-2　载体型平台的基本组织形态

一是核心层。作为平台生态系统发展的基石，载体型平台位于平台生态系统的核心层次，承担必不可少的功能，为行业中的众多参与者解决普遍的关键性难题，并保持一定的可扩展性和开放性，具有高创新动态程度、高网络复杂关系程度的特征，是平台生态系统发展不可或缺的主体，也是平台生态系统最为直接的利益相关者。载体型平台作为核心基础，通过提供基础设施、计算能力、数据资源、应用软件等，支撑互补产品和服务的开发和应用，大幅节约平台生态系统成员的创新成本。

二是中间层。补足产品和补足服务提供商处于扩展层次，具有高创新动态程度、低复杂网络关系程度的特征。它们虽然不是平台生态系统发展的核心，但是起着非常重要的作用，如果缺乏它们的存在，那么这样的平台是难以发展壮大起来的，这些主体可以称之为间接的利益相关者。补足产品/服务提供方通过专业化的能力，利用平台所提供的关键资源，为用户提供差异化的互补产品与服务，他们是利基市场的主要创造者，使得平台所能提供的产品和服务更加丰富多样，满足用户个性化、多样化的需求，并与平台一道共同从用户使用中受益。

三是外围层。平台型组织的用户群体，以及助推平台发展的外部群体处于外围层次，具有低创新动态程度、低复杂网络关系程度的特征。用户群体不同程度参与到平台生态系统之中。外部助推群体不直接参与平台的业务环节之中，也就是不在整个业务利益链条之中，但也是非常必要的，主要是提供广告、咨询等各种各样的外围产品和服务的企业和行业，以及制定相关宏观法律规则的机构，政府也属于外围层次，这属于更大范围的利益相关者。

4.2.2 载体型平台结构

平台型组织的架构是服务提供的基础，促进迭代创新是载体型平台的核心使命。载体型平台的基础架构可分为“小核心”的基石，以及作为“大网络”界面的接口功能。例如，微软的 Windows 操作系统，苹果的 iOS 系统，谷歌的 Android 系统，主要发挥的就是载体的作用，通过对外开放开发工具包，合并新的模块加入，促使外部应用开发者围绕平台开发各类应用软件，形成丰富的应用生态系统。还有一些实体性质的载体平台，如特色小镇、特色园区、众创空间、旅游景区、高新技术开发区等，它们同样是发挥载体作用，吸引互有联系的各类创客、用户、商户等入驻平台，促进创新成果的大量涌现。

不同的用户群体并非在平台生态系统中处于同样的位置，而是处于不同的生态位。根据载体型平台生态系统之中核心层、扩展层、外围层主体的特点，可以勾勒出平台生态系统的结构特征。每一个层次的关键主体在平台生态系统中扮演着不同角色，可以将平台生态系统核心层成员隐喻为“恒星”，中间层成员隐喻为“行星”，外围层成员隐喻为“卫星”，三者构成的“星系”即为平台生态系统。

平台型组织相当于“恒星”，承担着平台生态系统中必不可少的功能，起着关键的载体或者媒介功能，为行业中的众多参与者解决普遍的关键性难题，保持着一定的可扩展性和开放性，并不断突破组织边界的束缚向外部开放各类资源和能力，从而确保平台型组织在平台生态系统中的基石作用，占据平台生态系统中最为核心的位置，如同星系中的恒星，电子云中的原子核一样。“中心化”的平台具有强连接能力，强连接维系下的平台网络的聚合程度较高，成员之间基于彼此的共同利益观点及互惠预期，更愿意将一些较为机密、高价值的信息在群体内传播共享，有利于领导、沟通、协调和赋能。

具有一定规模的补足产品和服务提供商相当于“行星”，像围绕原子核不停旋转的电子，指的是大量的分布式、弥散式的，依托平台型组织创业，具有鲜明技术或产品优势的企业。“行星”在整个价值网络中扮演的角色和承担的功能都是相对单一的，每个节点都通过努力不断提升自身的专业化程度，构成一个个模块，而这些模块化的功能单元则成为整个平台生态系统的基石。通过专业化模块与模块之间的对接，形成模块化网络组织，整个网络虽然复杂，但每个节点承担的功能却相对简单。“去中心化”的大量分散创新单元具有弱连接能力，弱连接强调的是组织间的连接，这种连接虽然较为弱小，但信息的重复性低，异质性较强，容易接触到更多更新的成员与知识，对于管理创新更具有重要作用。弱连接扮演着全球性管道的角色，有利于信息在世界范围内流动，为平台发展注入“外部需求”，促使企业获得外部规模经济，激发企业的持续创新，使其以主动的姿态加入平台生态系统之中。

规模较小的节点组织和用户相当于“卫星”，虽然体量不大，但是数量众多，类型多样，个体效应微不足道，但是具有强大的网络效应。各类群体均围绕平台对接，但又保持自身独立性，就像星系中的卫星、行星均是围绕恒星运转，并且能够自组织地运转一样。平台生态系统中的强连接和弱连接相互补充，共同影响平台生态系统的均衡，其中弱连接提供了获取多样跨结构洞的视野和能力，而强连接能整合这些以实现创新，两者的相互补充能够使知识整合变得更加容易。“中心化”的平台与“去中心化”的大量分散创新单元相互之间形成群体参与、扁平网状、跨界融通的平台生态系统，形成电子云一般的体系，具备坚韧性、个体能动性、动态适应性、融合性四大特征，从而获取持续竞争优势（陈春花和刘祯，2017）。

平台型组织生态不是“一棵大树”，而是“一片森林”，平台生态系统兼备“灵活性”与“稳定性”、“专业性”与“多元性”，平台型组织相对稳定，联系紧密，处于核心地位，起着“定海神针”的作用，外部大量松散耦合的企业围绕其广泛对接，具有一定的流动性。平台生态系统的形成是一个长期演化的过程，绝非毕其功于一役。围绕某个主导平台，大量的开发者、上下游产业链和用户参与其中，多元角色高密度、高浓度、高频度的互动协同，造成事实上的垄断结构、路径依赖和锁定效应。

4.2.3 载体型平台功能

载体型平台的主要功能是深化专业分工，强化网络协同，提供柔性服务，从而创造出独特的价值。

4.2.3.1 深化专业分工

平台型组织的规模效应主要是通过平台的“基础性”机制来实现的，通过保持核心部件的稳定性，可以大规模重复生产同样的产品，或提供同样的服务，而不需要对平台做出大的变更。基于平台所生产产品或提供服务越多，平台带来的规模经济越为明显。载体型平台规模经济产生的原因可以概括为分工专业化、固定成本分摊等。

载体型平台通过深化专业分工，面向行业开放赋能，聚合上下游协同创新。载体型平台自身保持相对稳定，专注于提供通用功能的产业平台，专注于提供需求量巨大的产品和服务。而对于某些量比较小的需求，则由不同的合作伙伴，通过互补产品和服务源源不断地对接上来，通过差异化、多样性的小批量定制来满足。通过大量的互补产品与服务对接到平台上来，平台可以提供更加多样化、个性化的产品和服务，提供充足的产品花样来满足不同顾客群体的要求、商业需求和技术进步。

借助平台，承担专业化分工的群体迅速扩大，分工日趋精细化、精准化，将内部执行的各项工作任务以自由自愿形式外包给非特定大众网络，提升运行效率。范围经济的获取，加之规模经济的收益，使得企业既能大规模生产产品或者提供服务，又能提供更加多样性和个性化的产品和服务。

固定成本分摊是载体型平台规模经济产生的一个重要因素。某些设备具有“不可分性”（indivisibilities），企业为了生产必须承担一部分与产量多少无关的固定成本。建立平台需要很大的固定成本，平台基本架构搭建需要大量持续性的投入，平台成功发展之前，难以给平台运营商带来收益，只有达到一定的规模经济才能覆盖成本收获利润。开发一个软件平台需要固定成本，但是把平台提供给开发者和终端用户的边际成本很低。平台的核心部件是保持不变或少变的，而外围部件是可变的，通过保持核心部件的稳定性，可以大规模重复生产同样的产品，或提供同样的服务，而不需要对平台做出大的变更。所生产产品或提供服务越多，平台带来的规模经济越为明显。通过提高规模可以分摊固定成本。

4.2.3.2 强化网络协同

载体型平台为外部模块组件的接入提供关键基石，载体型平台本身是作为一个“半成品”而存在的，只有通过外部模块的接入，平台的整体功能才能有效发挥出来。平台型组织集结企业内外部资源，快速响应市场需求，形成长期伙伴关系，这成为竞争优势和价值创造的重要来源。平台型组织不再通过传统的一体化整合方式来降低成本、提高效率、改善体验，而是通过网络化协同的方式，协调全社会的“多样性”来共同参与平台生态系统的营造。通过网络可以聚合大量的资源与能力，实现资源与能力的优势组合，集约需求和供应，并实现有效匹配，从而显著提高网络的整体效率。

然而，平台生态系统具有参与主体的广泛性、组织管理的复杂性、目标任务的系统性和多领域多学科的集成性等特征，加之网络又常常是低效、无序和冗余的，因此需要平台型组织通盘审视整个价值网络，组织网络，创建框架和平台，并把合适的资源集中起来，提高网络的整体效率。

载体型平台的重心由企业内部走向网络，通过授权方式管理整个价值网络，通过提升网络的竞争优势获得企业本身的最大成长。载体型平台将分散的各类实体组织在一起，相互配合、协调一致的工作可以完成任何单一实体都难以完成或不经济的任务，实现总体效益优于个体效益之和。

由于平台型组织并不实际拥有整个价值网络的产权，也不实际执行具体的生产活动，在这种情况下，平台型组织需要一种完全不同的领导和控制形式。平台型组织通过培训、认证、授权等手段，管理着一个庞大的并不属于他的网络。

网络结构具有整体性，平台型组织关注网络整体的最优，而非局部最优。网络成员从你死我活的竞争关系，向相互依存共生的关系转变，更多的是追求双赢的结局。平台型组织的范围效应性主要是通过平台的“多样性”机制来实现的，平台自身保持相对稳定，通过互补产品和服务源源不断地对接上来，从而为客户提供更加多样化、个性化的产品和服务，实现范围经济。

4.2.3.3 提供柔性服务

在传统发展模式下，规模经济与柔性服务是难以同时实现的。规模经济要求通过稳定性和控制降低成本，稳定质量，提供标准化的产品和服务。柔性服务要求通过柔性和快速响应，实现多样化、个性化和定制化，满足多元化的细分市场，提供低成本、高质量、定制化的产品和服务。载体型平台的发展，可以有效平衡多样化、个性化与规模化之间的矛盾，使得“不可能三角”变为可能，更加有效地促进服务质量和服务生产率同时提升。

载体型平台能够有效地提供柔性服务，从而满足客户多样化、个性化的需求。

首先，网络具有很高的柔性，具有一定的适应环境变化的能力，以及处理各种不确定性的能力，必要的时候可以对整个价值进行重构，实现快速转换与组合，满足客户时间、质量与成本的个性化需求，避免某一个节点的破坏导致整个网络崩塌。

其次，随着网络节点的不断增加，可以有效地抓住“长尾”需求。长尾理论认为，由于成本和效率的原因，过去人们只能关注重要的人或重要的事，即曲线的“头部”，而将处于曲线“尾部”的大多数人或事忽略。而在网络化发展的情况下，通过网络设计与优化，尤其是加强先进信息技术的应用，可以有效地抓住个性化、需求差异较大的长尾客户，从而扩大客户来源。

第5章 资源聚合——平台型组织竞争优势

长期以来，资源一直是组织研究的关键主题，资源基础观是认识组织的一个基本视角。“资源”囊括了平台型组织发生发展的诸多要素，如供应商资源、用户资源、政府资源、研发资源等。“聚合”是指相关资源向平台型组织的聚拢、结合与反应的过程。聚合是化学领域的一个重要研究概念，聚合反应是经过链引发、链增长、链转移、链终止的过程，生成聚合物的化学反应过程。采用“聚合”而非“整合”一词，意在突显平台与用户、服务商之间松散耦合的关系（江小涓，2017）。所谓“资源聚合”，就是平台型组织通过内外联动的方式，聚拢各类资源，集中到平台上来，实现资源在各类主体之间的高效流动、共用，并形成资源整体开放，为整个平台生态系统所用的过程。

传统资源基础观注重组织内部内生的各类资源。在平台经济发展过程中，平台型组织的增长和竞争超越了传统的资源基础观，也超越了传统的资源整合，更加强调对组织现有内部资源和外部资源的创造性开放式聚合。平台型组织通过开放资源、赋予能力、制定规则，便利供求双方交易，吸引海量资源汇聚，实现快速成长。资源聚合不同于资源整合，资源整合是采用产权的手段将所有资源据为己有，而资源聚合是一种开放、动态的过程，关键是为我所用，并不一定为我所有。平台型组织能够实现指数级成长的法宝正是资源聚合机制。

资源聚合需要相应的战略体系重塑加以支撑。随着平台的规模、范围、影响力与日俱增，平台资源聚合战略被越来越多地采用，而是从而不断改变传统的资源观、组织观和价值观，资源观从资源控制转向资源聚合，组织观从内部组织到跨界组织，价值观从价值独占到利益共享，更为开放、更为外向的战略思路正在逐步形成。

5.1 资源聚合范畴

按照资源基础理论的观点，资源是组织为了提升自身的效率和效益而用来创造并实施战略的基础，关键核心资源决定了组织的增长路径和竞争优势。具备高价值、复制障碍、难以模仿、无法替代的优势资源，如专利技术、品牌、专有渠道、市场控制力等，是组织发展不可或缺的功能。普通资源通过多样化的聚合方式，如用户资源的叠加使用，同样可以成为战略性核心资源，成为组织获得持续竞争优势的来源。当前，企业最核心的竞争能力从规模大小、技术先进性、成本高低转移到了能够控制和影响的资源、企业和合作伙伴的数量与规模上，企业是否具备核心竞争优势则取决于它能否吸引和协调其他企业，并将这些企业的资源集中起来为消费者创造价值。

5.1.1 资源聚合瓶颈

对于平台型组织而言，对资源要素的聚合与调动能力远比对资源要素的名义产权更重要。平台型组织运营的关键资源并不一定要为平台型组织所有，而是可为平台所用。除了技术资源以外，金融、组织、管理等各类互补资源起着举足轻重的作用，以形成各种资源的有机链条，建设平台生态系统。平台型组织资源聚合的基本过程见图 5-1。

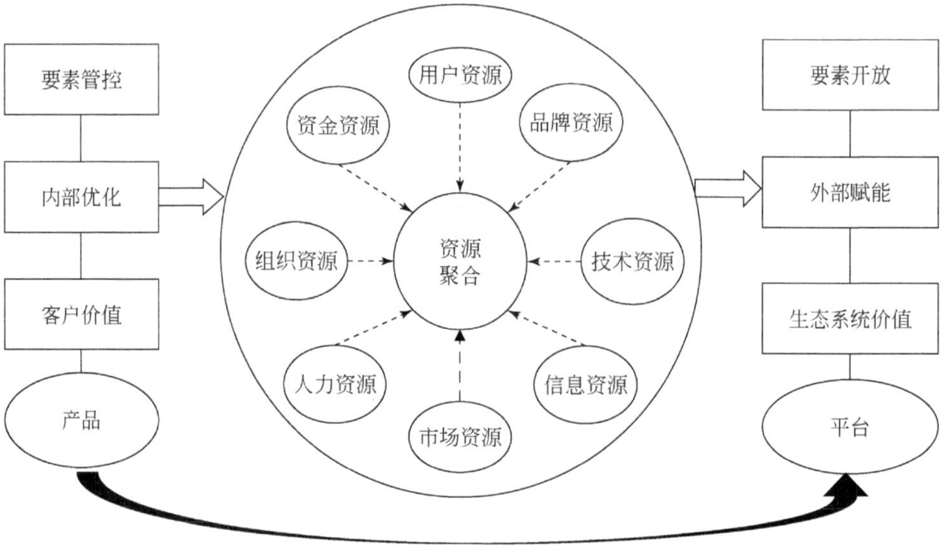

图 5-1　平台型组织资源聚合的基本过程

平台型组织是多种资源的有机聚合载体，需要针对资源约束主动聚合各类资源。根据 2015 年完成的全国企业创新调查显示，我国有 41.3% 的企业开展了创新活动，低于欧盟国家 52.9% 的平均水平，其中资源约束是制约企业创新的重要原因（国家统计局社会科技和文化产业统计司，2016）。从调查来看，资源短缺主要存在于以下几个方面。

一是缺资金，不能创新。调查企业认为缺资金的比例达到29.4%，既缺乏内部资金，也缺乏外部风险投资和银行贷款，是阻碍创新的第一位因素。创新型企业和初创型中小企业的无形资产占比一般比较高，有形资产少，难以争取到银行贷款，就算贷到款，融资成本也相对较高，资金紧缺制约了企业创新活动的投入。

二是缺信息，不利创新。调查企业认为“缺乏技术信息和市场信息”的占到23.4%。行业发展动态、前沿技术资讯对企业创新发展不可或缺。然而，我国企业创新的信息来源相对封闭，主要来自企业内部和行业客户，政府、大学、科研机构并未成为企业有效的信息来源。

三是缺人才，不会创新。调查企业认为“缺乏人才或人才流失”的占到22.4%。创新驱动实质是人力资本质量驱动，我国研发人员规模世界第一，然而研发人员市场化流动不足，高端人才更倾向前往大学、科研院所，企业吸引人才数量不多、层次不高，也难以借用大学、科研院所的“创新外脑”。

四是缺激励，不求创新。调查企业认为“没有创新的必要”的占到18.3%。规上企业平均利润率为6.22%，而有创新活动的规上企业平均利润率为6.28%，创新型企业并未表现出明显的利润优势，企业尚未收获创新所带来的实在收益。企业对创新“不感冒”，缺乏内生的创新动力。

五是成本高，不愿创新。调查企业认为“创新成本过高”的占到16.1%。不仅直接研发成本高，税收减免、投融资、产权保护、市场准入等制度性交易成本也比较大。例如，有企业表示，高端仪器设备、重点实验室都集中在高等院校内，企业委托他们做检测的时间和费用成本都不低。

六是缺市场，不敢创新。调查企业认为“市场已被占领”或者“不能确定市场需求”的占到15.3%。创新必须以市场需求为导向，市场需求在不断变化，产能过剩和需求结构升级的矛盾突出。企业习惯了长期以来粗放低端的市场需求，难以抓住高端产品、关键装备等不断升级的市场需求。以前不创新就能活得还不错，现在则迷失了方向。

平台型组织自身资源远不足以支撑平台型组织的实际运营，平台型组织本身也难以拥有众多创新创业者所需要的各类资源。平台型组织应着眼于利用已有资源撬动互补资源，打破资金、信息、人才、成本、市场等各方面资源的约束，跨越既有的组织边界，建立与外部各类主体的对接机制，将分散在世界各地的资源要素整合起来，采用资源聚合机制，而非采用产权交易的资源整合机制，来提高资源聚合速度，降低资源聚合成本，实现资源的互补与融通。

5.1.2　资源聚合基础

平台型组织仅保留其具有优势或关键的资源，并通过资源聚合获得组织本身并不具备的新资源。平台聚合的资源包括三个层面，第一个层面是组织内部资源的聚合，第二个层面是供需资源的聚合，第三个层面是物流、金融等第三方资源的聚合。当然，并不是什么资源都是平台需要的，平台型组织需要加强对资源的识别筛选，根据现有的资源体系，识别所需的关键资源，判断资源属性与类别，进行精准而非粗放的资源匹配。一般来说，互补资源可以分为两类，一类是通用性互补资源，另一类是专用性互补资源。平台型组织需要针对资源要素瓶颈，着力集结具有稀缺性、增值潜力大、运行成本低、与平台现有资源融合性强、通过资源聚合后能形成新的能力的资源，包括需求资源、市场资源、质量信号、生产资源、碎片资源等，搭建平台资源生态。

网络效应是所有成功平台的共同驱动力量，用户资源是网络效应形成的基础。在传统经济活动中，企业的核心资源包括人、资金及物质资本。管道模型、资源基础理论认为企业竞争能力的来源在于对稀缺资源的控制。而在平台经济发展过程之中，对平台型组织而言，随着从资源控制到资源聚合的演化，用户基础成为有价值的资源来源，生产者和消费者的网络变成组织最大的资产。平台型组织之所以不同于一般组织，关键在于其激活了双边用户之间的网络效应，增强了用户之间的黏性，给平台带来了显著的网络经济。平台创造的网络效应可分为同边网络效应和跨边网络效应。同边网络效应指的是平台一方用户数的增加导致这个平台对于同一方用户的价值升高或降低。例如，对社交网络而言，平台用户之间形成社交网络关系，使得一旦某一平台率先突破临界规模，其他类似平台就很难再进入市场。跨边网络效应指的是平台一方用户数的增加导致这个平台对于另一方用户的价值升高或降低。用户的增加会导致互补产品和服务提供商的增加，反之亦然。这种跨边网络效应在电子商务（如淘宝、京东等），交通出行（如优步等）方面体现得较为充分。跨边网络效应增强了平台双方的匹配度，更多的消费者会吸引更多的生产者进入平台，促进平台生态系统快速形成，反之亦然。

平台型组织不仅立足于自身的优势资源向外开放，更为重要的是吸引外部资源加入其中，共同建设完整的资源集合，形成门类齐全、优势互补、有所侧重的资源生态体系。值得指出的是，越稀缺的资源越值得开放，不稀缺的资源开放出来也产生不了什么价值。在实践中，不同平台型组织根据自身的资源禀赋，有选择性地向外部开放各具价值的资源，并依托资源开放牢牢聚集起创业生态系统的各类成员。例如，企业融资难、融资贵问题是阻碍企业创新的重要环节，平台型组织可以通过多渠道缓解企业创新资金不足，给予创新主体更精准的扶持，提高资金的针对性、有效性，降低创新成本，引导和带动社会资本参与支持企业创新发展。平台型组织可以做好政府双创政策的研究阐释工作，宣传企业享受政府优惠政策的条件。平台型组织可以加强实验室级别的科研设备、小试所需的科技资源等公共创新平台的建设，打造“产业公地”，为众多中小企业提供可以共用的设备、工具等有形设施和知识、技术、科技情报等无形资产。

5.2 资源聚合过程

资源聚合代表着一种外向的、动态的、开放的资源基础观，仅仅依靠资源整合的平台是难以发展起来的。资源聚合需要特定的组织能力，这也是决定不同平台型组织发展路径的差异所在。平台型组织发展必须着力打造资源聚合的专业能力，引领从平台初建到生态成形的整体过程，构建起富有活力的平台生态系统。

5.2.1 资源直接聚合

平台型组织是资源的聚合体。平台型组织的组织运营需要有效集结外部的各类互补资源，尤其是金融、管理、组织等核心互补资源。聚合不同于整合，聚合的方式灵活多样，不是完全内生的，而是内生与外生相结合，并且更加依赖外生的聚合方式。资源聚合区别于纵向一体化的垄断，也不同于非一体化企业之间仅有单纯市场交易关系的情况，而是在节点企业之间建立起可紧可松，形成一种事实上的而非合约上的战略合作联盟关系。平台型组织通过资源聚合方式，避免了资源整合的缓慢过程，实现更高的性价比、更快的响应速度或更广阔的市场覆盖，最终获得超常规的增长。

资源聚合能力决定了平台型组织能否从共性架构演化为平台生态系统。那些能够有效聚合相关资源的平台，能够快速达到发展的临界规模（Evans and Schmalensee，2010），优化平台生态系统规模与结构，实现平台型组织及其平台生态系统的有序发展。激活网络效应是平台型组织的一种自发的能力，是一种更为原始的能力。就像自然界存在捕食者和猎物的永恒食物链关系一样，平台型组织发展过程之中，只要吸引到一方参与到平台之上，自然会有另外一方愿意到平台上来。发掘对平台型组织而言，最具原子吸力的一方，并吸引其加入平台，是激发这种原始能力的关键内容。网络效应的存在，使得成功的平台型组织能够倍增式地实现资源聚合，以授权方式管理整个网络，从而在竞争中占据主动。

在新一代信息技术的驱动下，资源分散和资源集中作为相辅相成的两个方面同时涌现。由于个体难以自发且有效率地连接，去中心化和无边界化必然会导致平台的产生。平台型组织实现了碎片化分工前提下的组织资源高度聚合，对资源基础观产生了颠覆性的影响（Hagiu and Wright，2015）。从供给侧来看，随着经济全球化的深入，按照效益最大化、核心竞争优势最大化的标准，特定产品的分工不断深化，呈现出碎片化、分散化、模块化、专业化的特征。从需求侧来看，随着中等收入阶层的壮大，服务需求呈现出个性化、长尾化、集成化的特征。随着供给侧和需求侧两方面的细分化、碎片化，如何有效实现信息联结、规则制定、需求匹配成为重大的挑战。面对众多的供给者与需求者，有效的治理既不能完全依靠自由市场，也不能完全依靠科层权威，平台型组织的治理方式能够更好实现科层协调与市场协调的“握手言和”，突破自身的资源和能力约束，跨越自身的组织边界，使入驻平台型组织用户的个体优势集聚为平台型组织整体的核心优势，实现价值的聚合效应。

5.2.2 资源间接聚合

资源聚合能力是多种能力的集合体，既有原始能力，又有主动能力。原始能力是基础，主动能力是支撑。只有主动能力足够强，才能够有效激发原始能力。因此，对平台型组织而言，不应消极等待原始能力发挥作用，而应积极发挥主动能力的作用，利用杠杆资源或其他多种渠道向组织外部获取资源，利用平台成员的社会网络撬动外部资源，形成两种能力的有效合力。

按照资源聚合过程，可以区别出识别搜索、筛选提炼、信号传递、开放共享等多种能力。第一是寻找和识别有利于平台型组织及其平台生态系统发展的战略资源。第二是筛选合适的资源并通过一定的接口相对接。对接范围应突破区域限制，促进跨区域资源聚合。第三是争取用户乃至其他平台生态系统成员的共同认知，建立共同的信号标志。创新创业是一项创造性、复杂性、非标准化的劳动，不仅需要硬件资源的开放，更需要头脑智慧的开放。第四是开放共享各类资源，促使平台型组织与用户之间、用户与用户之间、用户与其他服务提供商之间的多维互动。

平台型组织是平台生态系统的资源聚合主体。平台生态系统组成成员的地位和作用有限，不足以对整个平台生态系统形成控制力和协调力，整个平台生态系统是松散耦合、动态、共同生存和演化的共生网络。共生网络如同一个交响乐团，每个组织都是专业化的，就像每个乐手都独立从事专业化的工作，但每个乐手都会配合指挥，协同起来提供最好的产品和服务。平台型组织通过网络协调能力，基于对整个共生网络众多参与主体资源的有机协调，实现整个平台生态系统的协调共赢。平台型组织保持在网络的中心性位置的状态，维持对整个网络的可控，利用非强制和柔性的管理，既能使整个平台生态系统更加灵活快捷，又能把各个单位组合起来，形成规模，优化整体资源配置，从而撬动和利用组织内外部资源，形成具有异质性、嵌入性和互惠性的新竞争优势。

5.3 资源聚合接口

平台生态系统成员的资源显然不能盲目对接，为了保障平台资源聚合持续推进，平台型组织需要塑造平台生态系统的规则体系（Boudreau and Hagiu, 2009），根据市场需求、最终产品与服务的内容、技术结构等特征，制定一整套相对稳定的规则体系，以维护平台生态系统的互动和交易秩序，及时处理和解决冲突或低效问题。平台生态系统各成员与平台之间并不存在任何形式的产权关联或行政关联，因此这样一整套规则秩序并不是通过由上至下一整套严密的控制机制来实现的，而是通过资源聚合接口实现的。接口是外部利益相关者参与平台型组织资源聚合过程的起点。只有通过接口，平台才能发挥作为新型基础设施所具有的功能。接口设置直接影响平台型组织与外部利益相关者的关系，具有功能基础性、影响广泛性和路径依赖性，需要建立明确的游戏规则。其中，接口规则的标准化、透明化尤其重要。为了对平台生态系统实施有效规制，平台需要设计精良的标准化接口。

平台发展的过程，实质是推动平台的标准化接口为外部资源主体所接受的过程，并强化平台对整个平台生态系统的实际控制力，放大平台撬动外部资源的调控能力。当标准化接口成为行业标准之时，也就奠定了平台型组织在所处行业中的地位。按照接口的开放边界，接口可以分为内生型接口和外溢型接口两种类型。所谓内生型接口，主要只对组织内部开放资源；所谓外溢型接口，则对全社会开放资源。

5.3.1 内生型接口

平台型组织面向用户提供的是系统性的产品和服务而非单个产品或服务，需要将具有互补性的产品和服务有效连接起来，起连接作用的就是接口。平台资源聚合建立在一整套接口方案基础上，使得组织内部和外部主体能够方便与平台相对接，并形成关联的关系，共同构成平台生态系统的一部分。接口类似于古建筑、古家具中的榫卯结构，可以是有形的物理接口，也可以是抽象的规则与标准等，或者基于互联网的应用程序接口（API）。当前，虚拟聚合正在逐步取代实体的聚合方式，平台型组织的资源聚合是以虚拟聚合为主，通过信息共享和流程再造，使平台生态系统的多方参与主体整体似的运作。平台型组织的资源聚合不是通过实体方式的管理手段，因此平台型组织需要构建适用于虚拟聚合的接口（Boudreau，2010），通过完善的界面，打造调用工具，实现灵活、即时、低成本的调用，保证无缝链接和即时响应。

内生型接口主要着眼于组织内部，接口力求标准化，打通与用户/客户、合作伙伴及平台生态系统之间的连接渠道，让可能的参与者便利地对接平台，一道实现共同的价值创造。因此，在接口的设计上面，主要是面向组织内部，改变企业传统科层制、事业部制等组织架构，按照一定标准化接口对功能界面进行解构，打通各个部门之间、各个层级之间的内在联系，通过内生型接口建立部门与层级之间人才、资金、数据交换的通道，从而盘活内部创新资源，变企业组织为开放式创新平台，激活每一个员工的内在创新动力。内生型接口适用于人力资源相对丰富的企业组织，这类企业组织可通过内生型接口破除组织内部藩篱，激发员工创新创业潜能，打破内部研发生产销售等环节的界限，推动内部机构和企业员工共同创造（韩沐野，2017）。

5.3.2 外溢型接口

外溢型接口主要着眼于组织外部，向外开放组织边界，吸引外部应用开发者、用户参与平台型组织发展过程，促使外部主体围绕平台型组织集聚、互动，并形成富有活力的平台生态系统。平台通过保持一定的可扩展性和开放性，能够很容易地与其他企业的产品、组件或服务相对接，从而有效降低资源聚合成本，促进中小微企业之间、甚至个体间的资源融通。通过资源的共用，实现平台型组织资源的价值最大化。平台型组织的外溢型接口支持合作伙伴共享专有的工具、技术和其他资产，创造“即插即用”的技术基础，降低设计开发的冗余，加速产品开发，提高创新效率。

外溢型接口主要是面向组织外部，建立隐性或显性的系统接口，不断提高平台型组织功能、服务的模块化水平，并将各类工具“打包”成应用开发工具包，或者形成外部主体可以在此基础上拓展的各类框架，通过外溢型接口建立与外部主体之间的人才、资金、数据交换的通道，使得产品和能力可以触达更广泛的受众群体，缩短新产品的价值实现时间。随着外溢型接口接入的外部主体日渐增多，日益增长的组件就像一种屏障一样阻止了竞争者的介入，通过直接或间接的网络效应为平台创造收益，平台型组织则越来越难以被击败。例如，苹果公司为了有效进行资源集结，建立了多层次立体式的外溢型接口体系：在操作系统层面确立了标准化的战略，将操作系统分为几个层次，以保证核心部件的稳定，并确保多样化互补品的顺序加入。在应用开发层面，提供 SDK 开发工具，明确定义每一个框架的基本协议和标准，极大减轻了应用程序开发者的负担，保证了应用程序的高质量和水准。在软硬件相互协作层面，确保苹果自身的硬件和软件自成体系，大部分硬件和软件不与其他厂家的产品兼容，确保产品质量和服务都在可控范围之内。

外溢型接口适用于物质资源、数据资源相对丰富的企业组织，这类企业组织可通过外溢型接口利用低效或闲置资源，获取行业外的收益。接口的形式可以是无形的应用程序接口（API），也可以是有形的发挥接口作用的人。外溢型接口使得外部资源可以无障碍地进入到组织内部流程之中，超越组织正式的跨界结构，通过分散的、广泛的、直接的联系，缩小知识连接的损耗、失真和延迟。平台型组织 API 接口示例见表 5-1。有的平台型组织通过开放接口，构建统一的开放平台，如淘宝开放平台（https：//open. taobao. com/）、腾讯开放平台（https：//open. tencent. com/），或者围绕专业领域构建开放平台，如百度 AI 开放平台（https：//ai. baidu. com/）专注于自动驾驶，讯飞开放平台（https：//www. xfyun. cn/）专注于智能语音。微信公众平台开放语音识别接口、客服接口、OAuth2. 0 网页授权接口、生成带参数的二维码接口、获取用户地理位置接口、获取用户基本信息接口、获取关注者列表接口、用户分组接口、上传下载多媒体文件接口九大接口。接口开放，一方面简化了外部应用开发者的开发工作流程，另一方面极大丰富了微信平台生态系统的内容。

表 5-1　平台型组织 API 接口示例

类型	API 接口
数据型	脸书 API
	推特 API
应用型	谷歌地图 API
	百度地图 API
资源型	亚马逊 S3

标准接口是资源聚合的重要手段，不管是内生型接口，还是外溢型接口，为了提高接口的普适性，使其能够被更广范围内的开发者所采用，必须建立相应的接口标准，并以相对模块化的方式对外发布。大到具体的行业规则，小到每一个接口的设计，都应具有一定的标准。标准化对平台的持续发展具有特殊的重要性，如果缺乏标准化，平台型组织与互补品以及用户之间就难以有效对接。接口

的标准化程度越高，应用范围越广，越有利于提高平台型组织资源聚合的深度与广度。以通用串行总线 USB 接口为例，USB 接口是电脑和外部设备的界面接口。只要对 USB 接口的物理性状和信息输出入指标实现标准化，解决了兼容性的问题，外部设备的具体功用和形状都可以被不受限制地设计和开发。同一个 USB 接口可以连接智能手机、数码相机、扫描仪、个人电脑、打印机、移动硬盘等各类电子设备。由于接口高效，易操作和易兼容，USB 在今后将被更多更新的外部设备所采用。

接口透明化同样重要。平台型组织的公信力与透明性之间存在着深刻的内在关联，如果平台型组织希望获得外部利益相关者的信任，最直接有效的途径就是公开透明。接口透明衡量组织结构对内对外透明开放的程度，重点关注的是接口的清晰易懂、开放性和扩展性。其中，内生型接口的透明化，是指平台型组织对内以治理结构、管理语言的标准化为核心，将中后台打造为共享平台，工作信息与结果实时共享化，技术标准开放化，分享机制灵活化，以有效沉淀核心能力；外溢型接口的透明化，是指平台型组织对外以打造自由透明的产品与服务提供平台为核心，保持沟通信息流的畅通与及时，产品资源整合共享，相互借力，推动社区化的集成发展。

第6章 开放赋能——平台型组织能力格局

组织是能力的独特集合体。相对静态的资源概念而言，能力是动态的概念，是组织利用资源实现组织目标的“中间品”。能力是主体，依附于人和组织而存在，能力与活动和过程相联系，资源是客体，以物质、信息、设备等多种载体的形式存在。如果没有资源，能力就如空中楼阁；如果没有能力，资源就不能转变为竞争优势。根据不同的视角和维度，可以将组织的能力分为不同的组合。例如，根据能力的层次，组织的能力可分为零级能力、一级能力和二级能力；根据能力的作用类型，组织的能力可分为静态能力和动态能力；根据能力的基本要素，组织的能力可分为主导能力、战略管理能力和基于价值链的能力；根据能力的重要性，组织的能力可分为内核能力、主导能力、基础能力；根据能力的知识基础，组织的能力可分为技术能力、功能能力和管理能力等（钱德勒，2006）。

组织能力中最为重要的是核心能力。核心能力是组织发展的源泉，没有核心能力的组织发展不可能持久。什么是组织的核心能力？组织核心能力并非一成不变，其内涵和来源随着时代演进而发生变革。在农业经济时代，组织的核心能力主要依附于组织的生产能力。在工业经济时代，组织的核心能力主要依附于组织的资本能力。在知识经济时代，组织的核心能力主要依附于组织的创新能力。那么，组织核心能力从哪里来？在农业经济时代，核心能力主要来自组织内部且高度封闭。在工业经济时代，核心能力主要来自组织内部，但封闭程度有所降低。在知识经济时代，核心能力既来自组织内部，又来自组织外部，组织的核心能力来源发生变化，组织内部的核心能力依然十分重要，然而，撬动、链接、聚合组织外部能力的重要性变得更为突出。

传统的管理理论将注意力集中在单个企业内部的运营上，更多地关注个体企业内部能力的培育，强调企业要如何通过开发内部能力而使自己具有独特性，企业必须不断保持其内部资源与能力的更新，以避免在激烈的动态竞争中被淘汰，没有对企业间的关系以及如何管理外部能力提供多少借鉴。未来组织最重要的功能是赋能。平台型组织通过能力开放打造平台型产品，通过组织边界开放打造新的组织形态。所谓开放赋能，指的是平台型组织打破组织壁垒束缚，通过各种接口对外部主体开放相关能力，从而助力平台生态系统整体能力的跃升。开放赋能是平台型组织最为关键的核心能力。平台型组织是开放赋能的主体，中小微企业、创客、用户是开放赋能的对象，能力是赋能的客体，开放赋能是从由主体向客体赋予能力的过程集合（麦克里斯特尔，2017）。按照这一定义，平台型组织作为开放赋能的主体，需要为外部的各类参与主体开放赋予哪些能力？首先，平台型组织应开放空间、计算、数据等基础能力。其次，平台型组织应开放关键职能能力，包括生产和制造能力、研究与开发和产品创新能力、人力资源与资产整合能力。最后，平台型组织应开放网络能力和集成组合能力（胡海波和卢海涛，2018）。根据平台型组织赋能的范围、层次、对象，平台型组织的赋能可以分为产业赋能、企业赋能、个体赋能。

6.1 产业赋能

平台型组织的组织能力是一个复合的概念，平台型组织能力既需要具有一般企业组织都具备的能力，如管理能力、营销能力等，还需要适应平台型组织特征的特殊能力（陆亚东和孙金云，2014）。其中，最重要的是开放能力、竞合能力和双元能力三种能力。产业赋能指的是平台型组织围绕产业能力的痛点、难点、堵点，赋予整个产业所有参与者的共同能力（罗仲伟等，2017）。产业赋能的实质是为整个产业提供新型基础设施（新基建），或者为整个产业的“流”提供交互空间（流空间）。在既有的理论和实践中，强调开放资源对带动外部主体发展的重要性。在平台建设运营过程之中，存在一种倾向，那就是重视资源共享，忽视能力共享。然而，仅仅开放资源还是不够的，实际上外部主体常常缺乏利用资源的能力，如果不能打破资源静态化和人为依附的约束，那么就很难将开放的资源有效利用起来。平台型组织自身拥有的资源是其生存和发展的基础，是组织能力的基础，属于零阶能力。平台型组织配置自身资源实现自身组织目标的能力，属于一阶能力。平台型组织撬动外部资源实现自身组织目标的能力，属于二阶能力。平台型组织对外部主体开放赋能实现平台生态系统目标的能力，属于三阶能力，是平台型组织的核心能力。

6.1.1 “新基建”赋能

平台型组织的一个重要且容易被忽视的属性是平台型组织的基础性。不管是媒介型的平台还是载体型的平台，平台企业往往是供应方和需求方接入并互动的“基础设施”，通过技术的下沉，实现价值的提升。平台型组织是基础设施的搭建者、提供者、维护者，属于公共品的范畴，是公用事业的重要组成部分。

基础设施一般指的是为促进人流、资金流、物流、能源和信息流贯通而建设的各类物质或者信息工程基础，是国家和经济社会运行的基础公共服务系统。农业社会时期的主要基础设施包括水利工程、道路、桥梁等，以便利人员货物的来往。工业社会初期的主要基础设施包括公路、运河、铁路、机场等，以方便汽车、火车、轮船、飞机等交通工具的来往。工业社会中期的主要基础设施包括电气、电网、电报、电话和无线电等，以方便电力的传输，并初步开始信息流的传递。信息社会时期的主要基础设施包括光纤宽带、电话、电视、电脑、卫星通信、互联网和手机等，以方便信息的传输和交互。人类正在进入人机物三元融合的智能社会，智能社会时期的主要基础设施包括大数据、5G、人工智能、云计算、区块链等，以方便互联互通、精准服务及弹性应对。

新型的社会形态总是在传统社会形态基础上继承与超越，既保留传统社会形态的一些特点，又具备全新的内涵和状态。为了与农业时代、工业时代的传统基础设施相区分，智能社会时期的支撑基础设施又被称为新型基础设施。新型基础设施叠加在原来农业经济基础设施、工业经济基础设施的基础之上，并且发挥更大的作用。

基础设施具有投入成本高，投入周期长，规模经济强，技术门槛高，外部效应突出的特点，具有非竞争性、非排他性、溢出性特征，具有准公共品属性。在农业社会时期、工业社会时期和信息社会早期，各类基础设施建设主体、运营主体以政府为主。然而，进入信息社会中后期，尤其是进入智能社会时期，大量私有化的、非政府的平台型组织开始发挥重要作用，成为新型基础设施的重要建设者，形成多元化的新型基础设施建设与运营模式。

平台型组织搭建的新型基础设施既可能是有形的硬件，也可能是无形的软件、算法、架构等，虽然其很多时候是看不见的、隐形的，但却发挥着巨大作用。例如，众创空间对一些废弃厂房等空间进行创造性利用，改造成为创客提供服务的场所，打造新型空间基础设施。阿里巴巴、腾讯和华为等为行业中小企业提供大数据和云服务等新型信息基础设施。罕台川北站煤炭智能物流园区打造线下的煤炭加工运输平台，为煤炭清洁流通提供新型物流基础设施。内蒙古煤炭交易中心则致力于打造线上的煤炭交易平台，为煤炭交易提供新型空间基础设施。苹果开发的应用商店（App Store）实质上为全球的应用开发者提供了新型电信基础设施。阿里巴巴开发的支付宝（AliPay）实质上为全球的用户提供了新型的资金交付基础设施。奇虎 360 开发的 360 杀毒软件实质上为全球的用户提供了新型安全基础设施。百度阿波罗（Apollo）汽车开放平台，开放云端软硬件、集成深度学习框架、可视化结果分析等计算能力，为无人驾驶行业众多中小企业合作伙伴提供底层技术支持。中国电信开放语音、信息、定位、对讲、视频、安全、NFC、宽带八大能力。中国移动开放基础通信能力、互联网能力、物联网能力。

平台型组织在城市基础设施、空间基础设施、计算基础设施、数据基础设施、物流基础设施、能源基础设施、电信基础设施、交通基础设施等一系列新型基础设施建设过程之中开始扮演重要角色。平台型组织承担起基础设施建设和运营的功能，在满足组织自身内部需求同时对外开放，使其为海量的用户群体共同使用，形成以新型基础设施为中心，各种流相互交互的开放架构。这就使得私有化的平台型组织在某种程度上具备了大量准公共职能。

6.1.2 “流空间”赋能

随着新一代信息技术的广泛深入渗透，实体经济的“地点空间”（space of place）将被淡化，取而代之的是“流动空间”（space of flows）的重要性前所未有的凸显。平台型组织是人流、资金流、物流、交通流、能源流和信息流等各种流的汇聚空间，为人流、资金流、物流、能源和信息流的交互与流动提供了基础设施。平台型组织是“流空间”，处于不同行业的平台型组织虽然在呈现形式方面具备差异性，但从数学抽象来看，实则具有一致性，都可以看作是“拓扑流形”。平台型组织通过连接大量的各类主体，增强了其社会公共属性的功能。由于与政府所具有的天然公共性质不同，平台型组织需要有效解决供给问题、可信承诺问题和相互监督问题（奥斯特罗姆，2012），这超越了一般市场主体的职能范畴，并引致技术基础、生产方式、社会结构的变化。

“流空间”的构成要素从交织、复合、叠加向相互独立、分化演变。例如，在农业社会时期，人流和物流、信息流是相互交织在一起的，物流、信息流的传递必须通过人员流动才能实现。在工业社会时期，人流和物流、信息流开始相互分离，物流、信息流的传递不通过人员流动也能实现。随着技术的发展，各种流相互独立出来，尤其是随着信息技术的发展和持续广泛渗透，信息流传递第一次有了独立的载体和传播渠道。在知识经济时代，信息流的传递不再依托人流的载体，在线视频会议、在线学习等平台型组织使得非接触的信息传递成为可能。

“流空间”的构成要素相互之间的关系由线性关系向网络关系演变。最初的时候，各种流是线性的、相互隔绝的关系，如道路主要用于物流的传递，电信网、广播电视网、互联网分别用于传递不同的信息，相互之间不连通、数据不共享，导致资源的重复浪费。随着基础设施的建设日益加快，不同流之间的关系由线性关系转向网状的、立体的关系。由自来水、煤气、排污构成的管网，由电信、电力构成的线网，由铁路、公路构成的路网，由灌溉构成的渠网，以及由机场、港口、码头、车站构成的交通网。不同流之间的关系由相互独立向着相互融合演变、相互渗透的趋势更加明显，平台型组织就是不同流的融合场所。

“流空间”构成要素的优先次序发生演变。随着时代的变革，各种流的优先序列在发生变化，信息流的优先度不断提升。信息流具有动态性，信息从信源传递到信宿需要花费时间，随着时间的推移，信息的价值变低。例如，商品价格信息在实时动态变化，信息如果延迟，价值就大打折扣，或者没有价值。信息流具有先导性，信息对决策起着指导作用，信息流是工作流、实物流和资金流的先导，“兵马未动，信息先行”，信息流的管理可以带动资金流、实物流和工作流的管理。通过信息传递完成工作流、资金流和实物流的运转，降低了交易成本，缩短了交易时间，增加了交易达成的概率，并且降低了资金流、实物流的成本。信息流具有系统性，传输的信息必须是在时间和空间上有序的信息，并且需要上下游企业相互协调集成。信息流具有客观性，信息流所传递的信息需要反映各个环节的真实状况，否则会造成资源的浪费。信息流具有复杂性，涉及各类主体，并且各个主体地域分散，同时，需求不是很稳定，呈现出突变的特征。

平台型组织作为“流空间”，围绕各类流的融合互通，特别是信息流，重点赋予外部参与企业连接能力、智能能力和分析能力三种能力。其中，连接能力是指平台型组织赋予外部参与企业连接用户、连接产品等一切对企业发展有利群体的能力；智能能力是指平台型组织赋予外部参与企业行为智能感知、资源智能配置的能力；分析能力是指平台型组织赋予外部参与企业数据收集、信息分析、情报研判和方案生成的能力（周文辉等，2018a）。

6.2 企业赋能

能力是企业的一种特殊知识，主要由个体技能和长期经验积累组成。在传统价值链模式下，价值链主导企业一般很难与价值链中的其他企业分享其核心能力，拒绝分享高附加值活动中的知识，包括设计、品牌、营销和价值链协调等任何能力。进入知识经济时代，企业创新越来越依赖外部知识来源，如何将外部知识转化为组织内部的创新变得尤为重要。企业赋能指的是平台型组织围绕企业能力的痛点、难点、堵点，赋予某个企业自身所不具有的能力。平台型组织在企业赋能过程之中需要降低赋能过程对企业本身吸收能力的要求，将技术的隐性元素显性化，降低企业获取、实施、吸收和积累的门槛（陈光华等，2014）。平台型组织的组织能力是一系列能力，这些能力可以建立、连接、扩展其他的能力，从而满足客户需求，或与各种需求进行匹配。当前，数据赋能和创新赋能已经成为企业赋能的焦点。

6.2.1 数据赋能

数据是一种越来越有价值的经济资源，是平台型组织发展最重要的战略资源。按照数据价值实现的过程，可以将基于数据的能力分为数据采集能力、数据存储和仓储能力、数据建模和分析能力、数据可视化能力以及数据的价值实现能力。数据能力已经成为组织的基本能力和不可或缺的能力，更多的数据意味着更强的能力，数据能力与其他不同能力单元的有机组合共同构成组织的整体能力，有利于增强平台收集、存储、分析和转换数据的能力，从而在与竞争对手的博弈中占领主动地位。

平台型组织数据能力强，掌握大量相关数据的访问权力、数据使用的控制权力、数据转换为数字智能的权力和数据在生产过程中的应用权力（联合国贸易和发展会议，2019）。平台型组织不仅要实现人与人的数据赋能，还要扩大到人与物、物与物的数据赋能。消费端的赋能相对简单，而生产端的开放赋能较为复杂，需要围绕整个生产制造流程，进行能力的开放，向部分开发者、合作伙伴以及消费者等提供开放赋能的接口。平台型组织在生产设施、制造能力、运行数据等生产要素方面的开放赋能作用更具基础性、带动性、颠覆性，空间更广、潜力更大。

数据赋能一般是由大企业向中小微企业开放赋能，形成大企业和中小企业融通发展的新格局，通过企业外部主体的联动产生有效率和合理的策略，建立与企业、服务供应商之间的特殊能力联系。例如，航天科工集团建设的“航天云网”，中航工业打造的“爱创客”平台，阿里巴巴打造的“淘工厂”平台构建起网络化的生产能力配置平台，监测评估各种产能资源，促进供需双方精准对接，担保交易解决资金安全，有效解决制造能力分散、供需不能有效对接、生产能力闲置与超负荷运转并存的问题。徐工集团成立“路之家”工程机械信息服务平台，一站式满足道路工程机械用户需求。硬蛋科技以智能硬件供应链为核心，提供云计算、供应链金融、营销等应用和服务。韩都衣舍向企业外部的创业者开放精细的策划能力、完善的品牌管理能力，为快时尚服务领域的创业创新创造活动给予能力支持。

智能制造的革命性发展要求平台型组织进一步增加开放赋能的程度和范围。世界主要制造大国都在加大智能制造平台的研发与应用。在美国，通用电气（GE）主导构建 Predic 平台，并联合思科、国际商业机器公司、美国电话电报公司等大企业，加大工业 APP 的开发使用。在德国，西门子主导构建 MindSphere 平台，并联合思爱普、博世等大企业，促进物联网、云计算、大数据、机器人、增材制造、人机智能交互等新技术与制造业融合发展，打造平台提供商、应用开发商和用户共生共荣的平台生态系统。在我国，沈阳机床集团开发的“i5 智能化数控系统”，打造了 i5 云制造平台，实现了机床闲置生产能力的共享，建立了完善共享协同的生产组织体系。重点行业骨干企业“双创”平台普及率见表 6-1。

表 6-1　重点行业骨干企业“双创”平台普及率

城市	普及率/%	城市	普及率/%	城市	普及率/%
广州	76.60	无锡	72.40	福州	70.00
苏州	76.50	成都	69.30	中山	66.70
深圳	85.50	泰州	75.60	长沙	81.80
青岛	79.50	常州	66.70	珠海	69.60
南京	63.60	南昌	81.80	西安	66.70
宁波	76.80	泉州	69.50	沈阳	56.00
厦门	48.20	镇江	84.60	长春	62.00
杭州	86.50	郑州	56.00	呼和浩特	69.20
佛山	78.90	石家庄	50.30	湘潭	81.80
武汉	74.40	合肥	82.80	太原	73.30

资料来源：国家工业信息安全发展研究中心，《中国两化融合发展数据地图（2018）》

6.2.2　创新赋能

平台型组织是创新的龙头，前进在创新发展的前沿方向，为了满足自用需求开发了一系列技术，这些技术具有“高、大、上”的特征。“高”主要体现在技术水平含量高，集成一系列先进技术，开展技术攻关解决一系列技术难题；“大”主要体现在投资大、体量大、空间大，动辄耗费数亿元的研发资金和大量的研发人员；“上”主要指这些设施一般掌握在价值链的上游成员手中，处于领先地位。然而，这些“高、大、上”的技术如果只满足于自用，那么短期之内很难收回投资成本，也难以形成有机的技术生态。与平台型组织的“高、大、上”技术优势相比，外部创新主体则具有“低、小、下”的优势。

“低”表现出外部创新主体的场景优势，技术千奇百怪、市场千变万化，外部创新主体更加善于发现技术应用的场景。“小”表现出外部创新主体的灵活优势，外部创新主体善于根据瞬息万变的市场环境灵活决策，根据多种多样的市场需求灵活应对，其演化能力和适应能力强，更加善于抓住机遇。“下”表现出外部创新主体的下沉优势，下沉到市场末梢之中，一二线城市、中高端人群的需求已经被过度挖掘，而三四线城市、广大农村，以及大量普通人群的需求尚未得到满足。中国有近300个地级市，3000个县城，4万个乡镇，66万个村庄，这是未来增长空间的潜力所在，外部创新主体更加善于推广技术应用的渠道，不断发掘下沉市场的潜力。

平台型组织通过开展企业赋能，一方面推动平台参与者之间的协作，利用数字工具和线下活动帮助平台参与者之间进行协作和交流，实现从自用技术向产业生态的跨越；另一方面实现自身技术变现，将内部开发的技术外部化，依靠平台所有参与者共同来提高价值，最大程度上发挥每个参与者的价值创造作用，开辟新的价值创造空间。当前，领军企业纷纷构建开放的物联网平台，并将重要组件开源，持续提升开放性以更好聚合产业合作伙伴和开发者资源，向各行各业赋能。微软不断扩展和丰富 Microsoft Azure 平台功能与服务模块，推出 AzureIoT 套件和开源 .NET 框架开发平台，发布 Azure Sphere 等，吸引合作伙伴和第三方开发者创建各类行业应用与解决方案。亚马逊 AWSIoT 提供设备 SDK 的开源库，支持用户根据硬件平台更好构建 IoT 产品和解决方案。华为 OceanConnect 物联网平台以全分布式架构，提供松散耦合和微服务化的功能模块，支持按需独立部署、统一资源编排和弹性伸缩，并以此为基础聚合大批合作伙伴，形成开放的生态体系（中国信息通信研究院，2018）。百度小度助手平台，减少了合作伙伴75%的开发人员、10%的研发时间和50%的服务支持人员，总体成本优化约50%。

以科研仪器开放共享为例，如果不从创新赋能入手，则很难实质性提高开放共享的效率。研发能力是一种专业的能力，如果仅仅开放专业的科研仪器设备，但不提供专业的操作能力，那么这些科研仪器设备很难发挥实实在在的作用。科技资源开放共享的效果不仅仅取决于仪器本身，很大程度上还依赖一些相关联的仪器及配件、相关人员的技能、先进的实验方法和周到的共享服务等配套资源。目前的各级各类平台提供了大量的科技资源、数据等，但是效果不佳。其中一个重要的原因是大量中小微企业缺乏应用科技资源的能力，主要是把资源晒到网上，将一件件仪器罗列起来，以信息查询展示为主，服务意识不足，服务水平不高。有的企业检索出满屏的仪器设备，却不知道哪个能用。有的企业只是需要某种服务，但是不知道哪个仪器具有此功能。有的企业希望能提供全套解决方案，如测试的综合一体化服务、实验数据的知识化服务、实验数据的再分析与应用等。因此，在统一开放的政府开放共享平台之外，应鼓励建立和发展各类市场化平台。大学院所可以授权具有独立法人资格、公司化运作、具有专业团队的科技服务机构托管运营科技资源，充分发挥整合资源、调动资源、挖掘市场需求、对接服务及深度研发实验服务的作用，成为连接社会需求与科技资源服务的纽带，实现科技资源的高效运营服务。

6.3 个体赋能

个体赋能指的是平台型组织围绕个体能力的痛点、难点、堵点，赋予个体的共同能力。区别于产业赋能和企业赋能等针对组织的赋能方式，平台型组织对个体赋能的对象可分为两类，一类是对内部员工的赋能，一类是对外部用户的赋能。平台型组织对内部员工赋能的目标是使员工成为“内部创业者”，员工不再是被雇佣的、执行命令的、被发号施令的对象，而是具有主观能动性。员工赋能便于员工在组织的能力支持、资源支持、信息支持下，将新的市场机会变为现实。对用户赋能的目标是使用户成为“产消合一者”，用户作为消费者，是赋能的源头，用户作为生产者，是赋能的终点，围绕用户赋能，有利于形成“产消合一”的价值闭环。平台型组织对员工和用户的赋能是全过程的、全方位的、持续性的，从而建立起平台型组织与员工之间、与用户之间的长期信任关系。

6.3.1 员工赋能

在工业经济时代，组织与个体之间是雇佣与被雇佣的关系，员工被动接受组织指令，员工的主动性较弱，组织的权威性较强，组织目标的合法性强，员工的个体目标几乎被漠视。进入平台经济时代，组织与个体之间的关系趋于扁平化，处于相对平等的地位，员工是组织整体目标的核心资源与合作伙伴，只有在组织目标与个体目标达成一致的前提下才能实现双赢格局。平台型组织建立能力支持机制，通过员工赋能，为员工自我成就提供能力支持，提高员工的主动行为能力，更好地激活员工个体价值，员工的行动意愿来自自我激励，在激活员工的基础上激活组织，建立组织发展目标与员工个人自我目标实现之间的价值联系，促使员工成为“内部创业者”，实现组织目标和员工目标的融合。从员工 1.0 到员工 4.0 的员工定位与角色变化见表 6-2。

表 6-2　从员工 1.0 到员工 4.0 的员工定位与角色变化

类型	定位	角色
员工 1.0	被管理者	工具人
员工 2.0	自管理者	准主人
员工 3.0	自创业者	合伙人
员工 4.0	自组织者	社会人

资料来源：李海舰和朱芳芳（2017）

平台型组织员工赋能的方式主要包括心理赋能、领导赋能与结构赋能三个维度。心理赋能指的是员工从被动作为到主动作为，领导赋能指的是员工从领导那里获取经验和能力支持，结构赋能指的是员工获得更多的资源、机会与信息分享（周文辉等，2018b）。平台型组织通过心理赋能、领导赋能与结构赋能，激发员工的内生动力，使得员工成为内部创业者或者准内部创业者，成为创新创业创造的“尖兵连”，而平台型组织则为员工的行为提供全方位的补给，保障“尖兵连”全方位的弹药补给、粮草供应，从而在激烈的市场竞争中战无不胜。为了提高平台型组织的开放赋能能力，通常需要设置特定的部门，集中专业的人员，专门负责对外开放赋能的组织运作。通过开放赋能，平台型组织得以加快创新的速度和降低扩张的成本，有效聚合外部能力实现杠杆式增长。

6.3.2　用户赋能

在工业经济时代，用户是产品和服务的被动消费者和接受者，缺乏直接参与生产过程的条件。在平台生态系统之中，用户作为价值创造主体之一，其身份和地位得到显著增强。平台本身难以独立运行，必须对接用户，没有用户参与的平台并不是真正的平台。平台需要以客户需求为核心组织各类资源，吸引更多的参与者融入价值创造过程中（井明灿和万凤，2016）。用户不仅是消费者，用户还参与到生产过程和活动之中，其作为生产者的角色和地位也凸显出来，向着“产消合一者”的身份转化。如果平台型组织的用户缺乏参与价值创造的能力，则会显著影响平台生态系统的整体价值。因此，平台型组织应该采取用户赋能方式降低用户的参与门槛，提高用户的参与能力。

平台型组织构建完善的界面、灵活的调用工具，实现内部资源能力的即时调用，使得资源后台与用户前端得以无缝链接和即时响应，支持用户低门槛、低成本、低风险地参与产品供应或服务提供过程。例如，苹果公司提供软件开发工具包（Software Development Kit，SDK）为全世界的应用开发者提供便利，使得应用开发不再是一项专业人员从事的事业，而是一般人员经过简单培训就能够参与其中的活动，并提供应用市场（App Store）与全球开发者共享收益。海立方平台是海尔集团打造的创客加速器、创业项目的 B2B 线上孵化平台，是创业项目与政府园区、加工制造、销售渠道、VC 投资互动沟通的平台。它通过与卡萨帝创艺大赛等线下平台相结合，为海尔孵化创客、打造制造创客的价值平台注入了强大力量（刘绍荣和夏宁敏，2019）。百度构建飞桨平台培训体系，针对企业人才和院校人才分类提供线下课程、线上教学、实训平台和竞赛、认证体系等方式，加快为用户赋能的速度、强度和深度。

第7章　跨界融通——平台型组织增长动能

边界是一个基本而广泛的概念，从系统论的视角来看，系统与环境之间、子系统与整体系统之间、子系统与子系统之间都存在边界，如行业边界、组织边界、区域边界等（陈光华和杨国梁，2015），边界既可以是物理存在的，也可以是虚拟存在的。边界的存在，好处是容易形成清晰的分工、明确的目标、具体的责任。然而，由于边界的存在，容易导致横向上各个不同的部门之间有“高墙”存在，纵向上各个不同的层级之间有“隔热层”存在，形成“横向分立、纵向割裂”的局面，不同的要素难以有效融通，降低了效率，提升了成本。边界内的某一环节或要素与整体体系发生“隔离”，形成“闭路循环”，难以形成体系上相互衔接和配套，导致“孤岛”的普遍广泛存在，难以形成整体的目标、集体的行动。

平台型组织是开放的，打破了传统组织、区域、学科、身份的边界，对接外部一切的知识、技术、人力资源为我所用。仅仅跨界是不够的，跨界只是第一步，还必须在跨界基础上实现要素融通。平台型组织通过跨越边界、融通要素，出其不意颠覆原有行业的价值创造方式，实现新的价值创造（张骁等，2019）。

从规律上来看，平台型组织对政府和市场的边界、企业和市场的边界、公共和私营的边界都有着一定程度的影响。从政府和市场的边界来看，平台型组织作为有组织的市场，自发维护市场秩序，优化市场环境，并且掌握大量政府不具备的专有数据，扮演着准政府的职能（汪旭晖和张其林，2015）。除产业边界模糊外，企业和市场的边界也逐渐模糊，特别是平台逐步扮演起市场的功能，出现平台功能市场化。在传统意义上，市场的作用主要是连接供需，在更大范围内配置生产要素。然而，一些平台型组织，特别是双边市场类型的平台型组织，虽然保留着企业的属性，却扮演着市场的职能（张向达和张超，2018）。公共和私营的边界也在模糊，一些私营企业提供“无形的”基础设施，改变传统的政府主导公共品供给的方式，如出行平台改变了出租车公共品的政府供给方式，共享单车改变了自行车公共品的政府供给方式，这不但扩大了供给的规模，也优化了供给的流程，形成了更加可持续的公私合作关系（WEF，2019）。

7.1 三次产业跨界融通

在工业经济时代，第一产业、第二产业和第三产业的跨界成本很高，效率很低。随着互联网、大数据、人工智能、区块链等使能技术的应用，跨界成为可能。高度重叠的用户基础或者技术基础极大降低了跨界的成本，增加了跨界的收益。平台型组织将业务流程的重心由组织内部调整到组织外部，打破了传统的行业范围边界，打破了产业的边界限制，实现了跨界融合，产业跨界融通有利于收获较高的范围经济，达成更大范围内的价值创造，实现指数级增长，释放乘数效应，出其不意颠覆在位企业甚至一个行业。

7.1.1 产业跨界融通动因

产业跨界融通的动因来自需求和供给两个方面。从需求侧来看，需求遵循“用户中心逻辑”而发生演变。从供给侧来看，供给遵循“服务主导逻辑”而发生演变。需求供给关系的演变和联动共同驱动着产业跨界融通的进程。

从需求侧来看，需求遵循“用户中心逻辑”而改变，是促使产业跨界融通的原动力。用户中心逻辑是三次产业跨界融合的基本推动力。用户需求的变化，由大众化向个性化，由分散化向集成化，由复杂化向便利化的方向演进。用户需要的不是零星的材料，不是单一的、机械的、物理的“功能产品”，而是可感知、可计算、可交互、可追溯的具有时尚、情感、智能的产品和整体解决方案。用户希望通过一个入口，就可以方便地选择多个平台提供的服务。随着生产、生活领域由卖方市场向买方市场转变，客户/用户面临更多的选择机会，以更低的成本可以货比三家，客户/用户在供需两端中的分量逐步加重。随着信息革命与全球化的深入发展，工业经济时代关于产品与服务的二分法日渐模糊，进入新经济时代，客户购买产品或服务的目的主要是获取效用，获得个性化解决方案。因此，单个产业的产品或者服务往往难以满足消费者的个性化需求，必须与产业内外紧密合作，才能有效满足需求，实现大范围的联合，从而提供最佳的客户体验，提供无缝对接的各类服务。

从供给侧来看，供给遵循“服务主导逻辑”改变，是促使产业跨界融通的新动力。供给朝着综合性供给、智能化供给、分布式供给转变，以提供立体化服务，一切经济均是服务经济，第一产业、第二产业归根到底需要满足服务经济的本质要求（刘林青等，2010）。在工业经济时代，主要按照行业门类来组织创新过程，人为设置理、工、农、医等不同学科专业，区分第一产业、第二产业、第三产业不同产业类型。行业之间边界清晰，“井水不犯河水”。然而，随着经济社会瞬息万变，发展环境日趋动态、复杂与不确定，三次产业划分的逻辑不再成立，难以再用“生产者距离消费者的远近程度、产品是否有形、生产过程与消费过程是否可以分离”等依据来划分三次产业。需要进一步增强灵活性，打破传统三次产业之间的壁垒，特别是先进制造业和现代服务业之间的壁垒，拓宽提升产业价值创造的空间，不断消融固有的、长期隔绝的产业边界，促使产业间的联系日益朝着跨界化、网络化的方向发展。

7.1.2 产业跨界融通路径

平台型组织超越了传统组织的范畴，具有横跨企业和行业的性质，是一种更大范围的产业组织模式，企业和行业的边界正变得日益模糊，从内部协同走向跨界融通。特别是互联网、大数据和人工智能以其广泛渗透性和普遍融合性，如同架起了一座可以畅通于任何行业的桥梁，为三次产业跨界融通提供了条件。组织边界、地域边界、技术边界、行业边界日益模糊，成为“你中有我，我中有你”的跨界融合共同体。互联网、大数据、人工智能正成为所有三次产业共通的底层架构，通过海量用户基础、低廉边际扩张成本，对多个产业甚至全社会资源进行开放重组和融合再造，不断催生新产业、新业态、新模式，往往出其不意迅速跨界进入其他产业。击败在位企业的往往不是后发的追赶者，而是来自其他领域的跨界者。

平台型组织基于互联网+、大数据+、人工智能+（AI+），形成跨越产业边界，按照互联网、大数据和人工智能的规律重构所有产业，融通不同行业的特征，成为所有行业的共通底色，为产业赋予新的内涵，实现更强的产业增值能力，打造更强的产业竞争力。从美国谷歌公司、苹果公司等代表性平台型组织来看，跨界融通的速度正不断加快，谷歌和苹果公司的业务板块重合度明显提升，至少在手机系统、车载系统、电视系统、可穿戴设备、智能家居、健康管理和智能手机七大领域高度重合，都希望能够抓住新型终端平台化的窗口。

平台型组织涉足的领域将向深层次、大范围延伸，从消费互联网向产业互联网、农业互联网快速迈进，智能工厂、工业互联网、柔性化定制、共享生产平台、服务衍生制造、猪联网等新业态新模式的推进，涉及研发、生产、制造等更加实体的环节和领域。先进制造业和现代服务业的有效跨界融通成为平台型组织新的发展方向。通用电气构建 GE Predix 平台，建设工业互联网，形成了以小带大的生态系统。西门子通过构建 MindSphere 云平台，整合“平台提供商+应用开发者+用户”，形成了制造业生态体系。三一重工孵化的互联网平台树根互联，目前覆盖了包括纺织机械、发电机组、数据机床、3D 打印、建材装备、医疗器械、物流运输、铸造生产、智慧工地、金融租赁等 30 个细分行业。2019 年跨行业跨领域工业互联网平台清单见表 7-1。

表 7-1 2019 年跨行业跨领域工业互联网平台清单

平台名称	单位名称
海尔 COSMOPlat 工业互联网平台	青岛海尔股份有限公司
东方国信 Cloudiip 工业互联网平台	北京东方国信科技股份有限公司
用友精智工业互联网平台	用友网络科技股份有限公司
树根互联根云工业互联网平台	树根互联技术有限公司
航天云网 INDICS 工业互联网平台	航天云网科技发展有限责任公司
浪潮云 In-Cloud 工业互联网平台	浪潮云信息技术有限公司
华为 FusionPlant 工业互联网平台	华为技术有限公司
富士康 BEACON 工业互联网平台	富士康工业互联网股份有限公司
阿里 supET 工业互联网平台	阿里云计算有限公司
徐工信息汉云工业互联网平台	江苏徐工信息技术股份有限公司

资料来源：工业和信息化部《2019 年跨行业跨领域工业互联网平台清单》

汽车产业已经成为跨界融通的典范。传统汽车制造商都可以归到制造业的范畴。随着新一代信息技术的进入与运用，汽车的概念已经发生变化，超越了传统制造业的范畴，无人驾驶的电动汽车可以看作是和手机、电脑一样的新型智能数据终端，金属壳里面有电池、无数的传感器、一系列微芯片等，只不过无人驾驶的电动汽车比一般的手机、电脑要大，碰巧会移动而已。跨界融合打破创新的壁垒和鸿沟，价值链的各个环节不断协同共鸣，整体产生聚变效应。跨界融通释放乘数效应，超越增长的极限，带来指数级增长，出其不意颠覆在位企业甚至一个产业，也给一些超级平台带来新的增长点。

7.2 上中下游价值链跨界融通

价值链作为一种重要的分析工具，在工业经济时代得到大范围使用，是工业经济时代经济管理的基础分析工具。平台型组织的出现，重构了传统价值链上中下游之间的关系，改变了价值链上中下游之间的连接方式、互动方式。经典价值链模型强调价值创造的线性过程。价值链一端的输入通过多个过程成为另一端的产出。平台型组织按照用户需求，通过横向拓展、网状集成，实现上中下游价值链的跨界融通，变价值链的“管道”线性思维为价值网络的“平台”整体思维，改变传统价值创造方式，这有利于实现新的价值创造，获取新的增长动能。

7.2.1 价值链跨界融通动因

价值链的概念最早由哈佛大学教授迈克尔·波特提出，指的是将价值创造过程分解所得到的一系列价值活动的排列组合。进入知识经济时代，随着新一代信息技术的广泛深入渗透，价值链分析的若干关键核心假设基础动摇，难以适应以平台生态系统为主要对象的竞争形势。

一是价值链的“线性过程”假设基础动摇。典型的价值链由前端、中端、后端的若干价值环节组成。在工业经济时代，传统的价值链模型强调，价值链前端的初始投入通过一系列线性过程变成更有价值的最终产品，通过控制一系列线性的活动来创造价值，是线性价值创造模式。传统价值链一般是采取纵向一体化方式延展，通过前向一体化或者后向一体化来降低交易成本，汲取高额利润，形成价值链的闭环。然而，新的竞争不再局限于企业之间，还在企业所处的网络之间展开。纵向一体化的价值链整合方式是刚性的，面临复杂动荡环境时难以及时反应。新时代很多企业的成功不是因为其自身拥有多大的规模，多雄厚的资本，而是其通过利用自身能够影响的“平台”，管理好自身与其他企业所同在的网络。企业的目标不再是自己去占据供应链与价值链中的各个环节，追求传统的纵向一体化，而是“不求所有，但求所用”，力争尽可能地利用自己所能利用的资源与联系，实现“以小搏大，以下搏上”，实现所有网络成员的共赢。随着价值链若干环节的交互过程日益复杂，价值链向着复杂网状价值网变迁。

二是价值链的“迭代增值”假设难以成立。价值链上游、中游、下游环节具有业务上的独立性、功能上的互补性、价值上的增值性等特点。一般而言，价值链的中间制造环节价值较低，两端的研发和营销环节价值较高。价值创造来自前后环节的差价，随着价值链的延展，逐步“迭代增值”。这种景象也逐渐被改变，制造的重要性正在日渐增强，研发、营销环节越来越与制造环节密不可分。同时，价值创造的来源不仅来自“迭代增值”，也可能来自价值链过程的其他方面。

7.2.2 价值链跨界融通路径

平台型组织基于横向拓展、网状集成打造新的价值增长点，形成新的价值链结构体系。平台型组织沿着“产品平台—供应链平台—产业平台”的逻辑横向拓展，不断扩大平台型组织的覆盖范围，跨界融通价值链上中下游。产品平台隶属公司内部，主要是为公司提高生产效率、降低生产成本、生产多种类型的产品提供支持。随着产品平台横向拓展到供应链上下游，延伸到处在供应链内的所有公司，该产品平台就变成了供应链平台，供应链平台的成员之间存在相互买进或卖出的关系。随着供应链平台横向拓展的范围进一步延展，供应链平台就变成产业平台，为整个产业的发展和演化提供共通的架构和基础。随着企业之间的联系越来越普遍，合作越来越紧密，整个价值链的关键环节从生产制造转移到了共享平台上，因为其能最大限度地控制和影响链条上的其他环节。平台化的过程既能够实现价值链纵向一体化的优势，又能够避免价值链纵向一体化的弊端。

平台型组织重构价值链各个环节之间的联系，开辟新的价值链利润区间，实现新的价值创造。平台型组织与价值链模型有着本质差别。随着万物互联的速度加快，平台成为链接创新资源要素、对接生产者与消费者的关键枢纽，可能在价值链的不同环节发挥作用，甚至彻底改变传统的价值链环节，逐渐由“管道”思维转向“平台”思维。平台型组织与互补厂商和用户之间的联系愈发密切，互补厂商、用户通过平台型组织实现了广泛连接，由有形产品的关联转变为自组织式共生关联，由紧密的资产关联转变为松散耦合式数据关联。平台型组织价值链跨界融通路径见图 7-1。

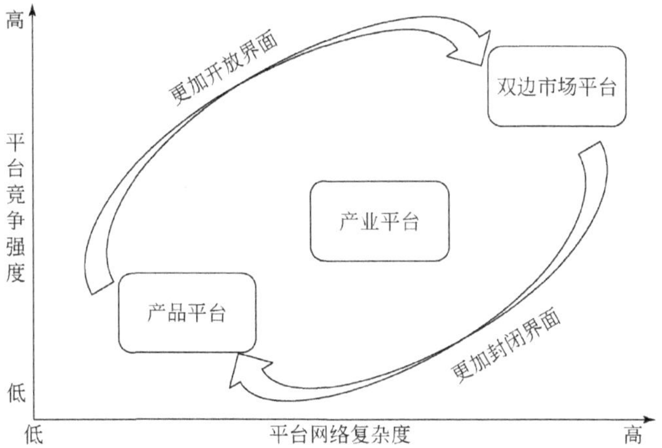

图 7-1 平台型组织价值链跨界融通路径

7.3 大中小型企业跨界融通

大企业和中小微型企业都是现代产业体系中的重要力量，大中小企业的合理分层，是保证现代产业体系健康发展的微观基础。平台型组织不断打破大中小企业的边界，大企业加快裂变，小企业加速聚合，大中小企业的合作方式从线性变为网状，以规模化生产和大企业为主的产业链，向大中小企业相互协同的网状方向转变。平台型组织超越了以往的企业间协作配套关系，变成现代的横向合作关系，形成相互借力、互利共赢的平台生态系统，有组织、无边界、互融通的新格局正在形成（汪旭晖和张其林，2016）。

7.3.1 企业跨界融通动因

大型企业、中小型企业、微型企业最为显著的差异是规模上的差异。2017年中国大中小型企业概况见表7-2。从数量上来看，小型企业占到我国企业数量的84%左右，是名副其实的企业主体。但小型企业除了企业数量多之外，资产总计、主营业务收入和利润总额等规模指标都明显小于大型企业。从平均值来看，大型企业的资产总计是小型企业的56倍，大型企业的主营业务收入是小型企业的37倍，大型企业的利润总额是小型企业的47倍。

表7-2 2017年中国大中小型企业概况 （单位：亿元）

企业类型	企业单位数/个	资产总计	主营业务收入	利润总额
大型企业	9 240	534 349. 33	452 178. 45	32 713. 06
中型企业	49 614	263 386. 84	269 166. 2	18 648. 45
小型企业	313 875	324 173. 4	411 816. 1	23 554. 74

资料来源：《中国统计年鉴2018》

在传统工业经济体系下，大中小型企业由于规模上的不对等，“规模歧视”行为十分频繁，“大鱼吃小鱼，小鱼吃虾米”的现象比较普遍。大企业研发实力、融资能力、品牌能力、人才吸引力强，熊彼特曾经强调“大企业已经成为经济进步的最有力的发动机，尤其已成为总产量长期扩张的最有力的发动机”，在产业生态中占据主导地位。中小企业则由于缺乏资金、信息、人才、市场，往往只能给大企业做配套，在产业生态系统中处于从属地位。中小型企业，尤其是小微型企业在贷款、生产要素配置、话语权等方面均处于弱势地位，大型企业滥用市场支配地位，无限期拖欠应付账款等行为时有发生，不利于现代经济的持续健康发展。

在工业经济时代，大企业倾向通过一体化整合的模式，其组织体系相对封闭，缺什么就建什么，组织结构是垂直宝塔式，信息从上至下单向流动，容易患上“大企业病”，导致“大象不能跳舞”。随着进入知识经济时代，环境的复杂性、艰巨性和不确定性增加，大企业与小企业之间的关系逐步转变，不仅小企业有跨界融通的需求，大企业也有跨界融通的需求。相反，小企业更加灵活，“蚂蚁”也可能扳倒“大象”。例如，发展人工智能，政府具有政策规划优势和资源动员优势，大学院所具有基础研究优势和人才富集优势，大企业具有海量数据优势和计算能力优势，小企业或创客具有场景敏感优势和灵活应变优势。任何单一主体都显然难以胜任会聚技术的变革，必须探索大中小型企业的跨界融合组织模式来更好聚合所有创新主体的资源和能力，让大企业像小企业一样具有活力和动力，让小企业像大企业一样具有能力和资源。大企业从组织内部追求创新成本、效率和效益的做法越来越难以适应新形势的需要，把大量社会创新资源堵在了门外，大型企业开放边界，与大量的中小企业乃至创客、用户跨界融通的需求愈发强烈。中小企业“船小好调头”，更加能够动态调整，灵活适应市场的变化，其撬动大企业资源与能力共同创新的需求愈发强烈。

在此背景下，大中小型企业跨界融通具有了双向动力需求。一方面，大量的社会资源向着分散化的方向发展；另一方面，集聚和配置资源的平台型组织产生，并成为新的中心化配置资源的关键节点。大企业打破垄断和独占格局，从有界的企业变成开放协同的多边交互平台和资源快速配置的输出输入平台，与大中微企业一道向着相互依存、分工协同的共生关系演化。大中小企业从过去依托供应链的协作配套转向依托平台的融通发展，合作方式从线性变为网状，合作规模从有限变为极大甚至无限，合作层次由生产、营销向研发、工艺、管理等深层次拓展，极大提高了效率、降低了成本。

7.3.2 企业跨界融通路径

2018 年，工业和信息化部、国家发展和改革委员会、财政部、国务院国有资产监督管理委员会印发《促进大中小企业融通发展三年行动计划》的通知，部署开展“挖掘和推广融通发展模式”“发挥大企业引领支撑作用”“提升中小企业专业化能力”“建设融通发展平台载体”“优化融通发展环境”在内的五项行动促进大中小企业融通发展。其中，第四项行动“建设融通发展平台载体”，将平台型组织跨界融通建设上升到了国家政策高度。

平台型组织的发生发展，改变了大中小型企业之间的关联关系，大企业组织壁垒被主动打破，大企业开放资金、品牌、信息、技术、管理、文化、人力、硬件、市场等各类资源，并对接外部一切的知识、技术、人力资源“为我所用”。大企业开放平台来刺激模块化创新，利用或发展其内部能力来支持系统集成创新。独角兽企业是典型的快速成长企业，其相当一部分本身就是以“平台型”为主要组织模式，或者是从平台生态系统中孵化、衍生出来的。中小企业突破自身能力、规模和速度的边界，各个环节都来参与创新过程，全方位互动，合作范围从有限向极大甚至无限拓展延伸。大中小企业由单兵作战转变为了团体对抗，不仅能够良好解决原来单个企业无法解决的复杂问题，还能够帮助整体中的个体发展出以前不具备的新能力，最终发挥出乘数效用。

平台型组织跨越大中小企业的组织边界，融通不同组织的特征。随着大企业和中小企业之间的联系越来越普遍，合作越来越紧密，平台型组织控制的资源显著增长，影响的企业和合作伙伴的规模明显增加，形成一个依附于平台型组织的松散耦合的平台生态系统。大企业和中小企业之间相互连接、整合、协调，出现了以平台带生态、以线上带线下的新技术经济范式，也就是大中小企业融通发展模式。大企业之间的跨界融通也更为普遍。根据联合国贸易和发展会议发布的《2019 年数字经济报告》，传统行业的跨国企业正在加大全球数字平台之间的战略合作伙伴关系。例如，沃尔玛与谷歌合作使用谷歌助手，福特和戴姆勒加入百度的阿波罗（Apollo）平台，谷歌与沃尔沃和奥迪合作打造 Android 汽车平台，通用电气与微软合作使用其 Azure 云服务，英特尔和脸书正在合作开发一种新的人工智能芯片。

大企业内部功能服务化、平台化，对外部中小微企业提供服务，是大中小型企业跨界融通的重要方式。亚马逊之所以能够持续扩张、突破边界，在于它坚决将公司内部的功能模块市场化，将内部的一部分机能扩展成平台，每个环节都因其“服务客户”的导向而存在，将功能性业务都转化成了对外服务、营利的业务，推向市场，以此获取业务的竞争力以及公司内的运作效率，并对抗公司内部日渐低效和技术发展停滞的问题。腾讯的内部职能部门逐步变成生产力部门，对外输出专业领域的数字化解决方案。中航工业的“爱创客”平台为大量中小微企业提供技术供给、能力供给、创新源头供给。美团开放配送平台，充分发挥其擅长即时配送的能力，从原来的为美团自身服务，开放为对全社会所有企业服务。深圳五鑫科技通过与 60 多个小微企业、创客共享品牌、加工模具设备、设计人员、财务人员等生产要素，在产品设计开发、快速模具制作、模具设计、精密注塑成型等方面建立了一个包容开放的平台，打造了一个模具行业共享制造的“小样板”和模具制造业的“创客梦工场”。平台型组织建立起扁平化的组织，真正以客户需求为中心协作，突破了部门、地域和时间的限制，“保有大企业的优势并有小企业的灵活”“像大公司那样思考，像小公司那样行动”，整体效率及绩效全面提升。

7.4 近中远空间跨界融通

经济活动的空间尺度可以划分为“地方-城市-区域-国家-全球”，随着人类发展和技术进步，人类经济活动的空间尺度不断扩大。平台型组织的发生发展，不断提升各个群体的邻近性，在地理邻近存在不利因素的情况下，通过共同的内生基础来提高认知邻近性、组织邻近性、制度邻近性、关系邻近性、社会邻近性和技术邻近性，不仅有利于“地方-城市-区域-国家-全球”之内的跨界融通，同样有利于“地方-城市-区域-国家-全球”之间的跨界融通。

7.4.1 空间跨界融通动因

随着市场化进程的快速推进，信息通信技术的发展，交通运输设施的进步，全球化深入推进，地理距离的阻碍已经越来越小，跨区域合作越来越频繁，不少学者认为“世界是平的”。但事实上，信息与知识的传递远没有物资的流通那么顺畅，任意空间尺度之间都存在各种有形无形的边界，并存在边界效应（border effect）。所谓边界效应，是指行政边界对于跨边界经济行为的影响，在管理学和经济学文献中，边界效应是一个地理空间维度的概念（陈光华和杨国梁，2015）。边界效应作用于跨区域合作的机制，可以归纳为以下几个方面。

第一，知识的隐性性质增加了跨区域合作的难度。隐性知识（tacit knowledge）是影响创新合作绩效的首要因素。根据知识的性质，可以分成隐性知识与编码知识（codified knowledge）。隐性知识难以被编码化，“只可意会不可言传”，通过编码化的专利文件或学术文章难以直接获得隐性知识（陈光华等，2015）。

第二，政府倾向推动本地机构之间的合作。政府是合作活动的发起者和组织者之一，对省市一级政府而言，其管辖的范围是相对有限的，调动全国其他地区的力量较为困难，财政资金通常只能在各级政府的辖区范围内进行分配。政府倾向匹配本地技术需求与本地的技术供给，这些项目产出的创新型成果也是本地政府的重要政绩，因此官产学研各方容易在本地环境中达成激励相容机制。

第三，信息不对称同样会影响合作绩效。有的主体对创新价值链的下游活动较为了解，有的主体对创新价值链的上游活动较为了解。合作研发活动非常复杂，难以在合同签订的时候将所有信息包括在内，不同机构所拥有的信息是不对称的。为了有效解决合作双方的信息不对称问题，需要双方积极搜寻相关信息，并就相关解决方案进行谈判。信息搜寻的过程需要耗费大量的时间和经费，信息传递的过程也容易出现失真。如果合作双方地理距离较近，便于即时沟通和培育相互之间的信任，则更有利于节约这一部分的交易成本。

第四，制度、语言和惯例等因素也在其中起着重要作用。从正式制度视角来看，各个区域在生产效率、基本制度、产业集聚状况、市场化程度、知识产权保护程度方面都存在差异，这也导致跨区域合作存在困难。从非正式制度来看，每一个区域都形成了各具特色的历史、文化、地理特征，不同区域之间技术经济结构、社会文化、制度背景的差异性，形成了不同的社会资本，导致协调成本很高，正式合同不足以保障合作的执行，机会主义和“搭便车”问题较为容易出现（Chen et al., 2019）。

7.4.2 空间跨界融通路径

平台型组织提供了正式互动或者非正式互动的平台，轻松破除交易时间、地理空间限制，打破了传统的地理范围边界，重新定义了市场的地理范围。平台型组织将分布在不同地理空间上的具有利益关联的上下游企业或者用户集聚在平台周围，通过稳定的契约关系，或者知识溢出、创新环境等方式，为泛在分布的客户或者用户营造出地理邻近、制度邻近、组织邻近、社会邻近、认知邻近等多重邻近效应，刺激本地知识溢出，形成社会资本，有益于隐性知识传递。

（1）“地方尺度”的平台型组织

这一尺度的平台型组织存在于一定半径范围，在有限尺度空间之内，传统的平台型组织，如集市、交易所等，都是发端于此，服务的是有限地理范围内的双边用户。受移动互联网的发展渗透，大量的基于位置服务（location-based service，LBS）平台，匹配的是本地的供给与需求。平台型组织重构人、物、位置、信息之间的联系，打通线上与线下之间的通道，以人满足人的基本生活需求为目标来聚合服务，要求能够精准瞬时地实现匹配，超出服务半径和范围之后就会出现规模不经济的情况。例如，美团超级配送平台，主要服务于骑手 30min 以内的商户和用户需求匹配。

（2）“城市尺度”的平台型组织

城市是人类经济社会活动的主要场所。这一尺度的平台型组织存在于特定城市边界范围之内，特别是一定规模城市的范围之内，如在一些一、二线城市，超出城市边界范围的平台型组织较少。近年来，围绕城市的交通出行，涌现出一批移动出行平台，其为匹配出行需求与出租供给提供服务，解决传统出行的痛点难点问题，满足不同层次客户的需求。Airbnb 则主要匹配旅游人士、商旅客户等前端客户群体，以及散布在城市各处的闲置房源客户需求与供给。

(3) “区域尺度”的平台型组织

这一尺度的平台型组织往往跨越城市范围，优化区域之间的连接方式，在不同的区域之间实现互联互通。我国地域辽阔，东西部之间、南北方之间经济往来频繁。例如，车货匹配的需求一直存在，从原来的小黑板，到后 PC 时代一点通、物通网，再到移动互联网时代的在线货运平台，车货匹配的效率越来越高。

(4) “国家尺度”的平台型组织

早期的百度、腾讯、阿里巴巴、京东等，作为信息服务中介，服务的边界是国家范围之内的用户，促进用户之间的信息流通、社交网络关系的建立，并由此衍生出物流、金融等其他多样化的服务。平台经济、互联网经济、共享经济的发展与人口的体量有着密不可分的关系，国家有足够大的市场规模，才能形成足够的网络效应，构建丰富完善的平台生态系统。欧洲各个国家人口规模较小，不足以支撑新技术的规模化运用，难以形成大的平台生态系统，这也是德国、英国等欧洲各国，在与中美平台竞争过程中，总体处于不利竞争位势的重要原因之一。

(5) “全球尺度”的平台型组织

苹果、谷歌、亚马逊、脸书都是市值很高的平台型组织，这些平台型组织是天生全球化的，支撑如此高市值的就是分布在全球范围之内的海量用户资源。例如，脸书占全球社交网络用户资源的大部分，其用户规模已经远远超过任何一个国家的人口数量。随着服务数字化、模块化程度提升，数字平台具备了全球规模的可能性，并通过服务多边市场迅速超越国界（Ojala et al., 2018）。

“地方-城市-区域-国家-全球”多个尺度之间并非隔绝，而是跨界融通的，存在多尺度的重叠和融合现象。不同尺度并非相互孤立而是相互影响的，创新往往在多尺度同时发生，地方向全球的扩展，以及全球向地方的细化每时每刻都在发生。平台型组织跨越区域边界，融通不同尺度的特征，实现不同尺度资源的优化配置。

7.5 产业集群/虚拟集群跨界融通

产业集群和虚拟集群是重要的产业组织形式，产业集群的发展源远流长，虚拟集群兴起的时间相对较短，但正在形成蓬勃发展态势。长期以来，产业集群和虚拟集群的发展如同两条平行线，相互之间缺乏交集。平台型组织通过产业集群-虚拟集群之间的跨界融通，充分发挥线下集群的优势和线上集群的优势，克服线下集群的劣势和线上集群的弊端，从而带来更为均衡的发展，更为优质的增长。

7.5.1 集群跨界融通动因

产业集群是大中小型企业、研究机构、金融机构、中介服务机构在地理上或领域上的集聚，其核心是集群内外不同主体之间进行互动，从而不断产生新的技术和产品。例如，广东、浙江等发达地区发育出大量的产业集群，近期大量特色小镇、专业镇的发展，可以看作是产业集群的演化版。

产业集群的基本特征包括空间集聚性、本地根植性、合作竞争性，产业集群不仅要求相关机构的集聚，还强调机构数量达到临界规模的重要性，是时间、空间、领域、资源等多种集聚效应的非线性叠加（Evans and Schmalensee，2010）。在产业集群中，各个构成主体之间并非相互隔绝，而是存在相互耦合的关系。产业集群是用户市场集聚、产业地理集聚、技术创新聚集三种集聚之上的耦合状态。产业集群的各类主体是耦合关系，具有互补性，通过产业链、价值链和知识链相互连接，共享设施，交流知识和专业技术，实现相互作用、激励相容的非线性耦合过程。

产业集群的效用机制体现在通过隐性知识的交流，促进某领域的相关企业和支持性机构紧密互动，进而加速创新，推进各主体之间的互动和协同创新，产生集聚经济、大量技术转移和知识溢出，并不断衍生出新的企业，从而为整个区域塑造一种创新的氛围和环境。

工业经济时代，产业集群的价值创造和市场竞争都在实体空间中完成，受物理空间和地理环境的约束。地理空间的有限性、中心-外围定律使得生产要素在中心过度集聚，产生拥塞效应，导致土地租金、交通成本、环境治理成本、劳动力成本飙升，持续发展存在隐忧。产业集群与虚拟集群的特点差异见表7-3。

表7-3　产业集群与虚拟集群的比较

维度	产业集群	虚拟集群
形成	禀赋驱动，特定地理位置	平台企业驱动，基于平台在虚拟空间中集聚
主要成员	主要是企业	企业、消费者及其他各种非生产性组织
运作模式	实体运作	模块化、虚拟化、社区化

续表

维度	产业集群	虚拟集群
运作环境	局部市场，区域分工体系	全球一体化市场，全球化分工体系
发展特征	生产规模经济效应显著，个体价值最大化，有边界	需求规模经济效应更为显著，外部互动，系统价值最大化，无边界
企业在产业集群间转换的风险	具有很强的路径依赖性，转换成本高，风险大	转换成本较低，具有很强的弹性，风险相对小
演化路径	数量集中、质量提升、研发与品牌创新主导三个阶段	平台企业驱动、社区化、无边界发展的产业生态体系形成三个阶段

资料来源：陈小勇（2017）

7.5.2 集群跨界融通路径

区别于实体产业集群，基于平台型组织线上集聚已经成为一种重要的虚拟集群形式。例如，小米构建在线社区，数十万在线社区用户直接参与新产品设计迭代，图像识别数据库 ImageNet 通过众包方式构建，全球 167 个国家近 5 万人筛选、排序、标记了近 10 亿张备选照片。虚拟集群破除了地理边界的限制，打破了对地理空间临近的依赖，形成了线上和线下紧密耦合的新形态（王如玉等，2018）。一方面，平台型组织将线上大量分散分布的信息聚合到平台之上；另一方面，平台型组织使得线下产业链相关主体会聚，形成生态系统。虚拟集群具有无限可能性，有效避免了实体集聚所带来的各种问题，产业集群-虚拟集群的有机互动往往能够产生最强的发展动能。产业集群的地理空间集聚模式，逐步演变为以数据和信息实时交换为核心的网络虚拟集聚模式，线上和线下融合的虚拟集群。

传统上来看，线上集聚产生的在线社区与线下集聚产生的产业集群之间存在明显的鸿沟，二者之间的关联关系并不紧密。随着平台型组织的深入发展，虚拟集群与产业集群相互隔绝的局面正被逐步打破，产业集群-虚拟集群实现跨界融通。产业集群-虚拟集群的跨界融通，不断促进基于产业链、价值链、知识链耦合的各类机构在地理、领域、网络空间的集聚，通过集群内外不同主体之间多种形式的频繁互动，促进技术转移和知识溢出，从而不断涌现新技术、新产品和新服务。从构成主体来看，产业集群-虚拟集群的跨界融通由企业、研究机构、大学、风险投资机构、中介服务组织等构成，这些机构可以分为知识应用机构和知识生产机构，其中知识生产机构包括大学、研究机构等，知识应用机构包括企业、客户等。产业集群-虚拟集群的跨界融通不仅要求相关机构的集聚，还要求机构数量达到一定的临界规模。在产业集群-虚拟集群的跨界融通过程中，各个构成主体之间并非相互隔绝，而是存在相互耦合的关系。各个构成主体通过产业链、价值链和知识链连接起来，既包括正式的合约联系，也存在非正式的联系。在产业集群-虚拟集群的跨界融通之中，建立于社会资本基础上的非正式联系显得更为重要。从互动机制来看，产业集群-虚拟集群的跨界融通基于各主体之间的战略联盟和各种合作，形成技术经济网络，建立起战略联盟。其中，产业界和大学、研究机构之间的互动最为重要，大学和研究机构的紧密联系在新兴产业萌芽时期表现得最为明显。

产业集群-虚拟集群的跨界融通的效用机制体现在通过显性和隐性知识的交流，产生集聚经济、技术转移、知识溢出，并不断衍生出新的企业，从而为整个区域塑造一种创新的氛围和环境。集群呈现出多主体、多投入、多连接、多渠道、多产出的特征。多主体指的是产业集群-虚拟集群的跨界融通参与的主体众多，包括知识生产和应用的各类机构，主体的分布广泛；多投入包括高强度研发经费投入、高水平人力投入，投入来源多样；多连接指的是各类主体是通过产业链、价值链、知识链各种连接耦合在一起的，并非相互孤立；多渠道指的是各类主体合作渠道众多，存在各种正式与非正式的联盟与合作，知识和信息能够非常及时迅速地交流；产业集群-虚拟集群的跨界融通的最终效果体现为多样的产出，即多产出，新技术、新产品、新服务不断涌现，从而带动区域创新能力的提升和竞争优势的提高（陈光华等，2013）。

淘宝村可以看作是产业集群-虚拟集群跨界融通的重要类型，线下的淘宝村与线上的淘宝电商平台形成了紧密耦合的关系，突破了农村地域的限制，形成了新型的互动集群形态。淘宝村发展情况见表 7-4。阿里研究院发布的《中国淘宝村研究报告（2009～2019）》显示，2019 年全国淘宝村达 4310 个，分布在全国 25 个省（自治区、直辖市）。

表 7-4　淘宝村发展情况

省	市	县 （县级市、区）	数量	特色商品
浙江省	金华市	义乌市	164	小商品
山东省	菏泽市	曹县	124	演出服、木制品
浙江省	金华市	永康市	124	健身器材、五金用品
浙江省	台州市	温岭市	118	鞋
江苏省	徐州市	睢宁县	112	家具
浙江省	宁波市	慈溪市	111	小家电
浙江省	温州市	乐清市	102	电工电气产品

续表

省	市	县 （县级市、区）	数量	特色商品
浙江省	嘉兴市	海宁市	90	皮草、皮衣、居家布艺
浙江省	温州市	瑞安市	88	鞋、汽车配件
浙江省	杭州市	萧山区	87	服装、卫浴洁具

数据来源：《中国淘宝村研究报告（2009 ~ 2019）》

第 8 章 创新驱动——平台型组织发展源泉

当前，新一轮科技革命与产业变革蓄势待发，呼吁创新组织模式的同步变革与调整。在工业经济时代，创新过程组织主要遵循“管道”思维，创新价值链一端的输入经过多个过程成为另一端的产出，强调从基础研究到应用研究再到产业发展的线性过程。双向循环的反馈过程的缺乏容易导致信息沟通不畅、链条相互脱节，存在大量的创新孤岛。随着新一代信息技术等新型基础设施的作用的发挥，创新逐渐由“管道”思维转向“平台”思维，创新平台成为链接创新资源要素、对接生产者与消费者的关键枢纽，科技创新活动不断突破地域、组织、技术的界限，从线性关系转为生态关系（谢德荪，2016）。

随着苹果、脸书、亚马逊、淘宝、京东等一大批平台型组织的成功，创新平台作为一种群体创新的新范式，快速集结各个群体并联创新，各个群体通过一定的接口链接到平台上来，共同推动创新活动的开展，产生强大的创新威力并越来越为各界所瞩目。平台型组织的创新是开放式、集群式、颠覆式的创新。平台作为新型创新组织模式正在加速涌现，激发了群体的创新动力，盘活了全社会的创新资源，促进了跨组织、跨行业的融合发展。

8.1 创新模式演化过程

随着时代更替，创新模式本身也在不断发展变化，创新模式大致经历了从线性创新模式、创新网络模式、创新系统模式到创新生态模式的演化过程。以平台型组织为代表的创新模式，预示着创新活动朝着生态化的方向发展，动态互动、跨界创新、颠覆变革成为主导创新范式。

8.1.1 线性创新模式

线性创新模式描述从创新源点到创新终点的线性序列过程，根据创新源点与创新终点的差异，可以将线性创新模式分为技术推动模式与需求拉动模式。技术推动模式强调创新是从基础研究到市场销售产品的线性序列过程，始于科学发现，接着是研究与开发、工程与生产活动，最终是新产品或工艺的市场化，是一个单向畅通的链条转换过程。科学活动独立于企业组织之外，创新活动涉及的因素较少，呈现出线性关系。《科学——无止境的前沿》的主要观点为技术推动的线性模式奠定了坚实的基础。需求拉动模式强调市场需求的重要性，市场需求展现出新的机会，刺激研发为其提供技术支持，形成了从市场需求到应用研发的过程。需求拉动也属于线性模式，强调市场需求而非科学技术是创新的源头，创新不是纯科学的研究活动，而是企业通过满足市场新的需求而进行的活动。

《科学——无止境的前沿》关于基础研究与商业化关系的观点被后人总结为线性模型（linear model），虽然简洁明了，但是过于简化了实际创新活动中基础研究、应用研究和产业开发之间的关系，对创新环节之间的互动和反馈过程认识不足。基础研究、应用研究和产业开发之间的关系相当复杂，从纯基础研究到商业性技术开发之间存在一个广阔的过渡地带，科学和产业之间的关系由单向的线性关系，变成相互交织、互为促进的网络关系，线性模型是一种过于简化的模型，事实上基础研究成果可能具有较强的产业开发前景，产业开发的过程中也可能需要克服大量的基础研究问题，三者之间有所侧重，但并不能完全脱离，是耦合互动的关系。基础研究与应用研究的融合度越来越高，从基础研究中创造了商业机会，基础研究和企业发展之间关系日益紧密，两个过程的时间距离也因此缩短。为了应对上述变化，不管是发达国家还是发展中国家都日益重视大学、科研机构的研究活动与具体的社会经济需求之间的相关性，重视完善创新价值链，补齐创新价值链中间环节，形成完整的创新生态系统。

8.1.2 创新网络模式

以斯托克斯等为代表的学者重新审视了科学的目标及其与技术的关系，反思了布什线性模型的影响，斯托克斯认为布什关于基础科学的根本目的和技术创新的实际源泉方面的论述过于狭隘。研究机构与企业的互动关系正逐渐发生演变，从单向的线性关系，向多维的网络关系转变。从研发到产业化的速度明显加快，产业化也成为基础研究新的理论来源。研究机构正从纯粹从事研发，向也需要从事产业化转变，在创新价值链上的定位不断延展。

网络模式强调创新不仅表现为企业内部不同单元之间的知识共享和相互作用，还包括大学、研究机构、用户和供应商等不同知识源泉之间的连通。创新企业全面整合开发过程，紧密联系领先消费者，与主要供应商战略一体化，横向联系合作研究团体，合作更为灵活，开发速度更快，日益注重质量与非价格因素。

Nambisan 和 Sawhney（2011）根据创新空间和创新网络领导两个维度，区分了爵士乐队模式、创意市集模式、交响乐团模式、车站模式等以网络为中心的创新的不同模式。其中，根据确定性的程度和权利的集中性两个维度形成的四象限分类体系，可以帮助我们更好地理解网络协调的本义。爵士乐队模式，即没有特定的行为引导，协作行为的责任分布在网络成员之中，创新的发起者建立创新愿景，将单个创新者集中在一起进行协作创新，创新空间并没有很好地建立或界定，创新方向也是从协作中自发产生的。创意市集模式，就像录音棚里编曲者从各种艺术家那里搜集音乐，企业在全球性的创意市集上寻求多样化的创新资源与解决方案，并在此基础上通过商业化过程实现其商业价值，参与者追求的主要是问题解决后所带来的物质收益，因此潜在的利益冲突也是较大的。交响乐团模式，就像一个典型的交响乐团，创新空间的结构被清晰界定，乐队的指挥是单个具有主导性的公司，就像乐团中的乐手需要相互共鸣，网络成员的创新贡献也是互补性的。由于创新合作成员的知识来自终端产品的模块化分解，各自知识之间具有紧密的联系，知识背景差异较小。车站模式，即创新活动发生在事前界定好的创新空间之内，其目标在于增加、提升或者采用现有的产品或者服务，主要出于对自我功效性期望的追求，创新者之间潜在的利益冲突也较小。

8.1.3 创新系统模式

20 世纪 80 年代后期，弗里曼等在考察“日本奇迹”的技术创新与经济绩效关系之后，最早提出“国家创新系统”的概念，将技术创新与制度创新活动上升为一种国家行为来进行深入研究，提出了技术创新的国家创新系统理论(弗里曼，2008)。从系统理论视角来看，技术创新不是企业家的功劳和企业的孤立行为，而是由多种要素及其相互关系组成的创新系统，受系统的国家因素影响。国家创新系统是公共部门和私营部门中各种机构组成的网络，是参与和影响创新资源的配置及其利用效率的行为主体、关系网络和运行机制的综合体系。在这个系统中，企业和其他组织等创新主体，通过国家制度的安排及其相互作用，推动知识的创新、引进、扩散和应用，使整个国家的技术创新取得更好绩效。

国家创新系统理论侧重于分析技术创新与国家经济发展实绩的关系，强调国家专有因素对技术创新的影响，并认为国家创新系统是政府、企业、大学研究机构和中介机构等为寻求一系列共同的社会经济目标而建立起来的，将创新主体的激励机制与外部环境条件有机地结合起来，将创新作为国家变革和发展的关键动力系统。后发国家可以通过创新政策的调整和组织制度的创新来弥补其原来技术创新上的不足，从而谋求经济的高速增长。在国家创新系统理论的基础之上，区域创新系统、产业创新系统等概念和分支理论相继产生和发展起来。

制度基础在国家创新系统研究中得到强调。Nelson（1992）认为国家创新系统实质上是一个分析制度安排与国家技术经济绩效之间作用关系的分析框架，国家专有因素，包括教育、政府创新补贴和技术计划等制度性因素以及文化、语言和职业习惯等历史性因素，对创新具有重要影响。历史上有过三次有利于技术创新的重大制度的变化：第一次发生在 18 ~ 19 世纪，有利于技术创新的两种根本性制度，即资本主义私有产权制度与市场经济制度得以形成和确立；第二次发生在 19 世纪中期到 20 世纪中期，出现了两种促进技术创新的重大制度，即股份公司制度和研究与开发（research and development，R&D）的企业内部化制度；第三次是 20 世纪 50 年代以来，其主要表现是政府支持技术创新的政策，如政府采购、R&D 资助与税收补贴，风险投资等有利于技术创新的重大制度的出现（文魁和徐则荣，2013）。

8.1.4 创新生态模式

现代市场竞争不再是企业之间的竞争，而是创新生态系统之间的竞争，从国家创新体系走向创新生态系统建设成为创新管理的重要发展趋势（陈劲，2013）。随着全球化的不断深入、信息通信技术的快速发展，企业的创新活动已逐步从点对点、点对网络演化为网络对网络的系统合作。战略制定也不再是企业内部的事情，企业必须结合创新生态系统成员共同制定企业战略。在全球化的知识经济时代，只提供伟大的产品已不足使企业获得成功，企业必须从更宽广的视角衡量与外部伙伴合作创新的风险和收益。处于领导地位的企业都构建了能协调供应商、客户等各类伙伴的创新生态系统。

创新生态系统反映了创新群体超越市场、超越科层的合作关系。创新群体之间并非单纯的市场买卖关系，而是基于长期共同利益的信任关系。由于资产专用性较弱、交易不确定性较低和交易频率较高，实质性、大幅度降低了创新生态系统中的交易成本。在创新生态系统中，资产专用性较弱，资产设备可以为参与创新生态系统的所有创新群体共享。交易的不确定性偏低，创新群体之间具有共同语言、共同行为模式，对未来有较为一致的共同预期。交易频率较高，实时在线频繁交流互动，有利于信息整合共享。创新生态系统模式既不同于科层组织模式，也不同于市场组织模式，其强调系统整体的效率和价值，具有独特的整体竞争优势。

与创新系统理论相比，创新生态系统的研究重点有很大的不同。首先，创新生态系统的概念强调了创新系统的动态演化性，是一个技术和经济发展所必需的机构和人员的相互作用的动态系统，创新系统中不同行动者之间的交互作用处于动态演变的过程之中，公共政策可以通过加强生态系统之间各主体的联系来促进创新；其次，创新生态系统的概念强调了创新系统创新要素的有机聚集，把创新活动看成是某种生命体，创新系统存在多样性和适应性，任何一个创新体系都是在一个特定的地理空间、政治经济环境、社会文化环境下生成；最后，创新生态系统的概念强调了系统的自组织生长性。一个创新生态系统，必定是自组织的生态系统。系统中各个要素的相互联系、相互制约，要求各个创新主体的共生共荣，导致了创新生态系统具有自维生、自发展的鲁棒性，并保持不断演化、不断促进优势新物种的成长、不断自我超越的能力（曾国屏等，2013）。创新生态系统作为一个新兴的研究领域受到越来越多研究者的关注。

8.2 平台创新生态体系

创新直接源于科研、商业、教育和公共管理机构不断的相互作用，是一个多主体持续互动的过程，创新生态系统的优势在于推进各主体之间的互动和协同创新。平台型组织与节点组织、用户等外部创新主体一道，共同构成基于平台的创新生态系统（Scholten and Scholten，2012）。创新生态系统是创新群体、创新要素和创新过程之间的一种新型关系和新型组织形式，是将关键需求、价值创新等通过创新带头人、创新团队进行组织整合的结果（卡尔森和威尔莫特，2007）。平台通常由一个基础机构支撑，定义一整套规则，并通过吸引外部力量加入，实现群体性的创新，这与传统的创新方式产生了重大差别。平台的创新威力非凡，国家创新驱动发展战略的实施应高度重视基于平台实现群体创新的新范式。表 8-1 比较了平台型创新与组织自主创新的差别。

表 8-1　平台型创新与组织自主创新比较

维度	组织自主创新	平台型创新
理论基础	价值链理论，生产运作与创新理论	价值网理论，生态系统论，多边平台理论
核心思想	依赖组织的自有资源和技术能力的封闭式创新	借助平台整合资源、匹配供需、促进交互的开放式创新
创新主体	组织内部的相关部门和个人	组织外部的生态系统成员
创新客体	核心技术，基础性产品	互补产品、技术和服务
创新机理	内部主体基于组织自有技术资源和核心能力的自主创新	生态系统成员基于多边平台创价模式与路径的协同创新
创新方式	技术攻关、模块化创新、学习型创新、知识产权保护	基于平台结构与互动规则的互补产品、服务和技术的开发与生产

续表

维度	组织自主创新	平台型创新
创新策略	人力资本开发、人事政策与经济激励、组织学习与创新管理	开放与管制，不对称定价，激发平台用户间网络效应，提供创新工具和服务
创新优势	领先的生产能力与技术优势	创新资源的整合，创新协同效应、范围经济性显著，创新的体系性与竞争力更强
创新风险	自有资源与创新能力有限	权益分配不均，负外部性，协作质量不高
风险治理策略	企业并购，专利购买，生产外包	平台规制与领导，平台失灵的合作治理

资料来源：刘家明和柳发根（2019）

8.2.1 关键创新主体

科技创新的潮流与大众创业、万众创新的洪流正在形成历史性交汇。创新群体之间的高频率、高密度、高水平互动十分重要。平台型组织作为平台生态系统的关键组成部分，已经成为创新资源富集、创新人力集中的创新高地，多主体互动的创新载体善于集中优势资源，产生新的业务板块，酝酿新的市场结构，导入新的技术路径，开辟新的产业方向。在平台创新生态系统之中，平台型组织是创新资金的关键投入者和创新网络的主要协调者。

平台型组织的研发投入远远高于其他类型企业的研发投入，特别前期投入大、周期长，短期研发资源投入基本上是无效的，必须长期坚持投入真金白银。2017 年平台型组织研发投入见表 8-2。统计数据显示，亚马逊、谷歌、英特尔、微软、苹果的研发投入都超过了 100 亿美元。巨额的研发投入为平台型组织创新带来巨大的回报。例如，施乐 PaloAlto 实验室的 Alto 个人电脑、鼠标、以太网和图形用户界面，美国电话电报公司（AT&T）贝尔实验室的晶体管、移动电话、C 语言、Unix 操作系统，国际商业机器公司的 PC 项目，苹果的 Mac 项目，谷歌 X 实验室的谷歌气球、谷歌眼镜、无人驾驶汽车，亚马逊 Lab126 的 Kindle 电子书等平台产品都是由平台研发。

表 8-2　2017 年平台型组织研发投入

维度	微软	亚马逊	苹果	谷歌	脸书	阿里巴巴	腾讯
研发投入	147.26 亿美元	288.37 亿美元	162.17 亿美元	214.19 亿美元	102.73 亿美元	227.54 亿美元	229.36 亿元
研发强度/%	13	12.4	6	15.7	18	9	7.3

平台型组织在松散耦合的创新生态系统之中扮演着创新网络协调者的作用，为基于平台的创新生态系统提供了共生的基础条件。在自然生态系统之中，动植

物的生长离不开适宜的阳光、气候、土壤和水分等基础条件，不同的基础条件经过长期的演化过程塑造出差异化的自然生态系统。与之类似，在创新生态系统之中，各类创新主体则靠平台型组织来提供基础设施，明确互动的载体、媒介和规则，如果缺乏共同的基础条件，创新生态系统则难以形成独立稳定、共生共赢的关系（刘家明和柳发根，2019）。平台型组织的创新网络协调核心过程包括管理知识流动、管理创新独占性以及管理网络的稳定性。通过管理知识的流动，促进网络成员之间的知识共享，尤其是异质性主体之间的知识共享。一般而言，组织知识资源在组织内部共享相对容易，但是小微企业、创客由于信息匮乏、资质缺失，难以分享利用公共组织资源。因此，专门针对小微主体、非企业主体的知识流动尤为重要。同时，要管理创新的独占性，创新是商业化的过程，是研究转化为钱的过程，这一过程必须要保障各个主体的知识权益，尊重知识产权和所有权。另外，还要保障网络的稳定性。网络稳定对平台型组织的发展十分重要，避免因为偶然突发事件，造成网络的不稳定，从而形成稳定的预期。通过网络设计和协调过程两个方面相结合，发挥原始能力和主动能力两个方面的优势，朝向富有活力的平台生态系统的方向不断演化。

平台型组织推动以网络为中心创新的协调过程，认为中心企业扮演着创新集成者和平台领导者的角色。表 8-3 展示了以网络为中心创新的协调模型和网络管理过程。作为创新集成者，平台型组织定义核心创新的基本架构，并且邀请其他网络成员设计开发部件，典型的案例包括波音开发波音 787 的过程；作为平台领导者，平台型组织提供基本的创新架构，使其成为其他成员建立补充创新的平台或者基础，典型的案例如 saleforce. com（Nambisan and Sawhney，2011）。

表 8-3　以网络为中心创新的协调模型和网络管理过程

维度	中心企业作为集成者	中心企业作为平台领导
关键目标	在开发新产品或服务的时候集成合作伙伴的技术资产和能力	支持合作伙伴建立互补产品/服务从而增强平台的范围
基本任务	定义和阐释创新架构； 给合作伙伴分配明确的角色和责任； 提供公共的技术和流程基础设施	定义创新平台和接入点； 提供平台特定的技术知识； 提供以市场为基础的价值创造机制
管理创新杠杆	提供公共低技术、工具和其他资产给合作伙伴，使其能够在模块中采用，从而保证质量的一致性和模块集成	建立公共的存放处，合作伙伴能够相互共享专有的工具、技术和其他资产，目标是降低设计开发的冗余，加速产品开发
管理创新一致性	适当改变创新架构，保障外部创新的一致性	重新定义创新平台满足新市场的要求，并召集合作伙伴修改互补的产品和服务； 重新定义接入点和合作伙伴之间的知识共享，保证互操作性和兼容性

续表

维度	中心企业作为集成者	中心企业作为平台领导
管理创新独占性	所有知识产品的公平公正分配的政策指南； 分配合作伙伴产品服务商业化的收益	建立合作伙伴获取互补产品服务价值的市场机制； 提供附加的价值获取支持包括协同营销

资料来源：作者根据 Nambisan 和 Sawhney（2011）翻译整理

在全球排名靠前的平台型组织之中，美国和中国所占席位比例是 7∶3。中美之间的平台创新竞争日趋激烈，竞争结果将决定未来平台发展格局。美国拥有全球最强的科研实力和技术优势，拥有完整的产品化链条，形成了较为成熟的产业体系，牢牢把控着根服务器、云计算中心、操作系统、芯片等关键核心技术，如垄断核心硬件、数据库与软件。美国典型平台型组织正在将人工智能、量子计算作为下一步发展的重点。谷歌、脸书、微软、亚马逊、苹果都将人工智能作为未来优先发展的重要方向，纷纷推出"人工智能第一"（AI First）战略，组建专门的人工智能部门，招揽人工智能顶级人才，推出人工智能软件、硬件和芯片产品，建立人工智能生态系统，力图在人工智能框架平台的竞争中占据领先优势。谷歌、国际商业机器公司、微软、亚马逊等将量子计算作为重要的竞争领域加以推动，谷歌在《自然》杂志发表文章，认为其已经实现"量子优越性"（quantum supremacy），拥有了超越古典计算机的能力。亚马逊组建"AWS 量子计算中心"，建立量子解决方案实验室。微软构建量子网络，搭建推动量子计算的全球社区。

平台型组织在某种程度上引领着产业进步的节奏，带动芯片、整机厂商、终端场景、云端服务的耦合互动，形成难以挑战，难以撼动其根基的生态系统。平台主导设计一旦形成，后发者就很难突围，因此必须在平台萌芽期开始主动布局。如同互联网时代的 Wintel 平台，移动互联网时代的 Arm+Android 和 iOS 平台，人工智能开源平台具有同样重要的意义，可能扮演着同样重要的作用。值得庆幸的是，不同于互联网时代和移动互联网时代已经形成了垄断平台，人工智能开源平台虽然已经初露头角，但尚未形成垄断格局，还为跟随者留有追赶的"入场券"。我国平台经济体量大，平台型组织发展也很快，具有极大的潜力和空间。然而，中国的平台经济主要在于商业模式和应用转化，在前两次平台发展浪潮之中都没有抓住平台创新的主导权，尤其是芯片、操作系统、开源框架等关键核心技术缺失。随着实力的进一步增强，中国平台企业正在逐步向底层延伸，开发人工智能开源平台、物联网平台等。假以时日，中国的平台经济发展特别是平台型组织能否和美国的平台型组织分庭抗礼，既是中国经济崛起的重要标准，也是中国经济崛起的重要依托。

8.2.2 主要创新节点

平台创新生态系统之中存在大量非平台组织，它们是平台创新生态的组成节点，又可称之为节点组织。例如，在AI平台生态系统之中，节点组织包括内容和技能开发商、产品和方案开发商，以及解决方案开发商、上游模组供应商等。平台型组织普遍存在于价值链的各个层次和所有行业，是帮助节点组织和用户进入资金和技术密集型产业生态的关键入口，带动产业的爆发式增长和新业态的出现。未来每个企业都会成为与平台相对接的组件式企业，都是社会化平台的一部分，每个生产环节都可以通过众包、众创、众筹等方式解决。

节点组织是专业创新的贡献者和弱联系的提供者。节点组织通常定位在相对专一的业务领域，具有业务领域的核心创新能力，通过高效的专业化分工与高度的合作，迅速与平台型组织和其他节点组织相互对接，是平台生态系统个性化、多样化创新的主要贡献者，并通过规模经济、超强创新来实现竞争优势（程立茹，2013）。基于平台的创新扩散周期大大缩短，极大优化了各种要素的高效配置，加快了创新速度，降低了创新成本，活用了全社会的创新资源，实现从创新源头到产业龙头的无缝衔接。

“单位外部具有创造力的人才远比公司内部多”。通过节点组织的参与，平台型组织在不增加员工人数和运营成本的前提下，增加了企业创造性思维和观点。任何企业都难以拥有全部的生产资源，一个具有吸引力的平台，通过具有创造力的战略来吸引全世界的人才和客户，集结广泛的专业化资源和人力，提供专业化的产品和服务，能让别人在不成为其员工的情况下同其合作。例如，苹果公司通过向外界发布标准化的接口和性能要求，征集了大量的应用程序开发者、商人甚至消费者，全球的开发者无论身在何处，都可以为苹果平台的发展贡献力量。

8.2.3 领先创新用户

在平台创新生态系统中，用户群体是创新网络的贡献者和检验者。平台创新生态是一种用户导向创新的模式，用户不仅仅是消费者，用户还参与了创新过程，人人都能成为创新者。用户需要的创新，无论是技术创新、产品创新，还是商业模式的创新，都随着网络活动复杂性呈几何级数增长，这种创新已经不是单个企业仅凭一己之力能完成的任务，而需要一群企业创新的集成。平台能够实现复杂技术与商业模式创新，有能力把各种不同的知识，尤其是隐性知识集成到一个创新过程中。

在工业经济时代，创新是少数精英的“专利”，由训练有素的科学家和工程师专职从事创新工作。随着互联网的发展普及，云计算、大数据的发展推广，创新的成本逐渐降低，受教育群体的极大扩展，可进行知识创造的场所大大增加，专业的知识流、商品流、数据流和资金流更加容易被调动，创新越来越少地作为独立的活动而存在。平台通过提供基础设施、计算能力、数据资源、应用软件等，支撑互补产品和服务的开发和应用，有效降低创新成本，促进中小微企业甚至是个体开展众创式创新。全社会各方面、各领域、各层面的人都能参与到创新过程之中，打破了参与主体的身份限制，协调了中小企业甚至创客、用户等非企业主体参与创新过程。从事研发活动的机构和个人越来越多，呈现出自组织的特征，人人都有可能成为创新者。

平台作为一种群体创新的新范式，大大加快了创新的过程（Rayna et al.，2015），出现不少围绕兴趣而非利益的共同要素，基于互联网快速集结的创新共同体，在网络社区集成智慧，是一种自组织、集众智、跨区域的创新组织，活用了全社会的创新资源（Boudreau and Jeppesen，2015）。小米、海尔等在新产品开发中的创意很多直接来自数十万在线社区用户的互动，它们直接捕捉用户对产品的共性需求，并将专家、员工、用户、供应商、甚至竞争对手都纳入创新过程，这彻底改变了传统“单打独斗”的创新方式，形成了“群体创新”的新面貌。

领先用户是企业创新的重要贡献者，领先用户提出个性化的需求，平台与用户直接对接，为产品、平台和整个业务的演化提供持续的、丰富的反馈意见。在数字平台之上，用户社区开发者的能力已经颠覆了企业的能力，创新的速度取决于开发人员为平台开发数字应用程序的速度（Parker and van Alstyne，2018）。苹果拥有的外部应用程序开发人员的数量远远超过苹果自身雇佣的人员数量。华为公司特别强调基于客户需求的创新，与客户合作建立了 36 个遍及全球的联合创新中心。在此过程之中，用户核心角色发生变迁，其不再是单纯的消费者，还参与生产过程，变成产消者。

8.3 平台创新生态战略

当今世界，科技创新呈现出前所未有的复杂性、艰巨性和不确定性，必须构建体现战略性、适应性和创新性的新型创新组织模式。平台重构传统创新“管道”为创新交互空间，推动了创新活动要素的密切持续联系，增进了外部生产者与消费者的互动，实现了整个创新生态系统价值的最大化。

平台型组织可以实现开放式战略、集群式创新和颠覆式创新战略。首先，平台型组织的创新是开放式创新，开放是平台型组织的基础，是平台型组织创新区别于一般创新的根本特征。其次，平台型组织的创新是集群式创新，集群是平台型组织的依托，群体的创新力量大于任何单一组织和个人的创新力量。最后，平台型组织的创新是颠覆式创新，颠覆是平台型组织的表征，平台的颠覆力量已经得到显现，并将持续颠覆那些尚未做好准备的产业和领域。

8.3.1 开放式创新

在工业经济时代，创新多数时候是在组织内部闭环进行。组织结构是垂直宝塔式的，信息从上至下单向流动，创新价值链不畅通。传统的企业创新理念和组织架构“眼界向内”，组织创新资源相对封闭，缺什么就建什么，创新成本、效率和效益主要通过一体化整合的模式从组织内部求创新，不仅浪费资源增加成本，而且把大量社会创新资源堵在了门外。随着技术复杂性的提高，更新换代速率的提升，全球层面的专业化分工具有更加细化的特征，尤其是对一些知识密集型、高度依赖性、系统性、兼容性要求很高的领域，突破关键核心技术不易，在既定的国际分工格局下，即使能够在某些方面有所突破，但成功实现市场替代可能更难。随着创新的复杂性、艰巨性和不确定性增加，科研院所、大学、大中小企业等任何单一主体都很难单打包办所有的创新环节，必须把识别、获取和利用外部知识来源作为创新的核心过程。在此情景下，如何有效降低创新风险成为一个重大命题，开放式创新成为所有组织的共同选择。

平台型组织通过开放式创新，有效降低技术的不确定性，从而降低技术门槛，有效解决技术风险问题，实现技术风险的共担。在技术创新过程中，按照创新路径依赖的不同，可以分为跟踪模仿与创新引领两种不同的路径。平台型组织往往是创新领先者，作为技术集成方，掌握整体的技术架构，其面临的更多的是“不确定”的不确定性，国内外都没有现成的路径可供遵循，存在较大的技术风险。平台生态系统的参与成员往往是跟踪模仿者，擅长某一方面的技术且并不掌握整体的技术架构，市场路线和国际标准相对成熟，基本形成共识，面临的更多的是“确定”的不确定性，虽然不确定性是存在的，但是相对确定的。平台型组织不断降低技术的不确定性，对复杂的技术体系进行叠加封装，并形成独立的、可复用的、可嵌入的模块，方便平台生态系统的参与主体与之对接。

平台型组织通过开放式创新，能够将大企业的资源优势与小企业的机制优势有效结合起来。基于平台的开放式创新是未来创新组织模式变化的重要方向。一方面，平台型组织的创新模式是一种典型的开放式创新模式，同时利用内部和外部有价值的知识来加快创新进程。另一方面，开放式创新必须基于平台型组织来开展，如果缺乏平台型组织，开放式创新则难以展开。创新组织从垂直整合转向横向聚合，“眼界向外”对所有与之链接的外部资源开放，朝着“扁平网状”的开放格局发展，依靠外部化、网络化，从组织外部求创新。组织壁垒被打破，突破组织自身能力、规模和速度的边界，对接外部一切的知识、技术、人力资源。平台通过不同程度的开放，促进双边甚至多边之间的创新链全面衔接实现系统有效，营造大多数人参与的社会化创新环境，刺激补足品的创新（刘燕华和王文涛，2014）。

8.3.2 集群式创新

基于平台的集群式创新是未来创新组织模式变化的重要方向。创新创业活动直接源于科研、商业、教育和公共管理机构不断的相互作用，是一个多主体持续互动的过程，具有多主体参与、多因素作用的复杂特性，只在高密度、高浓度、高频度的创新环境下产生。平台型组织作为群体创新的枢纽，聚合以专业化分工和协作为基础的同一产业或相关产业的知识应用和开发机构，以及知识产生和扩散机构，或者特定区域范围内的大企业、小企业，以及专业供应商、服务提供商、大学等。平台型组织通过产业链、价值链和知识链等市场或者非市场的体系连接起来，形成非线性耦合过程，形成相对稳定的系统，实现创新成本与风险分担和创新边际效益递增。

平台型组织激发相关群体基于技术内在关联性，以及社会资本基础上的非市场联系，通过动态衍生、劳动力流动和网络形成来促进机构之间的知识转移，达到市场集中、产业集聚、技术创新聚集三种集聚之上的耦合状态。各个主体通过更密切的联系，共享设施，交流知识和专业技术，并有效服务于集群内单元之间的技术转移、网络和信息传播，以刺激多元参与的创新活动，实现时间、空间、领域、资源多种集聚效应的非线性叠加，形成具有动态性、国际化、科学与技术紧密联系的强网络化、资源共享的平台创新生态系统，产生快速增长的集聚经济和创新产出。

8.3.3 颠覆式创新

基于平台的颠覆式创新是未来创新组织模式变化的重要方向。颠覆式创新指的是“通过创新一种新技术或构建一种新的商业模式，来提供更简单、更便宜、更便捷的产品或服务，以满足目标消费群体基本需求，开辟占领低端市场或新市场，破坏现有市场，逐步颠覆和取代现存主流市场的一类创新”（Li et al., 2018）。

平台型组织正在对各个行业领域实现颠覆。例如，以支付宝为代表的支付平台，颠覆了现金支付、银行卡/信用卡支付，对货币市场基金、小额信贷造成很大冲击。网约车平台颠覆了传统出租车的运行模式，并且创造了专车、拼车等新型出行形态。最为典型的就是苹果公司，其颠覆了数字音乐、手机、平板电脑等若干产业，特别是智能手机的发明，不仅颠覆了手机产业，同时为其他很多颠覆式平台提供了可能性。苹果的行业地位源于其平台发展模式的极致运用，苹果通过成功探索一套平台发展模式，实现了从单边的企业向双边的产业平台的转型，实现了从终端产品制造商向移动服务提供商的转型，营造出复杂、健壮、威力无边的平台生态系统。

更为重要的是，平台型组织能够有效协调渐进式创新和颠覆式创新之间的关系，从而形成长期竞争优势。渐进式创新代表了现有产品和商业概念的微小改进，而颠覆式创新代表了现有产品和概念的根本性变革。渐进式创新和颠覆式创新是两种差异化的活动，具有不同的文化和价值取向。渐进式创新与颠覆式创新作为组织的两种基本活动，既在一个组织内部同时存在并且具有相互依赖的关系，又在目标、能力、组织、文化等各个方面存在很大的差异，二者甚至存在相互冲突之处。在传统范式下，如果以渐进式创新为主导，颠覆式创新必定受到影响。如果以颠覆式创新为主导，渐进式创新可能难有大的作为。一般组织难以同时驾驭渐进式创新和颠覆式创新两种活动，但是平台型组织能够同时开发这两种创新并保持均衡，既保持高水平的渐进式创新，同时能够最大化地实现颠覆式创新，并促使二者之间有效平衡形成正反馈，以维持长期竞争优势。

第9章 共创共赢——平台型组织价值创造

2008年全球金融危机以来，世界经济始终未能走出低迷的泥潭，但是以平台经济为代表的新经济却实现了逆势增长。新冠病毒感染肺炎疫情同样对经济发展造成巨大冲击，但在此期间，平台型组织却迎来了爆发式增长浪潮。平台型组织的增长速度往往超越一般组织的增长速度，究其原因在于平台型组织改变了传统的价值观朝向，从“单打独斗”的价值创造方式走向生态系统价值创造。现代产业竞争的焦点已经从企业的竞争转向生态系统间的竞争，平台与生态系统成员之间已经成为命运共同体。

平台型组织的价值创造方式由价值共创、收益共享、生态共赢3个有机关联的部分构成。一是价值共创机制，平台型组织所提供的一整套服务是任何单一个体无法独立完成的，需要若干用户、服务提供商等共同参与专业化分工与合作，这是一个共同价值创造的过程，并非平台型组织一己之力能够完成的事情。平台型组织作出价值共创的承诺，发出共创共享的主张，与利益相关者共同创造价值。二是收益共享机制，即根据参与者的贡献，按照一定的分成机制，与利益相关者共同分享收益，确立收益结构。收益共享机制是共创共享的重要前提条件，只有做好收益共享的平台才能持续运行。三是生态共赢机制，平台型组织与利益相关者达成各自期望，与利益相关者共同分享收益，是共创共享的重要激励。通过价值共创、收益共享、生态共赢的过程，环环相扣形成价值生态创造的闭环，驱动集体行动，使得无组织的群体行为也能产生巨大的组织能量。

9.1 价值共创

价值共创是平台型组织共创共赢的源点。平台型组织提出引人注目的价值主张，通过价值创造手段、激励与保障机制的调整，实现从客户价值创造到生态系统价值创造的跃迁，最大化整个平台生态系统的价值，建立平台型组织与平台生态系统成员之间命运共同体的关系。价值共创是价值主张、价值传递和价值实现的过程（杨学成和涂科，2017），平台型组织通过价值共创，实现了价值创造主体与价值创造渠道的拓展。

9.1.1 价值共创主张

传统企业组织以竞争为基础，基于线性管道模式，着眼于为终端用户创造最大的价值，是一种价值独创的方式。所谓价值独创，是指组织自身整合资金、人力资本等各种资源，创建组织机构或团队，对整个项目及其相关环节进行一体化经营并获取收益。传统公司的价值来自专业化，通过对知识产权和商业秘密进行严格的保护，不断提高其在行业领域的竞争能力，价值来自为一块有限的“蛋糕”而进行的竞争，是以竞争为基础的。传统公司的价值创造与资产所有权相互挂钩，存在产权、协议、合同等法律约束关系。价值独创强调项目封闭性、资产独占性、运营垄断性、链条一体化、收益独享性，实现个体利益最大化。

面对外部环境的迅速变化、消费者的多样化与市场需求的快速变化，组织仅凭自身的力量已经难以满足，一整套的平台型组织服务是任何单一个体难以独立完成的，必须充分利用外部环境中的资源和能力，集成互补性强的资源和能力，促进这些资源和能力的相互关联和相互促进，若干家平台型组织服务提供商共同参与专业化分工与合作，价值共创是入驻平台型组织的服务提供商共同的利益追求。当前，产业竞争的焦点，已经从企业与企业之间的竞争，转向生态系统与生态系统之间的竞争，生态系统的发展是一个开放共赢的过程，生态系统主要成员之间有着“共同的命运”（shared fate）。

平台型组织是以合作为基础的价值共创，在循环的、双向的、反馈的过程中最大化整个生态系统的价值。平台型组织价值创造的重点不是对各类资源的占有和控制，相反，平台型组织以优化客户价值为引导，利用公司的价值和知识产权跨越边界，集结全球的资源，吸引互补资源共同创造价值，共同把“蛋糕”做大，是以合作为基础。所谓价值共创，则是指平台型组织将各组成部分分别交由不同的经营主体，由他们组织相应资源进行运营，并获取相应收益。价值共创则强调项目开放性、资产分散性、运营竞合性、运营成果共享性，实现整体利益最大化。表9-1比较了价值独创与价值共创的特征。

表9-1　价值独创与价值共创比较分析

比较项目	价值独创	价值共创
经营对象	平台型组织本身	平台型组织及外部主体
运营参与主体	独家经营	多方共同参与
提供的产品	功能性产品	为各参与方提供合作的服务
经营模式	垄断性、一体化	多方共同参与经营

续表

比较项目	价值独创	价值共创
运营资源渠道	主要来自企业内部	更多来自企业外部
运营特性	封闭性	开放式
运营风险	较小	较大
运营模式层级	较为简单、较低级的业务模式	较为复杂、更高级的业务模式
需要具备的基本条件及要求	业务活动之间要具有相关性、整体性；一体化运营要具有成本节约性和收益增长性	业务活动的相对独立性；内外界面相对清晰；质量标准体系相对健全；制度相对完善
战略支撑体系	企业一体化发展战略	平台运营战略
收益性	受投资收益率的约束	服务性收入，具有高收益性
未来发展性	受资产规模的约束	具备无限扩张性，实现开放性成长

平台型组织代表了一种新的创新支撑和价值创造形式（张小宁和赵剑波，2015），完全不同于传统的资源一体化控制概念，通过有效合作，获得成本、时间、效率、柔性等，从战略高度和整体角度思考和满足最终用户需求。平台型组织价值创造成功与否不仅在于其本身的成功与否，还在于是否能够被广泛地接受和利用，为平台生态系统成员创造大量的、多样的发展机会，产生共通问题的解决方案。平台型组织运营是否成功，不仅仅取决于自身的发展状态，还取决于整个平台生态系统的发展状况。平台型组织需要“眼界向外”，着眼于外部主体的发展，形成价值共创的发展思路，实现原本一家企业或者少数几家企业价值独创难以完成的业务，或者根本难以想到的业务。平台型组织不仅拓展了价值创造的能力和市场，也拓展了价值创造的边界范围。

平台型组织的价值共创机制是平台持续创新力和竞争力的重要源泉。如果苹果只是独立的硬件制造商，随着微软、亚马逊、谷歌等纷纷涉足硬件生产，苹果可能很容易被竞争对手超越，但苹果积极塑造的商业生态系统的力量却是无比强大难以超越的。例如，微软推出 Windows Phone 最大的苦恼就是应用程序太过缺乏，而这并非微软一己之力短期之内就能解决。企业在制定战略时不应仅仅从自身出发，而应当顾及合作伙伴以及整个商业生态系统的健康发展。

9.1.2 价值共创主体

平台型组织通过价值共创，拓展价值创造主体，实现跨行业、跨组织、跨区域价值创造。平台型组织的价值仅凭自身的资源和能力无法实现，需要与利益相关者实现共同的价值创造，价值创造主体发生转变。平台型组织不仅与平台生态系统核心利益相关者共创价值，也与平台生态系统的非核心利益相关者共创价值。

不同类型的利益相关者对平台生态系统的发展演化具有差异化的贡献，根据贡献程度，可以将利益相关者分为关键利益相关者、非关键利益相关者和边缘利益相关者。值得指出的是，利益相关者在平台生态系统的生态位势并非一成不变的，而是具有相对性、动态性和层次性，会随着贡献程度和平台生态系统特征的变化而变化。

平台型组织自身是最为关键的利益相关者，与平台生态系统是“一损俱损，一荣俱荣”的关系，决定了平台生态系统的发展潜力。无论是生产领域、消费领域还是其他领域，作为平台生态系统的基石，平台型组织的第一要义是创造价值，为所有参与者提供共同的基础设施和规则/协议，除非平台能找到有效创造价值的途径，否则就难以吸引参与者加入到平台发展之中或者难以留住这些成员。

补足产品和服务提供商，包括基础设施提供、网络业务运营、数据资源供给的各类企业，其在平台型组织载体与媒介功能的基础上，主动参与平台型组织的价值创造过程。通过多方联动各类价值创造主体，汇聚各类产品和服务要素，连接各类服务能力和关系，实现资源、能力与关系的协同，相互促进实现价值共创。价值共创需要通过一系列的机制来实现，对于平台与补足产品和服务提供商的价值关系，可以通过设计契约、制定政策等手段建立公平的奖惩制度，充分调动补足产品和服务提供商的积极性，促进他们发挥专业化能力实现差异化发展，为平台成长壮大贡献所需要的各类互补资产。

与传统经济形态形成鲜明反差的是，在平台经济、分享经济发展过程之中，用户成为最为关键的价值和竞争优势的真正来源。用户不仅仅是产品或者服务的消费者，用户本身的规模以及其所带来的网络效应也具有重大的价值，是一种可升值的资产。双边用户群体是平台的关键资源，一方面，用户通过需求意向和交易信息影响厂商和开发者决策，促进创新；另一方面，用户通过体验服务和互动参与，向平台反馈创意、知识和技能，从而实现共同创造价值。双边用户群体立足于平台型组织的基础，作为平台生态系统绝大部分价值的创造者，使得单位成本共享资产的价值随着用户群体的增加而不断提升。

9.1.3 价值共创重心

平台型组织拓展价值创造渠道，改变传统的价值创造方式，价值创造重心发生位移。相对传统组织形式而言，平台型组织的价值创造方式比较多元，价值创造模式发生改变。平台型组织的主导产品与服务以及目标客户用户群体未必给企业带来收入。例如，腾讯公司的核心产品 QQ 和微信、奇虎 360 公司的杀毒软件并不收费，绝大多数 QQ、微信、360 杀毒的用户也不给腾讯和奇虎 360 公司交费。平台型组织不再是通过买卖产品或服务来赚取差价，而是能通过若干增值服务，发现更加多样化的价值创造方式，使得传统难以实现的价值创造方式变为现实。借此，平台型组织得以避免传统价值创造模式的残酷“红海”竞争，开辟物流、金融、质量管理等新的“蓝海”，拓展新的价值创造来源，展现出较高的增长潜力。

物质资源成本、人力资源成本、物流成本压缩空间已经十分有限，平台型组织致力于开辟“第四利润源”，发掘“第四利润源”的广阔空间，挖掘利润的“蓝海”。“第一利润源泉”主要来自物质资源领域，即通过扩大生产规模降低生产成本。“第二利润源泉”主要来自人力管理领域，即提高劳动生产率降低生产成本。“第三利润源泉”主要来自物流领域，即提高物流效率降低生产成本（吴海民和王建军，2013）。“第四利润源”则主要来自交易领域，即通过降低交易成本的途径实现利润最大化。“第一利润源”、“第二利润源”和“第三利润源”的来源直接而显著，“第四利润源”的来源则间接而内隐，利润来源的重点正在从“第一利润源”、“第二利润源”和“第三利润源”向“第四利润源”转移。例如，亚马逊早期的收入主要来自产品销售的差价，但现在的亚马逊已经形成了由产品销售与服务销售构成的多种收入结构。产品销售收入包括商品零售收入和相关运费，以及数字内容产品销售收入；服务销售收入包括来自第三方卖家支付的费用（佣金及其他服务费用）和相关的运费、数字内容的订阅收入以及非零售活动的收入。

9.2 收益共享

价值共创与收益共享如同一个硬币的两面，仅仅创造价值是不够的，平台生态系统得以持续健康运转，必须使得所创造的价值为平台生态系统所有参与者共同分享。价值共创与收益共享融合了利己和利他两种行为，在充分保证用户群体利益的约束下，实现平台利益最大化，最终实现多方共赢的结局。

9.2.1 收益共享动因

人类的共享行为源远流长，但是早期共享行为的范围小、类型少，基于熟人关系和有限地域空间。但基于平台型组织的收益共享，则可以更为快速集结闲散资源，精确发现个性化需求，快速匹配供需双方，低成本联系起来，超越空间限制。根据国家信息中心发布的《中国共享经济发展报告（2020）》，2019 年我国共享经济市场交易额约为 32 828 亿元，参与共享经济活动的人数超过 8 亿人，其中参与提供服务者人数约为 7800 万人。共享是机理，平台是本质。平台促进了整个社会的共享意识，共享经济大行其道。事实上，平台与生态系统成员之间共享的不仅仅是有形的东西，更多的是共享共同的命运，实现多方的共赢。平台更好地满足了人们固有的共享需求，使得“不求拥有，但求所用”切实可行。

平台型组织与平台生态系统成员之间的收益共享是提高参与主体积极性创造性的重要手段。如果平台只创造价值但不能使价值有效地传递与共享，或者平台索取的价值远远超过其创造的价值的时候，可能平台在短期能够获得高额利润，但是长期来看这样的平台最终将会被抛弃。平台型组织要吸引外部主体加入平台生态系统，建立起平台型组织与服务提供商之间、平台型组织客户之间，以及服务提供商与客户之间的信任机制，需要提供丰富、透明、有吸引力的收益分享机制，真正实现价值共创与收益共享。同时，要完善平台生态系统参与伙伴对平台型组织的反哺机制，实现平台生态系统的自我更新和良性增长。

9.2.2　收益共享机制

平台型组织与参与主体按照契约原则，采取制度化和公开化的方式，明确各自权利与责任，并将平台生态系统的整体收益与各个参与主体的收益紧密捆绑，形成收益共享的格局。忠诚的生态系统成员是平台最有价值的资源，平台型组织应将生态系统成员当作朋友，建立能与生态系统成员共同获利的结构，平衡生态系统的发展及平台的利润。通过收益共享可以增强平台以及用户群体之间的沟通与交流，降低信息不对称带来的负面影响，将平台和商业生态系统成员之间的利益紧密地联系在一起，增强彼此间的依赖，这有助于实现商业生态系统成员相互间的信任，形成有利于平台发展的社会资本，促进长期的协同发展。

平台必须设计出以收益分成与合理付费甚至免费使用为重点的收益共享机制，成员之间需要以各自贡献的资源或能力为基础，以协商或契约的形式分享合作利益。表 9-2 展示了若干平台型组织收取的服务费用。在平台生态系统实际收益共享过程之中，容易出现共享体制约束、跨区域共享约束和人员共享约束等多重约束，制约了平台型组织收益共享的作用。苹果公司的收益共享机制为平台型组织提供有了有效借鉴。苹果 2001 年开发出 iPod；2003 年开发出 iTunes Store 朝向平台转化，设计了分成机制；2008 年开发出 App Store 全面转型平台发展。为了鼓励更多、更好的内容服务商为苹果提供内容，苹果在 iTunes Store 中与音乐版权商建立了有效的收益分成机制，乔布斯希望通过 iTunes Store 实现“音乐公司能赢，艺术家能赢，苹果也能赢，而用户也会有所收获，因为他们既能享受到更好的服务，又不必偷窃”的结局；为了鼓励应用程序开发商针对苹果 iOS 平台开发特定的程序，苹果建立起了充满吸引力的利润分成机制，与应用开发商建立了三七开分成机制，每一个 App 销售利润的 70% 归开发者所有，而其他 30% 以及广告收入则归苹果所有。对应用开发商而言，价值创造的越多，所能获得的收益也越多。App Store 对所有的应用开发商，每月支付一次销售收入，但不收信用卡费、软件挂靠费和市场营销费。对免费应用免收发行费用，这些优惠的服务措施无疑进一步鼓励应用开发商集结到 App Store 平台进行交易。

表 9-2　平台型组织收取的服务费用

平台型组织	类型	服务费用
亚马逊（Amazon）	零售电子商务平台	计算机设备的 6%
eBay	零售电子商务平台	印刷品的 2% 书籍的 12%
全球速卖通（AliExpress）	零售电子商务平台	鞋类的 5% 服饰的 8%
缤客网（Booking. com）	旅行电子商务平台	10% ~25%
iTunes Store	音视频电子商务平台	30%
优步（Uber）	互联网约租车平台	25%
爱彼迎（Airbnb）	民宿短租平台	3%

资料来源：联合国贸易和发展会议发布的《2019 年数字经济报告》

平台型组织需要破除地域和身份限制，以贡献度作为依据对平台生态系统成员进行充分的收益共享。企业或者非企业主体对平台生态系统的贡献可以从以下几个方面来衡量。

一是企业或者非企业主体的规模。平台生态系统的形成需要在较快时间内达到临界规模，吸引更多的平台供给方和需求方的入驻和参与，增强供需双方的网络匹配性，以激励双边或者多边的网络效应。

二是企业或非企业主体的信誉度。平台生态系统的信用体系建立在参与成员的信誉度基础之上，有赖于参与主体的信誉表现，需要对信誉度高、履约率高、满意度高的主体共享更多的收益，而对信誉度不高甚至失信的主体共享较少的收益，甚至不共享任何收益。

三是企业或非企业主体对平台生态系统标准推广的贡献。平台生态系统的有机运作建立在一整套规则体系基础之上，平台生态系统拓展的过程即规则体系成为所有参与主体共同遵循的规则体系的过程，平台型组织提供信息共享和组件共享并激励需求方采用，各参与方在资源和能力上形成互补。对磨合调整良好、发挥典范榜样作用的企业或非企业主体可以考虑共享更多的收益。

四是企业或非企业主体的创新表现。平台型组织作为“半成品”，需要不断更新各个平台模块上的服务水平和服务内容，平台生态系统的生机活力有赖于外部参与主体的创新表现，在平台标准框架上创造性地开辟全新的增值服务，开发创新解决方案，通过衍生突变产生全新的衍生平台或模块。对创新企业和领先用户可以考虑共享更多的收益。

五是企业或非企业主体对平台生态系统多样性的贡献度。平台生态系统是一种无边界的组织，需要有机跨越传统组织的边界，不断增强平台生态系统的多样性，从而提高平台生态系统的稳定性。对有利于丰富平台生态系统体制类型、规模类型、模式类型、资源类型的企业或非企业主体应共享更多的收益。

9.3 生态共赢

平台型组织是以平台生态系统的形式存在与运行的，成功的平台型组织都能够打造生成充满活力的平台生态系统，而那些失败的平台型组织往往是由于未能打造生成有活力的平台生态系统（Jacobides et al.，2018）。

9.3.1 生态共赢过程

Moore（1993）从生物生态学的角度出发，首次提出“商业生态系统”（business ecosystems）的概念。所谓商业生态系统，是以组织和个人的相互作用为基础的经济联合体。商业生态系统主体之间就像捕食者和猎物一样，存在相互共生、相互联系、相互制约、共同演化的关系。一个商业生态系统，与生物系统一样，由一系列元素的随机组合逐渐演化为一个结构化的社区。商业生态系统集结了原始资本、消费者、人才以及创新元素，正如种子起源于对阳光、水分和土壤养分的吸收。

共赢是平台生态系统的核心，也是平台生态系统存续繁荣的关键（扬西蒂，2006）。平台生态系统强调了平台型组织及各外部主体之间的有机集聚性、动态演化性、自组织生长性以及多样性和适应性等特征，从而不断迭代演化，促进优势新物种的成长。平台型组织的发展需要适应平台时代的组织管理特征，努力建设复杂、健壮、可持续的平台生态系统，在目标市场、生态系统、合作、技术、创新、营销等各个方面采取不同于传统方式的“心智模型”，促进平台生态系统的不断更新和演化。例如，苹果公司是跨越个人电脑、消费类电子产品、信息产业和通信产业四个不同产业的生态系统的平台领导者。苹果的生态系统由一个延展的网络组成，包括像摩托罗拉和索尼这样的供应商以及大量不同细分市场的消费者。2008 年，苹果公司发布 App Store 时仅有 500 款应用，十年之后，App Store 应用数量达到数百万，用户超过 10 亿，向开发者分成超 1000 亿美元，构筑起一个牢不可破的平台生态系统。后来者即便能够开发出与苹果 iOS 媲美的操作系统，也几乎不可能形成如此庞大、复杂、有序的生态系统。

9.3.2 生态共赢表征

平台生态系统不是物理有形的一个形态，如何刻画和衡量平台生态系统的状况是一个难题。平台是以平台生态系统为最终形态的，因此平台发展的成效衡量不仅需要考虑平台自身的绩效，更需要将整个平台生态系统的发展状况纳入其中。平台型组织发展成功与否需要通过平台生态系统的发展状况来衡量，可以从以下 4 个方面来表征。

生态共赢的重要表征之一是“生产率”，一般以全要素生产率、投资回报率和创新的实现来衡量，主要考虑的是投资收入回报，不仅仅包括平台本身的回报，也包括其他利益相关者的回报，以及创新成果在生态系统中的扩散状况。除了关注收入指标以外，还需要关注交易量/用户规模、利润和市场、份额、参与人数/活跃用户数量、消费者满意度、用户参与率、多属程度、杀手应用、合作伙伴获取的生态系统收入份额等其他方面的生产率情况。

生态共赢的重要表征之二是“健壮性”，即系统抵抗各种干扰和破坏的韧性，可以根据平台生态系统中参与者数量的多少来判定，当平台生态系统中的参与者越来越多，意味着平台生态系统的健壮性越强。平台补足品或服务类型多少、平台用户参与程度、补足品或服务与产业平台的耦合强度、补足品或服务的可扩展性与创新性等都会影响平台生态系统的复杂度与健壮性，而后者又反过来影响平台的发展程度（Kapoor and Agarwal，2017）。

生态共赢的重要表征之三是“利基市场的创造能力”，即能否不断创造更多的细分市场，增加补足产品和服务提供商的多样性。大多数的企业都不会成为平台领导，而是作为补足产品或服务的提供商对接到平台上来，通过专业化和差异化的能力，利用平台所提供的关键资源来提供服务。依托平台型组织，形成平台生态系统，与用户直接对接互动，为产品、平台和整个业务的演化提供持续的、丰富的反馈意见，让创新创业自然而然生发出来。

生态共赢的重要表征之四是“风险的应对能力”，风险是指以某种概率造成影响的当前或未来的不确定变量因素，风险具有不确定性，是一种可能的、潜在的危险。当今世界面临百年未有之大变局，不稳定不确定因素增加，“黑天鹅”“灰犀牛”事件频发，各种风险因素呈叠加爆发态势。平台生态系统面临的主要风险包括技术风险、市场风险与组织风险。平台型组织在风险辨识、风险评估、风险管理的基础上，找出存在的不确定性风险因素，确定其中对结果有影响的重要风险，判断风险发生的概率以及风险造成的影响，从而实现平台生态系统风险的分担，降低平台生态系统参与成员的风险，达到减小风险发生的概率或降低风险造成影响的目的。平台生态系统作为一个整体，更加能够抵抗风险冲击，通过风险共担机制，将风险带来的影响降至最低。

第 10 章　殊途同归——平台型组织演化路径

产业组织的“结构-行为-绩效”（structure-conduct-performance，SCP）范式是分析产业组织的基础理论，不同产业组织的差异性主要体现在其结构、行为与绩效的差别上。从静态过程来看，所有成功的平台型组织的最终形态都具有一定的相似性，都致力于培育并维持牢固、稳定、有生命力的平台生态系统。从动态过程来看，平台型组织发起、构建、维护、发展平台生态系统的路径并不一致，存在多元化的演化路径。平台型组织演化机制见图 10-1。

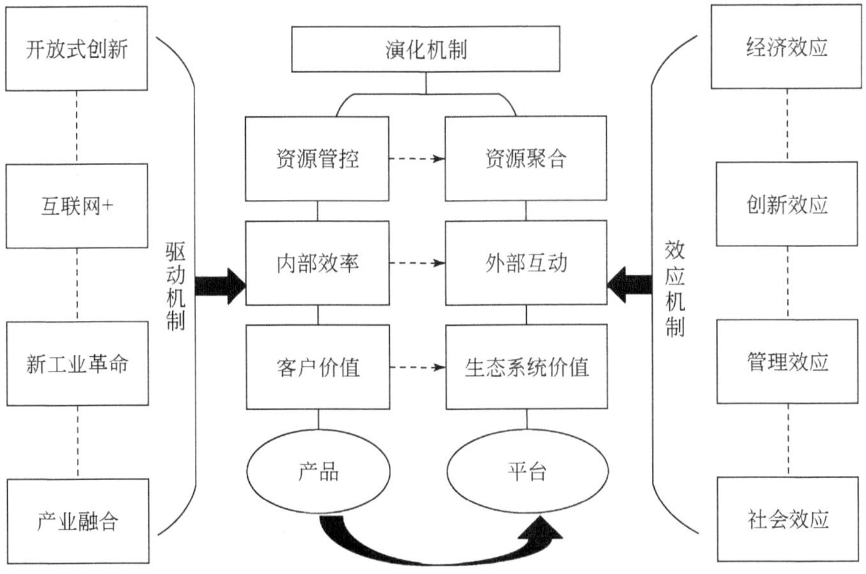

图 10-1　平台型组织演化机制

根据平台型组织在萌芽、发展、成熟、转型等生命周期不同阶段的发展特征，可以将平台型组织的成长路径区分为渐演平台化、天生平台化、转型平台化、复合平台化四种基本路径。

路径 1 是渐演平台化路径，有的平台型组织并非一开始就呈现出平台型组织的形态，而是随着技术的演进成熟，逐步演化成平台型组织的形态，如早期的计算机，中期的手机，以及新兴的智能网联汽车等，即属于渐演平台化路径。

路径 2 是天生平台化路径，有的平台型组织在平台萌芽之初就具备平台型组织的原始形态，随着平台发展，其规模和影响力逐步增加，但组织运行的基本逻辑未变，如电商平台、社交网络平台等数字平台，即属于天生平台化路径。

路径 3 是转型平台化路径，有的平台型组织在行业领域已经发展成为成功的企业组织，再通过开放边界，主动采用平台型组织的运营模式，改变原来的组织运行基本逻辑，探索新的价值创造方式，如垂直电商的京东商城转变成多边市场平台电商的京东，以及高德地图逐步转型为互联网位置服务生态平台等，即属于转型平台化路径。

路径 4 是复合平台化路径，有的平台型组织基于自身或者相关平台的用户基础与技术基础，横向包络进入新的产业领域，形成平台互动“飞轮效应”。特别是一些超级平台都走复合平台化的发展道路。例如，世界上最大的 7 家平台，美国的微软、亚马逊、苹果、谷歌、脸书，以及中国的阿里巴巴、腾讯，即属于复合平台化路径。平台型组织可能通过渐演平台化、天生平台化、转型平台化、复合平台化四种不同路径产生，通过打破组织边界，聚合资源要素，激活全社会创新能力，实现成果共享，建立平台生态系统等关键运行机制，最终实现指数级发展。

10.1 渐演平台化路径

所谓渐演平台化路径，指的是随着技术成熟度的逐步提升，平台型组织的产品和服务逐步标准化、规范化、模块化，渐进式演变为平台生态系统的过程。当前人类社会运行和世界经济发展已经建立在高度复杂的技术生态之上，如芯片就有几十个大类，上千种小类。技术的形态存在多个不同的层次，应从技术的“颗粒度”出发，根据技术颗粒度的不同层级、不同大小去思考、分析和解决问题，避免从极不相同的粒度上观察和分析同一问题。Tushman 和 Rosenkopf（1992）将技术的生命周期分为四个阶段，第一个阶段是技术不连续期，出现不同于原有技术的创新型技术，或者具有优于原有技术的成本、绩效、质量特点；第二个阶段是酝酿期，技术与市场具有高度的不确定性，技术轨道尚未成形，新技术的不同轨道之间、新技术与原有技术轨道之间处于激烈竞争状态；第三个阶段是主导设计期，某一种技术轨道在激烈的市场竞争中占据优势，技术和市场的不确定性显著降低；第四个阶段是渐进式创新期，主要技术难题基本得到解决，产品功能基本得到确定，进入渐进式发展应用时期。随着技术颗粒度由细变粗，内部属性、外部属性以及情景属性发生改变。技术体系呈现出从单一技术、复合技术、会聚技术到技术生态的演化过程，可以概括为“点—线—面—体”的演化递进模式。按照“点—线—面—体”的分析框架，并结合技术生命周期理论，可以将渐演平台化的过程分为“技术断点—技术轨道—技术平台—技术生态”四个阶段。

10.1.1 技术断点

“点”即技术的单点突破，往往是在技术的某一个环节、某一项性能指标上有所改进，是非连续的技术跃迁。技术在某一点上的突破性进展可能带动、诱发、辐射出整体突破。1712 年纽科门发明蒸汽机后，动力织机（1785 年）、蒸汽汽车（1796 年）、工业车床（1799 年）、蒸汽火车（1804 年）等才相继出现。技术断点意味着技术轨道的非连续变迁，当技术断点出现的时候才会给后发者带来赶超的机会窗口（Cennamo，2018）。在个人计算机时代，Wintel 联盟难以撼动，用户黏性十足、路径依赖固化、生态壁垒牢固。当手机作为新的计算终端出现的时候，移动操作系统出现了新的参与者，最终诺基亚公司的 Symbian OS、微软公司的 Windows Phone 操作系统都已经偃旗息鼓，谷歌公司的 Android 和苹果公司的 iOS 操作系统则占据了垄断地位。当前，新的计算终端正在浮现，如随着传统汽车向着智能网联汽车的方向快速演进，汽车将成为体量最大、速度最快、价格最高的新型计算终端。除了汽车之外，随着万物互联速度的加快，互联范围从信息互联、人人互联，走向物物互联、人机互联，工业互联网平台、物联网平台、人工智能平台正快速发展，许多原来不是计算终端的产品、设备正在变为基于物联网的计算终端，新型操作系统生成的机会窗口浮现出来。GE 推出 Predix 平台，西门子推出 MindSphere 平台，力图实现人、机、数据之间的互联，在工业企业数字化转型过程中占有先机。谷歌推出 Tensor Flow 人工智能平台，搭建用于机器智能的开源软件库，让开发者、企业站在巨人的肩膀上，高效地搭建起自己的模型。

在渐演平台化的技术断点阶段，首要步骤是“核心化”，即解决系统类产品的主要技术问题，同时也要改变原有的商业模式。并不是所有技术都能成为平台，平台型组织必须为平台生态成员提供标准化的解决方案与技术，解决系统类产品的主要技术问题，在整个系统中承担至少一项必不可少的功能，或者为行业中的众多参与者解决至少一个关键性的难题。平台型组织应该鼓励外部企业自发生产更具价值的产品或服务，创建并维持对互补商的激励，形成一种群体创新的氛围。开放是有限度的，“开放，但不完全开放”，即鼓励外部企业以容易的、很低的价格与其进行连接，但是仍然封闭部分专利技术，以获取利润。谷歌、高通、易安信都是成功核心化的典范。这样的核心平台技术具有广泛适应性，标准化程度高但是多样性不足，能够为平台生态系统创造最高价值（库斯玛诺，2013）。

10.1.2 技术轨道

“线”即技术的横向拉通，若干“点”上的技术突破经过扩散、组合、融通，形成始于科学发现，接着是研究与开发、工程与生产活动，最终是新产品或工艺的市场化的技术链。从“点”的突破到“线”的联通，实际上是主导技术的确立过程。在技术的导入期，多种技术路线相互竞争，技术主导路线的选择具有不确定性。主导技术和主导商业模式在技术和市场的不断反馈过程中通过反复迭代的市场选择形成（罗森伯格，2004）。

在渐演平台化的“技术轨道”阶段，关键步骤是“步步为营”，指的是系统一旦达到初始状态就迅速普及并超越竞争对手的趋势，以及间接网络效应存在导致的市场集中度的提高。为了加快技术轨道的确立，平台型组织要着重做好以下三个方面的工作：①与外部补足品开发商形成友好关系，通过培育市场来赢得平台战争（Gawer and Cusumano，2008）。平台领导需要权衡与外部参与者的竞争与合作程度。广度比深度更重要，一个强大的平台需要面对更多的产品，并不仅仅是目前存在的部分。当然，发现利基市场的时候也要快速行动，当平台企业进入补充品市场的时候，从前的补充生产商就变成了竞争对手。例如，微软在看到浏览器的强大吸引力的时候，就毫不犹豫地与网景这一补足品生产商进行竞争。②平台领导者要研发出吸引客户眼球的“杀手级应用”。例如，苹果公司推出了iPhone这一“杀手级应用”，并借此实现了单边企业向多边企业的转型。③不断吸收并融合邻近市场的技术特性。在平台竞争中，平台需要提供给互补商的激励要多于竞争对手，团结竞争者结成战略联盟，通过定价设定或补贴机制来吸引平台用户。

10.1.3 技术平台

“面”即技术的平台化，通过多领域、多学科、多专业技术的高度集成，形成通用的技术架构，建立以不断开发产品作为目标和方向的知识和技术活动系统（路风，2018），为外部主体创建互补产品、服务和技术而赋能。

在渐演平台化的“技术平台”阶段，关键步骤是“基石联通”。平台的演化过程本质是产业分工深化和价值创造再分工的结果。计算机产业典型展现了渐演平台化的整个过程。美国国际商业机器公司最早开发计算机，生产IBM/360内部平台，随后逐步开放接口，形成大量相互兼容的产品系列。随着将操作系统架构开放，微软Windows与英特尔公司的芯片联合控制产业标准的个人计算机系统平台形成，大量软件开发商和内容提供商在其基础上开发软件和内容，逐步演化成为互联网平台生态系统，带动互联网产业和互联网经济的蓬勃发展。汽车产业、机器人产业、无人机产业都在走计算机产业曾经走过的相似“道路”。

从汽车百年发展史来看，平台始终是汽车企业占领行业制高点的关键。在传统汽车生产链条之中，大众 MQB 平台，宝马 UKL 前驱平台，雷诺日产 CMF 平台，标致雪铁龙的 EMP2 平台等作为传统汽车的重要平台，通过将多款不同车型的基础架构、零部件接口等统一化、标准化和模块化，可以降低成本衍生出不同尺寸、不同车身的多款车型。传统汽车平台仍然属于产品平台的范畴，主要供单个或者少数几个车企内部使用，平台的扩散范围十分有限。

随着汽车产业进入电动、智能、网联时代，传统的汽车产品平台已经难以满足需求，更大范围的汽车产业平台诞生并快速发展。电动汽车平台是指从电动汽车的自身产品特点出发，构建的电动汽车设计方法、制造设备、生产工艺以及电池、电机、电控等核心零部件及质量控制的一整套体系（赵世佳等，2019）。大众汽车集团开发电动汽车平台 MEB（modular electric baukasten），奥迪-保时捷联手打造电动汽车平台 PPE（premium platform electric），奔驰研发电动汽车平台 EVA（electric vehicle architecture），比亚迪推出 e 平台，推动电动汽车的零部件、接口、技术的标准化开发，充分发挥技术平台节约开发成本、分摊制造和采购成本、产品衍生能力强、新品开发时间短、质量更易保障、生态系统稳固等优势（赵福全等，2017）。

汽车公司通过开放专利策略加速构建技术平台。电动智能网联汽车具有技术密集的特征，高度依赖技术创新及技术进步，相关技术成熟度较低，需要系统性突破。与研发相比，商业化所需资金数量更大，回报更加难以确定，风险甚至超过研发。汽车与新型基础设施紧密相连，要求通信、标准、电能等设施的重造，已经超出任何一家汽车公司的势力范围，要求所有利益相关者携手共进。发明专利的有效期一般为 20 年，如果不能在 20 年内将专利相关技术产业化，那么专利将失去应有的价值。因此，汽车公司掀起开放专利浪潮。2014 年，特斯拉宣布开放电动汽车相关技术专利；2015 年，丰田公司宣布无偿提供五千多项燃料电池相关的技术专利的使用权；2019 年，丰田宣布开放 2 万多项专利。通过开放专利、技术共享，吸引更多的行业参与者和利益相关者加入平台，加速汽车平台化的进程和步伐，快速形成平台生态系统。

10.1.4 技术生态

“体”即技术的生态化，生态的形成是建立在“面”即平台的基础上的，生态不是“一棵大树”，而是“一片森林”，如同热带雨林一样，经过一个长期演化的过程而逐步成形（黄和霍洛维茨，2015）。技术生态要求科学基础的深度、技术融合的广度和市场应用的浓度，是产业体系、服务体系、价值体系和创新体系的复合生态。在渐演平台化的“技术生态”阶段，变化主要体现在以下几个方面。

一是在价值创造上，价值创造的重点从制造转向服务，制造利润比例逐步降低，服务逐步成为主要的利润来源。平台型组织在解决产业共性关键技术的同时，必须实现快速行业扩散，这是从平台型组织到平台生态系统跃迁的关键一步。可扩展性是能够实现平台发展的前提，如果某项技术、产品或者服务不具备可扩展性，那么最多只是促进利基市场的发展，难以带动外部参与者的加入。

二是在核心技术上，核心技术形成相对成熟可控的体系，固化成为行业的事实标准和安装模块，并通过接口对供应链成员开放。平台企业掌握了底层技术和核心数据，成为带动整个产业生态创新发展的“领头羊”。从产品到平台，是实现快速行业扩散，主导技术和产业生态趋于成熟，抢占行业竞争制高点的关键（Zhu and Furr，2016）。华为公司发布鸿蒙操作系统（Harmony OS），但是开发操作系统这个平台殊为不易，建成生态系统更是难上加难。操作系统的技术生态涉及多类主体，包括软件开发者、芯片企业、终端企业、运营商、用户等，操作系统的生态有赖于全球分布的创新主体的共同参与，绝非一朝一夕之功。

三是在参与主体上，参与主体从少量成员扩展到大量成员，用户作为参与成员的重要性显著增加。平台生态系统的创建运营需要多方参与，只有多方参与，其才能称为平台。构成复杂产品的成千上万个零部件可能由分布在全球产业链上不同节点的企业协作完成，围绕某个主导平台，大量的开发者、上下游产业链和用户参与其中，多元角色高密度、高浓度、高频度的互动协同。建立平台的根本目的，就是要在“共同参与，合作创价”的运营理念下集结社会各种资源，增强其创价能力和盈利水平。平台型组织突破了组织边界的束缚，形成价值共创、风险共担、收益共享的关系，造成事实上的垄断和锁定效应。

四是在价值环节上，从价值链串联式走向平台并联式，在不同价值环节涌现出多个平台型组织，有的平台型组织能够横跨多个价值环节。在汽车产业、机器人产业、无人机产业发展的早期，参与主体较少，技术门槛较高，价格比较昂贵，主导企业发挥着协调产业发展的功能。随着产品相互依赖程度降低，部件技术增长率均衡，各方面形成了推动平台生态系统加速形成的合力。电动化正颠覆传统汽车产业的分工模式和组织形态，智能网联汽车正成为新的平台生态系统。波士顿动力公司致力于打造通用用途的平台，构建由第三方伙伴、客户共同组成的生态圈，不断满足定制化需求。大疆无人机占据全球无人机市场90%的份额，正通过开放 SDK 平台，建设航拍爱好者交流社区，逐步形成平台生态系统。

10.2 天生平台化路径

所谓天生平台化，指的是企业在创立之日起，定位在双边市场，采取平台化的组织运营模式。根据平台发展过程的动态系统特点和平台生态系统的生命周期，平台生态系统的天生平台化路径可以划分为存活阶段、引爆阶段和成熟阶段 3 个阶段（Muzellec et al.，2015），一般需要跨越存活点、引爆点两个关键点。每一阶段的主要矛盾、用户规模、资金需求、网络效应等方面各有不同。那些成功跨越了临界点的平台得以进入新的发展阶段，而那些未能成功跨越临界点的平台则被淘汰。随着平台由存活到引爆，由引爆到成熟，平台生态系统逐步成形。

10.2.1 存活阶段

显然，在平台型组织诞生和发挥作用之前，双边互动的需求就一直客观存在，“天生”具有平台生态系统的雏形，而非人为设计创造出新的平台需求关系。例如，在优步等诞生之前，出租车司机和乘客都有着相互寻找的需求，在爱彼迎（Airbnb）诞生之前，房东与旅行者的相互寻找需求也是客观存在的。双边需求用户规模庞大，具有广泛的用户群体，是不可抵消的高频需求，且难以被其他需求所替代。但在平台产生之前，由于缺乏平台型组织的媒介功能，双边难以直接发生交互，或者搜寻成本、谈判成本、执行成本、交易成本等交互成本过高而不具有经济性。双边需求一直处于隐形过程之中，缺乏稳定的互动连接，效率比较低，资源浪费比较严重。

平台型组织通过有意识的顶层设计，采用物理实体或者网络虚拟的方式将隐性的关系显性化，将两组或多组客户捆绑在一起，协调不同客户群体的需求，进行资源匹配、重组、互补和协作，建立基于平台型组织的新型需求关系。平台型组织发挥“经济触媒”（economic catalyst）功能，为双边互动提供必要的条件，建立起沟通交流的连接渠道，减少搜寻工作，促进匹配，使两组经济主体更易相互交换价值，帮助双边之间形成持续连接，促进双边之间的互动和交易，激活双边之间的网络效应，增强相互之间的黏性，形成范围经济与网络经济效应的叠加。在显性化基础之上，通过规模化、业务化、数字化，并利用互联网、移动互联网、物联网等方式，通过提供完备的基础设施，以及统筹规划与精心实施，形成平台型组织的基本形态。例如，阿里巴巴在初创期，构建第三方支付、阿里旺旺、信用评分等平台规则和工具，满足用户与商家的需求，为后续快速成长奠定了平台框架基础。例如，Wintel 的操作系统平台解决了程序开发中的共性问题，提供了一系列的开发工具。在推出淘宝之前，线上交易面临信任缺失等诸多关键难题。在推出优步之前，打车难一直是大城市的顽疾。这些平台的推出解决了产业发展的痛点，满足了行业的共性需求。

在天生平台化的存活阶段，平台型组织启动初期遭遇的头等难题就是双边市场“鸡和蛋”的问题。如果一边没有足够多的参与者，那么另外一边参与的也会很少，反之亦然。如果没有大量的平台设施基础和标准基础，平台型组织就很难吸引服务商的进入，使该平台服务品种多样，具有市场竞争力。与此同时，如果没有大量各类服务商的参与，平台型组织也很难独立建立一个大型的平台设施和标准基础。由于在存活阶段平台型组织的用户规模较小，资金需求较小，网络效应还未充分激发，因此该阶段主要矛盾是识别平台社区，建立平台架构，形成用户基础，解决“鸡生蛋与蛋生鸡”难题。

平台型组织需要至少保证两类群体的同时参与，使得他们都出现在平台上，解决平台和这些经济主体群组的协调问题。平台型组织可以采取多种策略来充分激活网络效应，必须要有足够的数量才有可能使经济主体找到有价值的匹配，深度不够或流动性不足的市场将难以自我维持。在天生平台化的存活阶段，平台型组织能否在最短时间内，以最快速度达到临界规模，是其能否顺利渡过存活阶段的关键。

10.2.2 引爆阶段

顺利渡过存活阶段之后，平台型组织就进入了引爆阶段。平台型组织需要采取次序进入、前期大规模投资进入、同时进入、自营等不同模式召集双边用户（Evans and Schmalensee，2007）。在引爆阶段，主要矛盾是吸引大规模用户进入，激活网络效应，形成路径锁定，尽快达到临界规模（埃文斯，2016）。

一是次序进入方式。在双边不存在正向间接网络效应的情况下，平台型组织可以采取先吸引一边参与者加入，然后再吸引另一边参与者加入的策略。从定价上来说，当平台双边用户群体需求的相互依存性是不对称的，也就是某一边的用户群体要比另一边的用户群体更加重视对方，平台可以向更加重视对方的那一边收取高价，同时向另一边收取低价甚至提供补贴。如果平台向一边群体收取较低的价格能够提高另一边群体的需求，而另一边群体的需求提高能够给平台带来正利润率，那么就可以采用倾斜的价格结构，这种定价策略也被称为分治（divide and conquer）策略。

二是市场某一边的投资进入。在某些情况下，一边的客户需要大量的投资才能进入平台。通过对市场某一边的投资，或在开始时就能提供市场的一边或双边，以降低该边消费者的成本（Hagiu and Spulber，2013）。很多互联网公司都通过设计并提供开发工具包，帮助应用软件开发商编写基于其操作系统的应用软件，以使这些开发者们工作起来更加方便。例如，苹果为开发人员提供了操作系统和底层代码库，YouTube 为内容创造者提供了托管基础设施，维基百科给作家提供了合作撰写文章的工具。

三是同时进入。有的平台需要双边市场主体同时进入才能提供价值。在此情况下，最简单的方法是平台利用既有的来自其他商业网络的消费者关系，来提高网络初始参与者的数量。平台可以通过合并与收购、许可和形成战略联盟等方式解决市场两边任意一边没有充足参与者的问题。

四是大客户进入。平台可以吸引有影响、有威望的大客户进入，接着另外一边的客户就会被吸引进入。所谓大客户，可能是购买金额特别大的买家，如政府采购，也可能是一些备受瞩目的供应商，如大型购物中心里的主力商店（Anchor Store）。平台提供者如果能够得到大客户不加入竞争对手网络的承诺，成为它们的独家平台服务商，那么就能加速这个平台的增长。购物中心采用的就是这一典型策略，通过引入大的品牌来吸引其他客户的进入。平台也可以吸引双边的、有影响力的、有名望的大客户进入。

五是自营战略。平台通过少量的参与者开始启动，并在此基础上，吸引更多的参与者加入，这个过程也是平台不断扩散的过程。由于存在间接网络效应，每一个参与者的加入都会使平台变得更加有价值。平台可以在最初的时候将自己作为一边的参与者，必要的时候可以自制一些内容展现平台的吸引力。软件、网站和移动服务平台自身都提供一些内容。例如，微软 XBOX360 开发游戏 Halo，微软 Windows 操作系统自带 IE 浏览器等，通过自身的资源带动外部的资源投入，YouTube 在最初的时候自己生产了大量的视频资源。

10.2.3 成熟阶段

顺利渡过引爆阶段之后，天生平台化就进入了成熟阶段。成熟阶段的主要矛盾是保持平台发展预期的稳定性，增加平台的凝聚力，实现平台的深度扩展和广度延伸。在成熟阶段，需要根据间接网络效应、规模经济性、平台转换成本、平台差异化程度、平台用户多属程度等不同因素的排列组合，分类制定相应的发展策略。这些因素的不同组合导致了垄断市场结构的差异性，形成了 3 种不同的情景。

当间接网络效应、规模经济性、平台转换成本、平台差异化程度、平台用户多属程度等多种因素同时出现的时候，垄断性平台型组织就会出现。例如，桌面操作系统、移动操作系统领域，间接网络效应、规模经济性、平台转换成本、平台差异化程度相对较高，平台用户多属程度相对较低，在这些要素的共同作用下，涌现出来的 Windows-Intel 平台生态系统，以及 ARM-Android 平台生态系统都表现出很强的垄断效应。在即时通信软件领域，腾讯推出的微信率先形成了用户规模，同边网络效应的存在，导致微信能够在与阿里巴巴推出的“来往”以及网易推出的“易信”的竞争过程中快速胜出。成熟的行业通常由少数几个大型平台主宰，在某些极端情形下，甚至可能只有一家平台最终胜出，这也是平台发展梦寐以求的格局。

当间接网络效应、规模经济性、平台转换成本、平台差异化程度、平台用户多属程度等多种因素的某几个因素起作用，而非全部因素起作用的时候，平台生态系统的垄断效应就会降低，呈现出少数几个平台型组织的寡头垄断格局。例如，在出行平台等典型领域涌现出来首汽约车、神州专车等多个出行平台。在此情景下，平台市场会出现分化发展格局。一方面，平台可以选择特定的质量水平来将用户彼此实现纵向分化，如平台可以将用户分为高端用户、中产用户和低端用户，并提供相应的产品和服务。用户会根据不同的偏好来选择高质量或低质量的平台实现横向分化。例如，用户可以将平台分为高端平台、中端平台和低端平台，并享受相应的产品和服务。

当间接网络效应、规模经济性、平台转换成本、平台差异化程度、平台用户多属程度等多种因素都不具备的时候，稳固的平台生态系统则很难建立起。在此情景下，平台型组织的进一步增长潜力来源于群体互动的深度与广度。一方面，平台型组织可以在深度上扩展。相关群体参与平台的深度指的是群体利用平台的数量、频率与价值含量。相关群体参与平台的数量越大表明平台的利用率越高，频率越高意味着平台被相同群体利用的次数越多，价值含量越高意味着相关群体通过平台发生联系与互动的程度越强，平台每次被利用时所创造的价值越大。另一方面，平台型组织可以在广度上延伸。相关群体参与平台的广度是指平台补足者类型多少。平台补足者类型越多，平台相关群体参与的广度越广，平台的范围经济效应越大。

10.3 转型平台化路径

平台化已经成为组织变革的大方向大趋势，大量传统企业组织竞相由封闭走向开放，改变传统的价值创造方式，加速向平台型组织转型。苹果公司的实践历程充分展示了平台化的巨大成就，苹果推出 iTunes 初步搭建平台化运营的框架雏形，尝到平台化发展的甜头，之后推出 iPhone 并搭载应用商店（App Store）标志着平台化运营的体系正式形成，在单边基础上成功转型为双边的平台企业。转型平台化已经成为潮流。亚马逊通过逐步开放其他商家的入驻成为平台，垂直电商的京东商城转型成多边市场平台电商的京东，王府井百货等由以往的出售百货赚差价转变成出租空间得租金，物美推出多点 Dmall 平台开启线上线下融合（O2O）模式，都是主动转型而出现的产业平台。

由于传统企业组织与平台型组织在资源的稀缺性、活动的自增强性、组织架构以及组织文化等方面的差别，组织转型过程并非一帆风顺，转型过程之中通常面临双元悖论。一是，两种活动为争夺组织有限的资源而展开竞争。组织的内部资源，包括人力、物力和财力等有形资源以及时间和精力等无形资源，在一定时期是有限的。组织资源的有限性意味着对某一种活动投入过多的资源，就必然要减少投入另一种活动的资源，从而给组织带来发展的难题。二是，两种活动都具有自增强性和路径依赖性，两者之间的平衡受自增强趋势的干扰。由于这两种活动沿着不同的路径发展，某一种活动发展壮大之后，会将更多的资源投入此类活动之中，从而导致组织发展的不均衡性增加。三是，两种活动所需的组织架构和思维方式不同，组织很难同时兼顾这两种活动。有的活动要求鼓励创新，需要有机组织架构与广泛的授权，以激发员工的积极性；而有的活动追求效率，需要采用机械式、科层式组织构架，通过计划与控制机制来提高确定性。四是，两种活动需要的组织文化不同，从而导致两者在文化上的冲突。有的活动需要鼓励探索、承担风险、容忍失败的创新氛围与包容性强的组织文化，而有的活动则遵循严格的操作程序以获得确定的产出，并且偏好能带来确定性和专注当前业务的组织文化。

双元型组织理论与平台型组织战略具有很好的共融性，双元型组织理论能够为理解平台型组织发展战略提供新的视角（Wan et al., 2017）。双元性（ambidexterity）起源于拉丁语“Ambos”，原意是形容人双手皆灵巧的本领或状态，在组织研究之中，则用于描述组织所具有的既能适应渐进性创新又能适应突变性创新的特征。平台型组织通过机制设计和运行安排，采取结构双元、情景双元和领导双元等方式，能够协调渐进式创新和突破式创新的冲突和相应的资源争夺，形成会聚融合的新型创新发展态势。

10.3.1 结构双元

传统企业组织可以采取结构双元的方式推进转型平台化的步伐，从而实现以产品为中心向以平台为中心的转型，实现组织发展的多元化和专业化相互统一。

传统企业组织以产品或服务为中心，传统企业组织向平台型组织转型首先要实现从以产品为中心向以平台为中心的转型。表 10-1 比较了产品、服务与平台的基本属性。平台相对于产品和服务，具有强有力的长尾潜力、锁定潜力和网络效应潜力，收入流长远，竞争市场利润率较高。

表 10-1　产品、服务与平台的市场潜力比较

属性	产品	服务	平台
规模经济潜力	较高	较低	很高
用户定制化	有限潜力	广泛潜力	广泛潜力
市场	分割	分割	细分
长尾潜力	较低	较高	很高
锁定潜力	较低	较高	很高
网络效应潜力	较低	较高	很高
收入模型	一次性	收入流	收入流
竞争市场利润率	较低	较高	很高

资料来源：作者根据 Tiwana（2014）翻译整理

一个有吸引力的平台，不会在一夜之间形成。产品和平台并非非此即彼的关系，产品是平台最为基础的核心部分，很多有竞争力的平台型组织都是从好的产品开始起步的。2007 年 5 月，脸书增长很快，当脸书对第三方应用开发商开放时，它的增长速度急剧加速。6 个月之内，增加了 7000 个新的脸书应用程序。一年后，脸书的应用程序变为 33 000 个。苹果公司的 iPhone 也采用同样的模式。苹果在 2007 年 6 月推出 iPhone，附带的应用程序都是苹果公司自己开发的。在 2008 年夏天，苹果推出 App Store，一个月之内，苹果售出了 6000 万个应用。到目前为止，App Store 有超过 20 万个 iPhone 应用程序。在经历 14 亿美元的财务损失后，亚马逊从 2000 年开始将其网络零售系统向玩具反斗城、老海军开放。同昔日这些“竞争对手”一起合作，亚马逊收获了双赢的局面。2002 年 7 月，亚马逊推出了亚马逊网络服务作为其第二个平台。蚂蚁金服以支付宝这个具有 7 亿个年活跃用户的产品为基础，以信用体系、风控体系、运营服务体系等核心能力为轴，开拓了多个科技金融业务，实现了从支付工具向金融生态服务平台的转型。传统企业组织必须调整组织结构，基于平台组织各类资源，吸引更多的参与者融入价值创造过程中，实现更大程度的开放创新，实现从产品向平台的成功转型。

在结构双元方面，平台型组织的关键是实现专业性与多元性的融合。在任何一个复杂的商业环境中，很多生态系统会相互竞争生存和领导地位，而不仅仅是个别企业的竞争。平台型组织建立由专业化的机械结构和多元化的有机结构组成的双元结构，从而实现多元化和专业化的统一。其中，机械结构依赖标准化、集权化和层级制，以提高组织运营效率。有机结构依赖高度的分权和自治，以提高组织的柔性。在转型过程中，在平台型组织层面实现专业化，提供专业性的平台功能与服务。在平台生态系统层面实现多元化，提供丰富多样的平台生态系统功能与服务，需要与外部企业合作，把新的产品/服务向更广阔的市场推广，以占领更大的市场份额，一旦达到初始状态就迅速普及超越竞争对手，利用网络效应提高市场集中度（加威尔和库苏麦诺，2007）。通过空间分离的方式，有效地处理公司内部和外部利益冲突，隔离相互冲突的团队，匹配相异的文化、结构、战略和制度，减少对立元素间的相互干扰，确保资源的集中投入，以应对对立性组成元素提出的竞争性要求，从而有效管理当前需求和应对未来变化。

10.3.2 情景双元

传统企业组织可以采取情景双元的方式推进转型平台化的步伐。情景双元机制指的是平台型组织通过员工自身，将时间精力合理地分配到一致性和适应性的需求上，强调组织文化、团队的思维方式和组织成员的行为以及组织高层人员在情景营造中的作用，构建由纪律和张力、支持和信任融合的组织情景。

传统企业组织向平台型组织的转型并不容易，需要跳出传统的框架思路，建立基于支持和信任的组织情景。平台型组织提出引人注目的价值主张，赢得主要利益相关者的支持和信任。价值主张是指那部分能够为用户/客户创造价值并最终为组织带来显著价值的要素形态及其组合。新的价值主张必须使组织内外部利益相关者都普遍意识到，在平台上工作的价值要大于单独工作的价值。平台型组织需要明确用户/客户目标，赢得用户/客户的信任。与传统企业组织的生产导向、流程导向不同，平台型组织是用户和客户导向，平台型组织的最终目标是提高消费者价值，把满足用户和客户的需求永远摆在第一位。

在转型过程之中，平台型组织需要善于培育更广阔的平台生态系统，建立基于张力和纪律的组织情景。平台型组织不断扩大平台生态系统的张力，增强平台生态系统的纪律，提升平台的包容性和健康度。例如，腾讯开放平台始终强调，要拿出“半条命”去中心化，使得与合作伙伴共建的新生态正从“一棵大树”成长为“一片森林”。在转型过程之中，需要重新认识和定义与外部参与主体甚至是竞争对手的关系。平台生态系统的健康发展需要吸引众多相关群体的共同参与，并使之形成相互联结的社会网络的要素，让创新创业自然而然生发出来。

10.3.3 领导双元

传统企业组织可以采取领导双元的方式推进转型平台化的步伐。所谓领导双元机制，指的是平台型组织高层管理者或者高层管理团队通过内部流程行为整合，达到探索和利用、内部和外部、领域时序之间的微妙平衡，实现从传统企业组织向平台型组织的属性转变和价值转变。

一是通过领导双元机制，实现探索和利用之间的微妙平衡。平台战略涉及不同方法和思路之间的相互妥协，有的方法侧重探索，有的侧重利用，平台领导基于广泛的决策参与、充分的信息交换和积极的合作行为，付诸实践进行战略和结构调整，驱动平台型组织的智能演化，实现探索与利用之间的有机平衡。

二是通过领导双元机制，实现内部资源和外部资源之间微妙的平衡。在平台生态系统之中，主体是相互依赖的，资源在很大程度上是共享的，平台型组织通过激活平台生态系统中其他主体拥有的外部资源和功能，不仅限于内部资源，还可能包括外部资源，从而为生态系统层面上的竞争力提供保障。平台型组织需要处理封闭平台和开放平台之间的权衡，开放平台可以确保第三方的参与和贡献，封闭平台可以保护平台所有者对内部资源的开发。

三是通过领导双元机制，实现多个领域之间的微妙平衡。平台生态系统超越了产业领域的概念范畴，往往覆盖多个产业领域。平台型组织可以选择领域分离，在有的领域进行探索，在有的领域进行利用，从而在探索新的市场机会和在现有市场中开发资源之间保持成功的平衡。

四是通过领导双元机制，实现时序之间的微妙平衡。在平台诞生之初，平台型组织一般需要补贴平台的单边主体或者双边主体来启动平台。当平台的安装基础到达临界规模的时候，平台型组织可以针对单边主体或者双边主体收费来获得收入。

五是通过领导双元机制，实现强连接与弱连接之间的微妙平衡。在去中心化之后，还会有平台存在。为什么？平台是去中心化之后出现的新的中心。一般而言，以强连接为主的组织执行力相对较强，创新力相对较弱。以弱连接为主的组织，执行力相对较弱，创新力相对较强。在一般的组织形态之中，强连接和弱连接是互斥的关系，强连接与弱连接难以共存，难以实现强连接与弱连接的统一。表 10-2 展示了平台时代的管理组织特征。平台型组织是一种“半中心化”的组织模式，是网络体系中的结构洞，具备更加强大的双元整合能力，可以实现强连接和弱连接的统一性，从而实现执行力和创新力的复合，更加具备创新效率和竞争能力。

表 10-2　平台时代的管理组织特征

属性	前平台时代	平台时代
目标市场	以业务为中心；资产主要是雇员的设备	以业务和客户为中心； 资产包括任何地方、任何人使用的各种设备
生态系统	静态的；基本上由近距离的分销商和战略合作伙伴组成	充满生机的、鲁棒的、动态的； 由个人开发者和小的合作伙伴组成； 合作关系和社区快速地形成、变化和结束
合作	“我们要么并购你，要么灭掉你”；蛋糕是固定的；以竞争为基础	“我们希望同你一同工作”； 共同把蛋糕做大；以合作为基础
技术	大多数是封闭的，专利独占的，有时候通过昂贵的授权获得	大多数是开源的，独占的较少； 大多数以免费开发套件和应用程序接口出现
创新	从上至下；内部开发或者并购；通常很缓慢	从下至上；外部的或者合作开发的； 要快很多
营销	集中的、单个企业的、僵硬的协调和控制	共同营销，合作伙伴共同的运动； 更加独立、有机和分权的

资料来源：作者根据 Simon（2011）翻译整理

传统企业组织向平台型组织转型成功与否，取决于最终能否实现属性转变和价值转变，建立完全不同于传统企业组织的差异化管理制度和心智模式。一是属性转变，从纯企业组织，向具有企业-市场双元性的组织转型，既具有企业属性，又具有市场属性（陈永伟，2018）。二是价值转变，传统企业组织转型前遵循价值链理论，获取的是交换价值，转型后遵循平台理论，获取的是平台价值，开创价值“蓝海”空间。

10.4　复合平台化路径

所谓复合平台化路径，指的是平台型组织以用户基础或技术基础为“轴心”带动平台型组织跨界融通发展，横向“包络”进入新的领域，并实现“飞轮”转动收获平台效应带来的价值。复合平台化路径需要大量的资源、能力作为基础，在某种程度上是超级平台的“专利”，也是超级平台能够保持高水平持续增长的“密码”。

10.4.1　“轴心”带动

传统企业组织一般聚焦于一个或者少数几个行业领域，基于资金联系、品牌联系、文化联系来实施多元化战略。与之形成鲜明对照的是，大量平台型组织跨界进入多个看似毫不相关的行业领域，经典的产业组织理论和战略管理理论难以解释平台型组织的多元化跨界行为。表 10-3 显示了谷歌、脸书、亚马逊、苹果、微软等超级平台的领域扩张态势。

表 10-3 超级平台的领域扩张

名称	基础领域	扩张领域
谷歌	搜索引擎/广告	媒体：YouTube、谷歌播放器； 移动软硬件：安卓操作系统、Nexus 手机； 物联网：智能汽车； 量子计算
脸书	社交网络/广告	媒体：Instagram、WhatsApp； 区块链：Libra
亚马逊	零售	媒体：亚马逊出版； 移动软硬件：Kindle 阅读器； 云计算：AWS
苹果	消费电子	媒体：iTunes Store； 移动软硬件：iPhone，iPad，iPod，iWatch，iOS operating system，Safari browser； 云计算：iCloud； 物联网：健康设备、智能汽车
微软	计算机软件	媒体：XBOX 游戏； 移动软硬件：Skype，Surface，Windows Phone； 社交网络：LinkedIn

平台型组织利用共同的新型基础设施与用户基础提供多平台服务，凭借庞大的用户数量和精确的用户数据，跨界进入原本关联不大的市场。平台型组织通过用户、数据、支付、技术等各类功能实现互补性，根据不同的场景进行适应性调整，为用户创造价值并获取竞争优势，广泛渗透到所有行业之中（张小宁，2014）。

传统企业组织与平台型组织表面上看都会跨界多元化，但其实质却有本质的区别。对平台型组织而言，多元化只是“冰山一角”的表象，隐藏在多元化之后的“冰山底座”是其强大的“轴心”能力。复合平台化的关键一步在于“轴心”带动。这里的“轴心”包含任何能够代表平台型组织核心能力的要件，如用户、技术、数据、算法等。复合平台化是平台型组织核心能力的延展过程，将能被多个产业共享的特性“传导”到多种最终产品或服务上，迅速有效地转移到新的行业和功能中（罗仲伟等，2014）。平台型组织以用户端为起点，发掘出用户多个侧面的需求。利用庞大的用户基础，围绕用户体验提升，盘活用户、数据、支付、技术等核心资源及基于资源的开发和服务能力，最终不断提高平台型组织的价值天花板。

美团从 2010 年开始，快速进入多个不同的行业类型，目前已经布局到店、电影、餐饮外卖、酒店、旅游、网约车、共享单车等多个品类。美团并不具备诸多行业传统意义上的资源和技术能力资产，但却在短时间改变了多个行业的既有竞争格局。例如，2013 年生活服务平台“美团外卖”进入外卖市场时，更早进入的平台“饿了么”已经积累了大量用户并获得市场认可，对“美团外卖”形成不小的进入壁垒。然而，“美团外卖”凭借早期美团网的团购业务积累了大量用户资源和评价口碑，因此进入外卖业务后，美团能够继续利用团购业务的用户基础，充分发挥其善于打通 O2O 业务，撮合高频生活场景交易，精准运营海量中小微客户/用户的核心能力。当前，美团涵盖餐饮、外卖、打车、共享单车、酒店旅游、电影、休闲娱乐等 200 多个品类。随着美团技术能力的提升，美团开发即时配送系统，通过大数据处理和计算，对世界深度感知，正确理解和准确预测，完成调度系统、定价系统、规划系统的复杂决策。基于其强大的即时配送能力，美团能够提升配送效率，降低配送成本，提升用户体验，并且形成效率、成本、体验的正向循环。美团开放“美团配送”配送服务平台，为医药、商超、果蔬等提供即时配送服务，进一步拓宽了美团的核心能力服务边界（美团技术博客，2018）。

平台型组织基于数据、用户、支付、账户、技术的统一性，业务边界的泛在化，以核心能力实现泛在应用，建立、壮大并不断优化平台生态系统（Miguel and Casado，2016）。在此基础上，平台型组织利用正反馈机制，吸纳更多原本不属于此平台的用户，促进技术和市场的积累，不断自我循环强化，有利于其合理配置资源，摊薄成本风险，拓宽新的增长空间，成长为最能够创造价值的组织。

值得注意的是，只有将多个产业共享的特性“传导”到多种最终产品或服务上，才能构成生态系统。否则，就会出现跨界失败的案例。例如，乐视网从视频网站起家，先后向电视、手机、文娱、体育、金融、出行服务、汽车跨界，却未能实现不同产业的聚合，因为不同的产业之间缺乏有机的联系，缺乏生态内核“轴心”，难以持续运转。成功的复合平台化，有利于平台型组织解锁更大的用户规模，更充分地利用闲置资源，扩大市场势力范围，实现资源效用价值最大化。而不成功的复合平台化，则可能消耗大量财力物力，导致资金链紧张，分散核心资源能力，严重的可能将平台型组织拉入泥潭。因此，多元化战略不等同于生态系统战略，只有保持参与者的异质性、系统的开放性的多元化组织，才能形成富有活力的平台生态系统。

10.4.2 “包络”联动

“包络”联动是复合平台化的关键一步。平台型组织实现三次产业跨界融通的主要方式是平台包络（Eisenmann et al., 2011）。所谓包络，原本是数学的概念，指与平面中所有线条相切的曲线，后来在经济学相关研究中得到较为普遍的应用。平台型组织将众多的功能囊括到一个平台之上，并采取交叉补贴的方式，通过平台包络使得三次产业的边界变得非常模糊，实现平台业务的无限扩展。例如，苹果作为智能手机的先锋代表，至少包络了个人电脑、手机、照相机、平板、导航仪、音乐播放器、娱乐等产业，共同为用户提供服务，增强了提供的服务的丰富度和产品的黏着性。亚马逊则构建起了以阅读为核心，涵盖音乐、影视、电视在内的数字内容生态系统。淘宝成立之初以网上的电子交易为主，为了增强交易中的资金安全，阿里巴巴开发“支付宝”并由此跨界进入金融领域，之后其加强物流业务建设，并形成“菜鸟网络”。

传统企业组织一般采取纵向包络的方式扩张。纵向包络是以价值链为基础，朝着价值链的前向或者后向两端延伸。纵向包络是企业组织在行业或者领域内的价值链延展，因此对行业或者领域的其他参与者而言具有可预期性，难以实现颠覆式变革。区别于传统企业组织的纵向包络，平台型组织主要是以横向包络的形式联通。横向包络是以新型基础设施或者用户基础为根基，不局限于前向或者后向，而是立体式朝着所有方向延展，对行业或者领域的其他参与者而言，横向包络难以预见，具有不可预测性，往往出其不意颠覆一个行业或者改变一个领域的格局（蔡宁等，2015）。

平台型组织通过横向包络，在资源有限的条件下，以杠杆原理充分集结外界资源，以最低的投入实现价值最大化的战略管理，建立起了自身独特的竞争优势。一是降低运营成本，提高资产回报率。平台型组织采取“为我所用，不为我所有”的思路，利用较少的资金撬动更多的资源，避免大量基础设施和固定成本投入，以更低的获客成本进行业务拓展。二是集结社会资源，为企业提供快速扩张和跨越式发展的可能。平台型组织通过资源的集结，可以快速扩张，避免了固定资产建设等漫长的过程，从而较易实现指数级增长。三是降低组织经营风险，增强市场应变能力。平台型组织的应变能力得到增强，企业更具柔性，更能适应外部环境的变化。四是专注于核心业务，有利于提高企业的核心竞争力。平台型组织的核心竞争力是对价值网络进行管理和优化，这样的竞争力是稀缺的、不易复制的和较难替代的，在此基础上不断提升服务的专业化、精细化水平，这些核心竞争力就是企业的基因。

10.4.3 “飞轮”转动

“飞轮”转动是复合平台化成功与否的试金石。随着平台之间竞争的激烈化，平台型组织相互嵌套协作更加普遍。超级平台的复合嵌套现象屡见不鲜。例如，谷歌由谷歌搜索、视频网站 YouTube 等平台复合嵌套。脸书由其自身和 WhatsApp、Facebook Messenger 和 Instagram 等平台复合嵌套。腾讯由微信、QQ 和 Qzone 等平台复合嵌套，同时，微信平台又嵌套了美团等。亚马逊由电子商务零售商、云计算 AWS 等平台复合嵌套。苹果由 iOS、App Store 等平台复合嵌套，是跨越个人电脑、消费类电子产品、信息产业和通信产业四个不同产业的平台生态系统的领导者（方兴东和严峰，2019）。支付宝平台则嵌套了哈啰出行、高德打车、饿了么外卖等。平台之间的相互复合嵌套超越了单一平台市场的优势，通过积极寻求市场机会建立新的平台，加强与现有平台的相互补充，复合众多其他平台的资源，实现了比单一平台更活跃的用户规模与更快的用户增长。

通过复合平台化，超级平台能够实现“老树发新芽”，充分融合与利用已有基础领域的优势基础，不断扩展到新的领域，产生新的增长点。例如，腾讯的 QQ、微信平台主要发挥的是连接功能，起着连接双边市场平台的作用。但是随着资源能力的集聚和提升，腾讯开始重视开放能力，重视载体功能的发挥，通过云计算等开放能力，发挥着产业平台的功能。微信公众号、小程序的开发，都是为了激发外部主体围绕腾讯平台进行开发。平台与平台之间的对接会产生多种资源的相互流动，充分利用组织内外部的资源和能力，并通过功能相关以及用户共享实现互补性，相互关联、相互作用、共同依赖和协同生产，构建充满活力的平台生态系统。

超级平台通过多平台互动产生的“飞轮效应”，是超级平台区别于一般平台的关键所在，是助力超级平台超越增长的极限，在高水平上实现高增长的法宝。亚马逊目前是全球市值最高的公司，也是全球市值最高的平台型组织，这建立在其多个平台嵌套，轮动的平台互动格局基础之上（Zhu and Liu，2018）。亚马逊以图书电子商务起家，主要是通过互联网买卖图书。在图书电子商务的用户基础上，亚马逊扩展电子商务品类，销售其他多种品类的商品。亚马逊通过多年深耕图书市场，发现了电子书行业的发展机遇，推出 Kindle 阅读器，并重构了与传统出版社、读者之间的关系，形成了电子书的平台，构建了媒介型的双边市场平台，实现供应商规模、产品多样性、客户规模之间的正向循环，建立了“飞轮效应”的第一个平台。通过多年的积累，亚马逊积累了庞大的会员体系，尤其是在业界率先推出亚马逊金牌会员（Amazon Prime），积累了一批忠诚度高的高质量会员队伍，具备了“轴心”带动的用户基础，开放第三方市场，吸引了一大批卖家，建立了“飞轮效应”的第二个平台。亚马逊庞大的用户市场对计算业务的可靠性有了很高要求，亚马逊打造核心计算能力，并逐步将内部业务外部化，构建了载体型的 AWS 云计算基础设施平台，并对外提供基础设施即服务（Infrastructure as a Service，IaaS）、平台即服务（Platform as a Service，PaaS）和软件即服务（Software as a Service，SaaS），建立了“飞轮效应”的第三个平台。一些后来的独角兽企业，当时的初创型企业，如 Dropbox、Airbnb 都曾经利用亚马逊的 AWS 服务加快了创新成长的速度。两个平台之间形成平台互动的“飞轮效应”，从而驱动“飞轮”加速转动。对比亚马逊和我国当当网的发展路径，可以更为清晰地判断出有“飞轮效应”与没有“飞轮效应”、“飞轮效应”强与“飞轮效应”弱的区别。平台型组织相互复合，不仅存在于单一平台的升级，还有不同类型平台的相互复合叠加，通过接口与另一个平台对接，形成更为复杂的平台结构。

第11章 多元共治——平台型组织治理体系

推进治理体系和治理能力现代化是新时代国家现代化建设的重要内容。平台型组织的发展，产生新的产业组织方式、商业模式和经济形态，催生新技术、新业态、新模式，势必会对传统技术业态和模式产生冲击，甚至会完全颠覆传统产业发展、商业模式和治理体系。平台生态系统的存在要求采取平台治理体系而非管理体系，超越一般管理走向现代治理（李广乾和陶涛，2018）。

在以平台型组织为核心的平台生态系统中，参与主体众多、资源类型多样、利益诉求多元、行业边界模糊，传统的行政管理或者公司治理方式通常难以有效实施，治理效能较低。传统行政管理、企业组织治理、单边市场的治理范式难以直接移植到针对平台型组织和平台生态系统的治理实践之中。平台生态系统具有参与主体多边性、用户需求联合性和网络效应交叉性，作为平台型组织的利益相关者，政府、上下游企业、广大用户必须联手应对新特点、新规律、新趋势、新问题。

中央财经委员会第九次会议指出，“要健全完善规则制度，加快健全平台经济法律法规，及时弥补规则空白和漏洞，加强数据产权制度建设，强化平台企业数据安全责任。要提升监管能力和水平，优化监管框架，实现事前事中事后全链条监管，充实反垄断监管力量，增强监管权威性，金融活动要全部纳入金融监管。要推动平台经济为高质量发展和高品质生活服务，加速用工业互联网平台改造提升传统产业、发展先进制造业，支持消费领域平台企业挖掘市场潜力，增加优质产品和服务供给。要加强平台各市场主体权益保护，督促平台企业承担商品质量、食品安全保障等责任，维护好用户数据权益及隐私权，明确平台企业劳动保护责任。要加强关键核心技术攻关，支持和引导平台企业加大研发投入，加强基础研究，夯实底层技术根基，扶持中小科技企业创新。要加强网络基础设施建设”。平台型组织的有效治理需要实现主体协同，按照推进治理体系和治理能力现代化的要求，加快治理体系变革，由单个主体的治理决策向基于多个主体的治理体系和治理网络转变，建立起适应平台型组织发展的新型治理体系。

11.1 治理困境

平台型组织不是面临单一治理困境，而是面临多重治理困境。平台型组织既面临市场失灵的困境，也面临政府失灵和组织失灵的困境，单独依靠市场、政府或组织自身，都难以走出平台型组织所面临的治理困境。

11.1.1 市场失灵

市场作为“看不见的手”，是经济生活调节，资源合理配置的基础手段，在市场经济发展过程中起到决定性作用。市场运行并非完美无缺的，市场失灵现象时有发生。所谓市场失灵，是指市场难以自发有效调节到有序状态。在平台型组织成长和平台生态系统发展过程之中，市场失灵的现象较为普遍。市场失灵容易导致垄断、过度竞争、负外部性、信息不对称、数据安全等问题，不利于平台经济健康发展。

平台型组织为了提高用户规模、激发网络效应，有可能采取一些非理性行为，干扰正常的市场秩序。表 11-1 展示了平台型组织典型的市场失灵情况。例如，在电子商务平台、共享出行平台、外卖平台、搜索引擎平台、直播平台等平台型组织的发展过程之中都出现诸多“乱象”。一些平台型组织对双边用户的资质审核不严，有意降低双边用户的进入门槛，甚至虚假造出大量“僵尸”用户，招引很多专职“薅羊毛”的用户，这些商业舞弊行为，短期来看可能营造出平台生态系统欣欣向荣的景象，但长期来看，未能实质性提升用户规模，缺乏可持续竞争能力。

表 11-1 平台型组织典型的市场失灵情况

平台	行为
电子商务平台	刷单炒信、假冒伪劣、虚假宣传、职业差评
共享出行平台	恶性竞争、司机资质审查不严、乘客安全
外卖平台	餐饮卫生
搜索引擎平台	竞价排名、虚假信息
直播平台	主播资质审查不严、直播内容审查不严

新型的平台型组织有可能改变传统的市场结构，从而对既有市场体系产生冲击，引起市场震荡。例如，网约车的出现，改变了传统出租车的行业形态、市场结构以及劳动关系，直接挑战传统出租车公司和出租车司机的利益。爱彼迎等房

屋共享平台挑战传统宾馆的运行模式。在既有行业形态、市场结构以及劳动关系破除之后，新型行业形态、市场结构以及劳动关系建立之前，中间可能存在较为漫长的一段过渡时间，往往出现市场失灵的状态。平台比传统的产品或服务公司所面临的监管挑战要高得多。如何合理设定市场准入门槛，提高监管水平，是一个新的难题。

11.1.2　政府失灵

平台型组织是近几年涌现出来的新事物，新的产业组织方式、商业模式和经济形态层出不穷，催生新技术、新业态、新模式，如何支持、监管平台型组织的发展尚无固有的规则可循。“市场之手”是基础性的、决定性的，“政府之手”同样也发挥着重要的作用。按照古典经济学的观点，当出现市场失灵的时候，应当发挥政府之手的调节作用。政府采取的属地管理、准入管理、行业监管、数量管制、价格管制、劳动保障等手段，建立在传统的技术路线、市场结构和商业模式基础之上，难以适用于平台型组织的发展特点，难以跟上平台型组织的快速变革，需要加快适应平台化变革特征的政策供给（马骏等，2018）。

一是属地管理的失灵。属地作为自然形成或人为规定的地理空间，是政府管理制度的管理边界，“谁主管，谁负责”是属地管理的基本原则。平台型组织跨区域发展成为普遍现象，不需要建立庞大的分支结构网络，依靠一个平台就可服务全国、服务全球。出行平台通过统一平台可同时在全国几百个城市开展业务，呈现出跨地域性的特征，若遵循传统的地域分割审批法意味着出行平台需经几百个城市交通运输管理机构逐个许可，这显然是低效的。平台型组织的注册地、用户的注册地、交易行为的发生地、货物发货地、实际负责人的居住地、服务器所在地可能隶属于不同行政辖区，这导致属地管理的责任难以明确。

二是行业管理的失灵。传统的政府管理建立在行业领域基础之上，不同的行业归属于不同的行业主管部门。行业主管部门通过注册、审批、特许经营、登记备案以及税收优惠、补贴、限价等手段对市场主体的经营范围进行规范、管制或者鼓励。然而，平台型组织由于其跨界属性，经常遭遇行业监管的尴尬。有的平台型组织利用互联网、人工智能等新一代信息技术，提供医疗、健康、保险、教育等服务，这些行业到底属于医疗、保险业还是信息服务业，是否需要具备传统对医疗、教育等资质以及条件等各类门槛的要求才能进行服务，是否适用于传统对医疗、教育、农业的补贴和优惠政策等。这些问题在行业领域边界明确的情况下都不存在，但在面对平台型组织的跨界属性前提下，就凸显出来。另外，由于平台型组织的跨界属性，平台型组织的业务往往涉及多个行业主管部门，部门分割提高了平台型组织的营商成本。

三是数量管制与价格管制的失灵。数量管制与价格管制是政府惯常采用的手段。在宏观层面，政府对牌照总数或者许可证数量进行管制。例如，中国人民银行发放网络支付牌照，交通运输部要求网约车平台公司须取得《网络预约出租汽车经营许可证》。在微观层面，政府对准入主体数量进行管制，如对城市户籍人口数量、私家车数量、出租车数量、共享单车数量等进行管制。然而，平台型组织的参与用户数量具有极大的不确定性，根据市场供需状况自发调整，充满弹性，多数经营主体为“兼职”，可能随时进入或退出，而非固定不变的。例如，城市出租车的数量是受到管制的，不管乘客需求是多是少，不管天气状况是好是坏，短期之内都不会改变城市出租车的供给规模。共享出行平台的出现，实现了出行服务的供给弹性，可以根据乘客需求的多少、天气状况的好坏，自发进行调节。传统的数量管制与价格管制手段，不利于市场灵活性的发挥。政府的最高限价、最低限价、规定价格变动幅度、规定按何种成本类型定价等方式，忽视了平台型组织，尤其是双边市场具有的直接或间接网络效应，可能制约双边市场的自发成长。

四是传统监管手段的失灵。传统监管手段建立在相对固定、静态发展的基础之上，监管主体及其行为都容易识别。平台型组织运用互联网、大数据、云计算、人工智能等新技术，日益集聚全社会的各类信息，与政策制定者和监管者存在巨大的信息不对称，有的违规行为形式更多、变化更快、手段更为隐蔽，监管部门容易陷入数据、信息不足以及对情景评估不足。平台型组织往往具有动态性，而监管部门基于传统手段往往需要较长周期才能完成对海量受众和巨大交易量的调研。平台型组织的用户规模庞大，几何级的用户数量增长给监管部门有限的人员编制、财政预算带来严重挑战。传统的政府监管方式、监管资源、监管能力难以跟上平台型组织层出不穷的创新。面对平台型组织复杂、多变、加速创新的结构，政策制定者和监管者面临信息不足与信息超载的两难局面。

应根据平台型组织的业务特点，探索建立适应新事物发展的监管规则，让新旧事物按照大致公平的规则开展同台竞技，在市场竞争中优胜劣汰。尤其是对那些跨界创新的平台型组织，要相应调整监管手段和办法，避免简单粗暴的监管手段和方法，为新事物的成长预留足够的成长空间。同时，善于利用互联网、大数据、人工智能等新技术，通过开放课题、网上招标、众筹资金等更为灵活多样的方式，实现更大范围集成联动，以及多类主体协同合作。

11.1.3 组织失灵

平台型组织起着承上启下的重要作用，是中观层面的组织。平台型组织对上连接宏观层面，国家、行业有关平台经济发展、平台生态系统建设的政策和策略都要求以平台型组织为主体来实施。平台型组织对下连接微观层面，用户有关平台基石的需求和体验都要求以平台型组织为主体来提供。市场有失灵的时候，政府有失灵的时候，同样，平台型组织自身也有组织失灵的时候。平台型组织在平台生态系统治理体系中扮演着不可或缺的职能，发挥着不可替代的作用。然而，由于平台生态系统的复杂性，平台型组织经常面临组织失灵的困境。

一是平台型组织与一般企业组织在治理责任上的差异性还不明确。平台型组织既具有一般企业组织的共同点，又有其发生发展的特殊性，不能完全等同于一般企业组织。平台型组织不仅要承担自身的责任，还需要承担平台生态系统参与者的连带责任。平台型组织在治理规则的制定、行为的监管中发挥着不可或缺的重要作用，是制定规则、执行规则的管理主体，具有公共性的属性，如果采取单边而非多边的机制，政府单边的治理手段难以落实。因此，应充分有效界定政府、平台型组织、用户等各类主体的责任边界，避免相互对峙情况的发生，走向相互协同的治理方式。

二是平台型组织控制能力的有限性。平台型组织的治理责任必须与其控制能力相匹配。由于平台生态系统用户众多、应用层级嵌套，平台型组织的治理范围超越组织内部的治理边界，超出内部可以提供的治理资源与能力，超出平台型组织产权控制能力的范围。平台型组织开展外部治理需要协调、联动、撬动大量的外部资源和用户。这对平台型组织的治理理念、治理能力都提出了严峻挑战。

11.2 治理结构

平台治理机制建立在传统市场治理机制与政府治理机制基础之上，既与市场治理机制和政府治理机制高度相关，又不完全等同于市场治理机制或政府治理机制，是一种全新的治理理念、治理模式和治理机制。平台型组织治理给组织治理体系的变革带来新的机遇与挑战，需要改变传统的治理体制、治理方式、治理模式和治理理念，朝向多中心、多主体治理框架的脉络逐步演进，从而彻底改变传统的治理主体、治理方法、治理组织、治理流程，带来整个治理框架体系的变革。

11.2.1 治理目标

平台型组织治理体系见图 11-1。平台生态系统是在多方利益相关者的共同参与下形成的，平台生态系统的治理目标应该兼顾多方目标，符合平台型组织、政府、市场等利益相关者共同的目标需求，达成平台型组织、政府、市场目标的最大公约数，实现整体目标的最大化。政府治理以社会福利最大化为目标，市场治理以消费者福利最大化为目标。平台治理应围绕平台生态系统的构建、运营、完善而展开，服从服务于平台生态系统的发展目标，处理好共创价值与治理成本之间的关系，提高平台生态系统的健康度，形成充满活力的平台生态系统，以平台生态系统利益最大化为根本目标（Huber et al.，2017）。

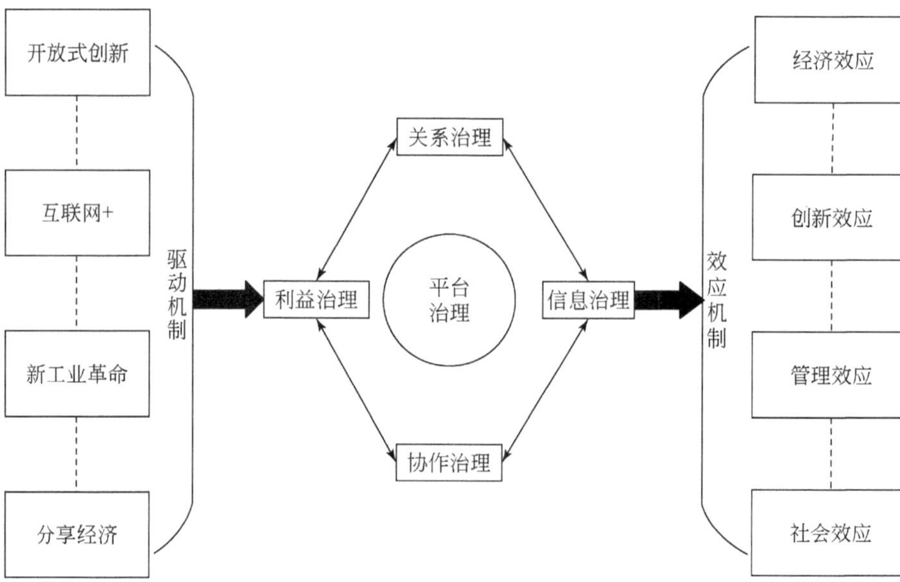

图 11-1　平台型组织治理体系

在多元多维度目标框架下，平台治理目标需要具有包容性。一是平台治理的经济目标。经济目标反映平台型组织的运行效益、平台生态系统的价值实现情况，突出表现为平台的生产率，也就是平台将多种输入持续转化为低成本或新产品的能力，可以用投资回报率来测度。二是平台治理的成长目标。成长目标突出表现为平台的进化率，也就是平台、生态系统或系统中模块随时间演变的速率或强度。三是平台治理的平衡目标。平衡目标突出表现为平台的存活率，也就是在面对外部冲击时，平台生态系统成员的存活率。四是平台治理的结构目标。结构目标突出表现为多样率，也就是平台通过创建有价值的功能，创造利基市场或产生衍生性突变，提高平台内业务或产品的多样性。围绕平台治理的经济目标、成长目标、平衡目标和结构目标，共同维护好平台生态系统的服务性、开放性、合作性和柔韧性。服务性指的是平台提供的是各类服务，而非直接的产品和服务提供商。开放性指的是平台需要开放一些关键核心价值环节，并与外部主体相协调。合作性指的是突出与外部主体全方位的合作。柔韧性是指能够抵抗风险，保持稳定性和鲁棒性。

在平台治理过程中，需要调节利益相关者之间的权责利之间的关系，在兼顾政府治理、市场治理、平台治理不同目标情形下，提高整个社会的总体福利。例如，针对网约车平台生态系统的治理，需要满足政府维护国家数据安全、增加公共服务供给、鼓励创新创业、保障消费者安全的目标，需要满足用户提高资源利用效率、增强消费者效用的目标，需要满足平台型组织企业盈利和可持续发展的目标。通过建立平台治理体系，有利于确定治理主体，明确治理责任，实现激励与约束规则的统一，促进平台参与方之间的有效互动，营造价值共创、收益共享、风险共担的生态共赢格局。

11.2.2 治理原则

平台生态系统的治理具有敏感性、复杂性、多元性的特点。平台治理，区别于平台管理，需要一整套规则体系。平台治理给组织治理体系的变革带来新的机遇与挑战，需要改变传统的治理理念，围绕平台的发展目标，确立新的治理原则。平台型组织应坚持创新治理、适度治理、整体治理、扁平治理、敏捷治理的基本治理原则。

一是创新治理原则。平台型组织的发展建立在技术进步和产业变革的基础之上，平台型组织的跨界、颠覆效应必然会对传统的治理主体、治理方法、治理组织、治理流程产生挑战和冲击。既有的治理往往陷入信息不足与信息超载的两难局面。一方面是信息不足，有效的信息较为匮乏；另一方面是信息超载，大量的冗余信息，真假难辨，不仅对治理起不到作用，反而会影响甚至误导治理效果。治理体系应该本着有利于创新的原则，秉持数据理性，善用数据辅助，由信息不足、信息超载向基于平台大数据的数据理性与集体智慧转变，将促进创新作为平台经济治理的基本出发点和根本目标，通过将各个方面的智慧集合起来，形成聚众智的效果，包容新事物的生存和发展，不断支撑治理水平的有效提升，主动迎接新一轮科技革命和产业变革的挑战和冲击。

二是适度治理原则。平台型组织的发生、发展和演化需要一定时间来试错和调试，根据市场规律来自然选择、优胜劣汰。应根据平台控制能力、系统性风险大小、传染性和波及范围等，确立政府、市场以及平台型组织在治理体系中的适当功能和作用，营造开放、透明、公开的治理体系。

三是整体治理原则。平台生态系统是一个发展的整体，具有问题解决的协同化、功能整合的整体化、用户需求的一体化等特征，任何节点的微小变动可能产生“蝴蝶效应”。既有的治理往往是碎片化的治理方式，难以通盘考虑方方面面的情况，容易出现顾此失彼，“按下葫芦浮起瓢”的情况。要坚持治理的整体观和系统观，由碎片化、结构化治理向整体化、预警化的整合与动态治理转变。随着大数据、云计算、物联网、人工智能等新一代信息技术的广泛运用，可以实时跟踪、快速反馈、自动处理相关治理问题，通过引入大数据、云计算、人工智能等新一代信息技术，整体治理原则成为可能。平台型组织汇聚来自方方面面的信息，并不断过滤形成可供决策的结果，从而使得治理方法更加主动，由过去的被动、静态的情况，转向主动、动态的情况，整体治理不仅具有了必要性，还具有了可行性。

四是扁平治理原则。平台型组织与外部参与主体的关系由科层关系转向扁平关系，以“不为所有，但为所用”的方式调用大量外部资源主体。既有的治理往往是从上至下的命令式治理，信息在逐级传递的过程之中容易失真，影响了治理的效果。在平台治理体系下，平台型组织的扁平式结构，可以更加方便信息的传递、知识的交互，以及各种信息资源的及时共享。应充分发挥扁平、共享结构的优势，方便、及时地传递信息、交互知识、实现互动，变命令式治理为扁平式治理，治理组织由科层壁垒、单一信息向基于平台结构的扁平与共享治理转变。主动给外部参与群体赋权，充分激活外部群体参与治理的主动性，提高外部群体参与治理的热情，从而有利于形成多方良性共治的格局。

五是敏捷治理原则。以平台经济为代表的新经济的发展具有高度不确定性，产业发展潜在的风险及由此带来的成本难以判断，在监管的目标和内容设定、监管的节奏和力度、监管思维和规则的适用性等方面，不同于传统经济，新经济迫切需要治理方式的创新。敏捷治理是一套具有柔韧性、流动性、灵活性或适应性的行动或方法，是一种自适应、以人为本，以及具有包容性和可持续的决策过程。通过敏捷治理来实现多目标间平衡、动态过程优化和工具灵活转化，更好适应平台经济的发展特征（薛澜和赵静，2019）。

11.2.3 治理主体

平台型组织的治理更为复杂，需要建立政府、平台、行业组织、劳动者、消费者等多类主体共同参与的协同治理体系，明确利益相关者在关系管理、利益分配、信息共享、协作互动等方面的权利和责任。

平台型组织是平台生态系统的核心，不管是发挥“载体”作用的平台，还是发挥“媒介”作用的平台，都是用户的集散匹配地，掌握最为丰富的资源和信息，理应成为平台治理的关键主体。平台型组织应承担相应的社会责任，符合法律法则和伦理道德底线约束。

具体而言，平台型组织应重点做好两方面主体的治理工作。一是针对平台服务提供商的治理。服务提供商是仅次于平台型组织本身，为整个平台生态系统提供服务的主体，应规范其经营行为，使其按照平台的各项规则来运行。对不符合规则的平台服务提供商，应采取相应的纠偏机制。二是针对平台客户或用户的治理，应成立会员组织，或者依托互联网成立会员社区，聆听用户的呼声，增强与用户之间的互动，并充分鼓励、积极引导用户的自治行为。在平台型组织的组织体系中，应该建立专门负责平台治理的职能部门，加强监管，确保平台稳定运行。平台型组织在平台生态系统中的平台领导身份并非能够在短时间之内得到确认，从动态演化角度来看，平台与整个平台发展体系在结构、功能、运行模式等方面需要在不断互动之中逐渐成熟，在此过程之中需要主动发挥平台型组织在治理体系中的引领作用。

虽然平台仍然要起到主导作用，但是其他主体也很重要，不仅要考虑自身利益的最大化，也要考虑整个平台生态系统利益的最大化。对平台的治理，不仅是平台本身的责任，也是政府的责任。平台带来的问题有的可以自身解决，有的自身无法调和，政府的监管存在其必要性。明确政府和平台共同但是有区别的责任，相信平台，但绝不能完全依赖平台来监管。政府应为平台型组织的发展制定必要的安全标准和法律规范，重点加强对数据安全、资金安全、食品安全、商品质量的监管，在必要的条件下，能够调取平台资料，如每笔交易的金额、日期、物流情况和交易双方信息，加以佐证，形成政府治理与平台治理的合力。同时，政府要善于利用平台型组织的海量数据，优化税收征管、社会诚信体系、物价监测、物流监控方式，改进城市规划、经济政策制定方法，注重用新办法来解决新问题，避免用老办法解决新问题。

用户/客户的力量在平台时代得到空前提高，尤其是在平台生态系统的日常治理之中发挥着不可替代的作用。用户/客户可以“用脚投票”，自主选择，从多属平台中挑选产品和服务满意度最高的平台。用户/客户对商家、商品的评价直接影响平台生态系统的繁荣。用户/客户直接参与到平台生态系统规则的制定、案例的判定等过程之中，积极参与相关规则的制定，主动介入监督与监管，形成充满活力的协同治理体系。

政府治理虽然公益性较高，但是在专业技术储备、技术预见性和行业前瞻性等方面明显不足，治理效率较低。平台型组织治理效率较高，但是在中立性、权威性、客观性、公益性等方面明显不足。广大用户/客户则存在分散化、组织性不足的缺陷。单一的、分立的平台治理或政府治理都不利于平台型组织和平台生态系统的健康发展，统一的、整合的平台治理框架，更加有利于平台生态系统的健康发展。

平台治理应充分统筹政府、企业和社会等多个方面的治理主体，以整个平台生态系统利益的最大化为目标，充分发挥政府、平台型组织、用户/客户的优势，由单个主体的治理决策向基于多个主体的治理体系转变，以平台为核心多主体协同共治。通过多层次、多维度、多样式参与的过程，构建多元化、立体化的治理主体，政策、法律、监管、标准等多种治理手段多管齐下，在对话协商、竞争博弈的过程之中，明确平台型组织在关系管理、利益分配、信息共享、协作互动等方面的权利和责任，达成最为合理的治理解决方案。

11.2.4 治理流程

平台治理流程可以分为事前、事中、事后治理三个阶段。传统治理流程侧重事前准入审批，轻事中监管和事后治理，这不符合平台型组织的成长规律和发展要求。在平台型组织治理过程之中，应该处理好安全发展与效率优先、运动监管与常态监管的关系，加强对事中和事后的治理，促进多方共赢。

在事前准入方面，处理好安全发展与效率优先之间的关系。平台型组织的竞争优势在于其网络效应强大与否，而网络效应取决于参与者规模。为了维护平台生态系统运营秩序，保障平台参与者平等权益，平台型组织一般会自发设置事前准入管制，以提供可靠安全的各类服务。然而，平台型组织为了刺激平台网络生长，扩大参与者规模，始终具有漏放一些资质不符的参与者、降低参与者准入资质门槛的动机。例如，早期电子商务平台在快速发展过程中，对商家与货品的质量缺乏有效控制；网约车平台在快速发展过程中，对司机与车辆的状况缺乏有效控制，虽然在短期之内有利于做大规模，但给平台长期发展埋下了隐患。政府为了规范平台的发展行为，通过颁布法律法规条例的方式，对事前准入施加不同程度的限制。例如，《中华人民共和国电子商务法》规定“电子商务经营者应当依法办理市场主体登记”，电子商务经营者既包括电子商务平台经营者，也包括平台内经营者。这意味着《中华人民共和国电子商务法》不仅对平台型组织，也对平台的参与者提出了事前准入要求。总体来看，《中华人民共和国电子商务法》的事前准入规定仍然相对宽松。《网络预约出租汽车经营服务管理暂行办法》对平台、驾驶员、车辆的事前准入相对严格，详细规定了合规条件。表 11-2 展示了各地网约车平台监管政策。例如，对网约车平台设立了六项准入条件，对网约车车辆设立了三项准入条件，对网约车驾驶员设立了四项准入条件，并直接审查发放经营许可。在此基础上，各地制定了更为具体的准入条件。北京要求驾驶员有本市户籍，车辆轴距不小于 2650mm，排气量不小于 1.8L，上海要求驾驶员有本市户籍，车辆轴距达到 2600mm 以上。由于事前准入过于严格，导致平台以及平台的参与者因为不合法、不合规的原因不得不退出，也对平台的发展造成了不利影响。

表 11-2　地方政府网约车平台监管政策

规制内容	类型	城市占比/%
车辆轴距（普通轿车）	2600mm、2550mm、2500mm、2450mm	11.7
	2650mm、2675mm、2700mm	53.0
	未规定	35.2
车辆排量（普通轿车）	1.38L、1.48L、1.58L、1.6L（1.4T）	30.0
	1.8L（1.6T）	11.7
	未规定	54.9
车辆轴距（新能源汽车）	2600mm、2550mm、2500mm、2450mm	39.9
	2650mm、2675mm、2700mm	18.3
	不限	41.8
插电式（含增程式）混合动力车辆连续续航里程	不低于 200km	15.0
	不低于 250km	7.0
	未作要求	77.9
纯电动续航里程	不低于 200km	16.4
	不低于 250km	23.0
	未作要求	60.1

资料来源：李晓方（2019）

在事中和事后治理方面，处理好政府治理与平台治理之间的关系。政府采取多种运动式治理方式，例如，采取“双随机、一公开”或专项检查的方式，对平台型组织和平台参与者的事中过程进行监管，并根据检查结果进行处罚。政府的事中事后监管往往是对一些社会热点事件持续发酵之后的响应。平台自身也会对平台参与者进行治理，这种治理具有常态性、长期性，特别是平台往往采取技术手段，利用数据密集、信息充分的优势，开发大数据系统对平台参与者进行实时监管，并视情况采取差异化治理举措。政府治理与平台治理应该相结合，采取政府治理与平台治理相互合作的治理方式。政府治理的重点在于筑牢底线、防范系统性风险，保障人民群众的生命与财产安全。平台治理的重点在于筑牢基准，设定系统运行准则，保障平台生态系统的稳定性、可靠性。政府应确立明确的监管边界和监管红线，建设能够有效识别风险信息的外部监管机构，形成具有警示性而非象征性的多维度惩戒措施等，从而以可信的方式向数字平台传递政府加强监管的决心与措施，激发并调动平台自我监管的积极性（陈少威和范梓腾，

2019）。

《国务院办公厅关于促进平台经济规范健康发展的指导意见》（国办发〔2019〕38号）为加强平台型组织治理提供了标准化的思路。该指导意见规定，在事前准入方面，要完善准入条件，降低准入成本，建立准入标准，如由国家市场监督管理总局负责简化平台企业分支机构设立手续。在事中监管方面，实行包容审慎监管、分领域分情况监管等方式，科学合理划分政府和平台各自的权责范围，既要避免平台不负责任的行为，也要避免平台承担政府本该承担的责任。在事后治理方面，要切实保护平台经济各方面参与者的共同合法权益，包括平台、平台内经营者和平台从业人员、平台经济领域消费者等。

11.3 治理机制

平台型组织的治理机制更为多样，可以采取价格机制、用户准入、合同约束、声誉机制、技术方案等市场化手段和激励性策略。当平台型组织自身利益最大化与平台生态系统利益最大化相冲突的时候，需要以平台生态系统的利益为优先考虑。平台型组织通过激励机制、约束机制和信任机制的共同作用，构建良好的平台生态系统，有效协调网络构成主体之间的关系，实现不同节点之间的资源共享、优势相长、相互信任。平台型组织搭建了看似松散、实则更具活力和创造力、协同效应更强，且沟通成本、摩擦成本和交易成本更低的平台生态系统，各价值流顺畅流动、无缝对接，有效地满足多元化的需求，通过低成本、高效率、大范围有效协作，达到聚合效应、网络效应、整体效应和创新效应，并最终释放出指数级增长效应。

11.3.1 激励机制

平台型组织首先要设计一定的激励机制，制定明确的回报，确立可预期的行动结果，吸引更多的外部主体参与平台型组织的运作，让所有主体从中得到适当的利益，把平台型组织变成各方共同拥有的平台。平台型组织有意识地引导平台生态系统成员参与共同的价值创造，使得各参与主体的合作收益大于违约的机会成本，防止个体的机会主义行为，避免因追求自身效用的最大化而损失平台生态系统的整体效能，促进他们发挥专业化能力实现差异化发展。有的平台对客户的路径依赖性相对较强，如对 Windows 平台而言，用户习惯某一种操作系统之后就很难改变，改变的学习成本相对很高，但这种路径依赖的程度，以及学习效应的门槛在不同平台是有差别的，多数平台的转换门槛并不高。由于用户等资源往往具有多属的性质，同一个用户可能隶属于多个不同的平台。例如，一名乘客可能同时使用首汽约车、神州专车等不同的共享出行服务平台，资讯类平台用户多属的可能性进一步增加。在这种情况下，必须设计相应的激励机制将用户吸引到平台上来。不仅是短期的激励机制，还应建立长效的激励机制，不断提升用户的转换成本。

用户/客户加入平台生态系统的根本原因在于成为平台生态系统中的一员可以带来更大的利益。平台型组织应积极调动互补产品和服务提供商的积极性，激励开发者提供多种多样的互补产品和服务，促进他们发挥专业化能力实现差异化发展，为平台成长壮大贡献所需要的各类互补资产。如果收益分配机制不合理，那么合作就很难持续，合作的积极性将受影响。平台型组织在建立收益分配机制方面，应更加重视系统的整体利益，确立对各个成员都合理公平的收益分配方式。

11.3.2 约束机制

激励与约束是一个硬币的两面，在加大激励的同时，必须要增强约束，否则不仅影响平台效应的充分发挥，甚至可能给平台带来灭顶之灾。平台型组织需要建立相应的约束机制，且必须由相关各方代表共同制定平台型组织规则，各方都严格遵守平台型组织规则。当成员行为失当的时候，其必将受到惩罚，禁止其分享平台生态系统整体创造的利益，甚至将其剔除出整个平台生态系统，鼓励成员遵从平台生态系统规则以获取更大、更长远的收益。

平台型组织可以采取一系列约束机制。例如，制定平台准入条件，根据用户/客户的信誉度与平台生态系统产品、技术、服务等方面的互补性等进行遴选，将不符合准入条件的用户/客户排除在平台之外。制定平台产品标准与服务规范，对违反标准与规范的用户/客户做出惩罚，直至将其排除在平台之外。制定交易流程、交易规则、交易对象、支付工具等，建立数据交易规范。制定惩罚机制，对违反事先共同约定的用户/客户给予惩罚。让违约用户/客户承担一定的违约成本，降低平台生态系统成员利益受损的可能性，保证平台生态系统的健康发展。

约束机制不仅是用来约束平台型组织的，也是用来约束所有成员的。只要入驻到平台型组织上来的各类用户，都必须遵守相应的约束机制，完善平台型组织的运营环境，从而提升整个平台型组织的竞争优势。例如，苹果应用商店这个平台的发展就既有强有力的激励机制，又有严格的约束机制。苹果对违反应用商店规则，侵犯客户隐私，涉及违法乱纪，或者不利于青少年健康的应用都及时处理下架。

11.3.3 信任机制

平台放大了信任在社会发展中的作用，信任是平台生态系统得以形成和运行的前提条件，平台的健康运行离不开用户群体之间相互信任的关系，如果用户与用户之间、用户与平台之间缺乏起码的信任，那么这样的生态系统是不可持续的，平台生态系统的治理只能是一句空话。特别是随着平台生态系统用户/客户之间关系的虚拟化、分布化，信任的至关重要性进一步凸显出来。平台型组织既受制于信任机制，也受益于信任机制。信任实际上是平台运营的社会资本，因为信任，入驻平台型组织的服务提供商之间、平台型组织客户之间、服务提供商与客户之间信息沟通渠道更为畅通、交易费用大大降低、平台型组织合作得到强化，有利于更好执行合约，降低合作过程中的机会主义行为，减少经济交易中的不确定性，并能吸引来更多的优质服务提供商和优质客户。

信任的来源是多样的，有的来自对守信和失信各自带来收益大小的判断，有的来自对过去守信或失信历史的分析，有的是根据守信或失信的动机和行为，有的是根据平台生态系统成员间的信任传递和共享。为了培养这种“信任”，平台型组织内将形成一系列包括显性规则和隐性规则在内的信任机制，建立各种显性的规则、协议、标准，激励有益的行为，惩罚不利的行为，并维护各种隐性的约定俗成的文化。

平台生态系统信任机制包括四个方面，分别是能力型信任、关系型信任、制度型信任以及学习型信任。平台生态系统的构建和完善提升用户/客户、参与企业的互动、研发、设计、生产等各方面的能力，使得平台生态系统成员建立起对平台型组织的能力型信任；平台型组织与用户/客户、参与企业建立良性互动、互惠互利的紧密合作关系，使得平台生态系统成员建立起对平台型组织的关系型信任；平台型组织制定明确的合作规范、流程，严格遵守合作契约，使得平台生态系统成员建立起对平台型组织的制度型信任；平台型组织与用户/客户、参与企业就管理经验、生产技术、人才培养、专有技能等方面加强交流学习，使得平台生态系统成员建立起对平台型组织的学习型信任。

十九届中央委员会第四次全体会议通过的《中共中央关于坚持和完善中国特色社会主义制度推进国家治理体系和治理能力现代化若干重大问题的决定》明确提出“建立健全运用互联网、大数据、人工智能等技术手段进行行政管理的制度规则”。平台型组织的管理、运营与决策高度依赖互联网、大数据、人工智能等技术手段，平台型组织的治理同样也需要采取互联网、大数据、人工智能等现代的治理体系和治理手段。

区块链技术的发展与应用为平台型组织实施信任治理机制提供更好手段。表面来看，区块链技术是基于分布式、去中心化的思路设计的，看似与平台型组织的中心化发展思路相违背。事实上，完全去中心化是理想化的，也是不现实的，平台型组织正在抓紧运用区块链技术，将平台化优势与区块链技术的优势有机结合，不断增强整体竞争能力和创新能力。十余年来，区块链快速发展，被誉为继大型机、个人电脑、互联网、移动/社交网络之后计算范式的第五次颠覆式创新（袁勇和王飞跃，2016）。区块链技术应用已延伸到数字金融、物联网、智能制造、供应链管理、数字资产交易等多个领域。区块链与新一代信息技术的深入融合将产生颠覆式创新效应。

平台生态系统是一个由平台双边用户，以及供应商、制造商、分销商、零售商、用户等串联在一起的复杂结构，实物流、信息流、资金流交互协作。区块链作为一种分布式机制，天然适用于多方参与协作的环境或场景。因此，将区块链应用于平台生态系统治理具有合理性和可行性，特别是在可信交互、智能交易、协同调度、安全监管等方面具有发展潜力。

第12章 适新应变——平台型组织促进政策

平台现象具有广泛性，各式各类的平台正在加速涌现，平台运营模式正在改造甚至颠覆一个又一个传统行业，也在孵化和催生一个又一个新兴行业，影响到人类生产、生活的方方面面，并从多个方面对既有政策体系形成冲击。平台型组织往往跨越企业甚至产业边界，既有产业政策和企业政策有很大程度的不适应性，规范并促进平台经济发展成为一个重要的政策议题。例如，优步、爱彼迎等跨界冲击传统出租车和宾馆行业，阿里巴巴、腾讯等平台基于网络效应形成“赢家通吃”的垄断格局，司机、骑手等大量个体通过如美团平台等平台就业，部分众创空间平台处于闲置状态等。

平台型组织的发展不仅对产业组织管理有着深远影响，也对产业政策、标准政策、就业政策、税收政策、竞争与反垄断政策提出了新的挑战。特别是数字平台对现有政策体系从各个方面产生重大挑战。一是数字平台是以数据驱动业务，具有垄断趋势；二是数字平台有大量的资本支出和研发投资，以及投资大量创新创业公司；三是数字平台的多业务跨行业模式；四是信息不对称与对数据的控制；五是积极参与全球决策，数据表明，过去几年数字平台公司的游说支出已取代金融业；六是税制不合理也可导致数字经济中的竞争扭曲。除了市场垄断之外，数字平台还可能带来个人隐私泄露的风险，甚至影响政治进程（联合国贸易和发展会议，2020）。上述现象都超越了传统政策体系的覆盖范畴，现有基于企业或者行业的政策工具出现了很大程度的不适应，如果将传统的政策体系直接简单套用在平台型组织上，容易陷入政策失灵的窘境（Cooke，2012）。

中央财经委员会第九次会议指出，“要坚持正确政治方向，从构筑国家竞争新优势的战略高度出发，坚持发展和规范并重，把握平台经济发展规律，建立健全平台经济治理体系，明确规则，划清底线，加强监管，规范秩序，更好统筹发展和安全、国内和国际，促进公平竞争，反对垄断，防止资本无序扩张。要加强规范和监管，维护公众利益和社会稳定，形成治理合力。要加强开放合作，构建有活力、有创新力的制度环境，强化国际技术交流和研发合作。要坚持‘两个毫不动摇’，促进平台经济领域民营企业健康发展”。政策体系需要不断提升“适新应变”的能力，政策工具亟需转向基于平台的政策。所谓“适新”，就是要适应新一轮科技革命与产业变革的挑战，使得政策制定适应平台型组织的新需求、新情景、新模式。所谓“应变”，就是要应对世界百年未有之大变局的挑战，不断应对平台型组织带来的新挑战、新风险、新问题。政策如果不能够及时适应新形势的变化和新组织的发展，就会阻碍新事物的发展。

按照适配性原则，根据平台型组织自身的特征重塑政策框架，在充分理解平台发展思维的基础上，根据平台型组织特征属性进一步更新和完善政策支撑体系，改革不适应平台经济发展的工商、税收、统计、劳工制度，加强产业政策、创新政策、消费政策的协调联动，制定分阶段要素投入和全程精准扶持政策，实现平台型组织发展和政策演进的“同频共振”，更加适应平台型组织发展的规律性特征，从而最大程度发挥平台经济的正面效应，降低平台经济的负面效应，实现激励与约束相统一。

12.1 产业政策分析

产业是具有某些相同或相似经济活动特征的企业的集合。产业政策是政府出于经济增长、结构优化、竞争力提升、资源配置效率改进以及可持续发展等目的而对产业、企业、要素等实施的引导、鼓励、支持、协调、促进或限制等干预行为（魏际刚，2018）。平台型组织对产业政策的挑战将是根本性的，可能带来产业定义的困难、产业边界的模糊、产业政策工具的低效乃至失效等问题。要求政府加快构建符合平台型组织特征的产业政策新体系。

12.1.1 政策挑战

随着互联网、区块链、大数据、人工智能加速向各行业各领域渗透，传统产业政策的制定、实施方式均面临着严峻的挑战。产业政策面临的重要挑战之一是产业边界的确立。产业政策的有效性建立在确定信息的基础上。产业平台的发展模糊了产业的边界，使得政策对象日渐模糊，如何清晰定义产业的边界，划分产业的标准成为严重的挑战。第一产业、第二产业、第三产业的三次产业分类法是最主要、最常用的产业分类方法。在工业经济时代，可以相对清晰地区分出第一产业、第二产业、第三产业。然而，进入数字经济、智能经济时代，产业之间的边界日益模糊，产业呈现出相互会聚融通的态势。互联网、大数据、人工智能、区块链等，都不是单一的产业，而是影响所有产业的底层共性技术，使得所有产业都具备了万物感知、万物可信、万物互联、万物智能的特征，使得许多产业既具备本产业固有的特征，又出现了很多新的特点。以汽车产业为例，传统的汽车产业主要指的是汽车主机厂和生产零配件（包括车身、动力总成、电器件、底盘等部件）或进行装配的工业部门，汽车产业链较为清晰，主体较为明确。然而，随着互联网、大数据、人工智能与汽车产业的深度融合，汽车变成移动出行平台，从价值链组织变为平台组织，汽车产业组织模式发生重大变化。例如，华为并不属于传统汽车产业链的主体，但是随着出行平台的建立，华为等变成汽车产业发展的关键主体，华为专门成立智能汽车解决方案 BU，其定位为“提供智能汽车的 ICT 部件和解决方案，帮助车企造好车”。由于产业边界的模糊，产业定义的困难，产业政策的着力对象出现了模糊化，如果产业政策不能适时进行调整，那么就往往导致产业政策无效。

产业政策面临的重要挑战之二是产业政策工具的运用。产业政策工具按照其功能可以分为供给政策工具、环境政策工具、需求政策工具。长期以来，我国产业政策实践中，综合运用财政补贴、税收优惠、担保贷款、土地优惠、国有资产注入等选择性产业政策，直接给予特定产业，甚至是企业补贴，取得了一些成功的例子，也出现很多问题。国民经济的发展，国际经贸环境变化的外部因素使得传统产业政策工具的使用受到极大限制，一些选择性产业政策的作用越来越有限，不良政策效应逐步凸显。面对传统产业政策难以为继的局面，需要更新产业政策工具，实施与市场机制、竞争政策互补协同的功能性产业政策，这成为产业政策调整的重要方向（江飞涛和李晓萍，2018）。

12.1.2 政策思路

平台经济作为一种最具生命力的经济形态，平台型组织作为一种最具创新力的组织形态，已经成为产业政策调整的重要方向和重要工具，越来越受到政策制定者和研究者的青睐。基于平台的产业政策应该有两层含义。第一层含义是运用平台型组织、平台经济的优势来改造传统行业，提升产业竞争力。第二层含义是利用政策手段，规范平台型组织本身的发展，带动平台经济规模的增长。

平台型组织的发展符合功能性产业政策的调整方向。产业政策由差异化、选择性向普惠化、功能性转变，是产业政策调整的基本方向。平台型组织发挥着新型基础设施的作用，承担着“产业公地”（industrial commons）的功能，提供共享的无形资产和有形的基础设施，是许多企业可以共用的资产，而这些资产是单一的企业难以承担的（皮萨诺和史，2014）。这些共同的资源弥补了市场失灵，有助于加速中小企业创新，加快后续市场渗透。发挥平台型组织的功能性作用，可以有效激活整个区域或者行业的产业链、创新链、资金链，避免龙头机构一家独大占据过多资源，建设更加具有活力的平台生态系统，形成规模较大的产业综合体，为本地产业发展提供共用基础设施。

平台型组织的发展符合普惠化产业政策的调整方向。产业政策工具从需求政策向供给政策与环境政策转型，从对某一具体产业甚至某一具体企业的支持转向对平台型组织的支持，形成符合“规模中性、竞争中性原则”的产业政策体系，能够更加体现政策的普惠性、中立性、开放性。平台并非为某一个企业提供服务，而是为平台上的所有企业提供服务，为整个行业提供技术服务，提供共性的基础设施、信息以及技术，以解决区域或者行业内企业面临的共同问题。在此过程中，平台型组织本身得以快速发展壮大，平台生态系统成员也得到发展，知识溢出效应较为明显，有利于破除规模歧视、所有制歧视，有效避免政府挑选赢家（pick winner）的直接选择性产业政策的风险，公益性、普惠性、功能性更加突出。

针对平台型组织自身的发展，产业政策的着力点应通过适当的制度安排，消除产业发展过程中的各种不确定性，加快平台发展从潜在增长到现实增长的转化。从国际情况来看，由于在互联网和移动互联网时代，欧洲国家平台发展缺位，缺乏有市场竞争力的超级平台，欧洲国家当前正在积极探索新的政策工具，来促进、引导本国平台型组织的发展。德国《国家工业战略 2030》显得忧心忡忡，“如果一个大型经济体想要在可持续性的基础上取得成功，就必须适当地参与平台经济的增值。目前为止，德国与欧洲其他国家并没有参与其中，给其他领域造成了失去竞争地位的巨大风险”“自动驾驶而言，如果人工智能自动驾驶的数字平台来自美国，未来汽车的电池来自亚洲，那么德国和欧洲在这一领域的损失将达到 50% 以上”。面向平台的产业政策工具重点是确保平台发展的稳定性、合规性，引导资源向平台集中。发展阶段是影响产业政策成效的关键因素。考虑到平台搭建初期需要大量“烧钱”的特点，为了提高平台发展的存活率，政府需要给予初创期平台一些特别的关注，在税收、人才方面给予优惠政策，适当加大政府创业投资基金对平台类项目的关注，加大对新型基础设施的投资，并引导风险投资等社会资金的进入，积极帮助平台渡过最为困难的初创时期。必要的时候，政府可以作为重要的参与一方进入平台，提供必要的金融、税收政策支持，搭建好各类基础设施，尽快将平台自身的网络效应激发出来。当平台进入发展成熟阶段，政策重点是做好市场秩序的维护，保护用户权益，保护数据隐私不受非法使用，防止平台垄断。

12.2 标准政策分析

标准是用以促进互操作性的接口（Hyvättinen，2006）。平台型组织建立标准化的产品质量体系、标准化的技术指标、标准化的运作行为，构建标准化的平台对外接口。平台提供各种开发工具，鼓励外部企业自发生产更具价值的产品或服务，营造创新型社区，形成一种群体创新的范围（Tiwana，2015）。平台型组织对标准政策的挑战将是根本性的，带来标准化需求的提升、竞争垄断的隐忧等问题。要求政府加快构建符合平台型组织特征的政策新体系。

12.2.1 政策挑战

平台生态系统具有显著的网络外部性、路径依赖性与互补兼容性，标准是建立平台的重要工具，维持平台运营的重要渠道，强化平台型组织影响力的重要手段。为了尽可能扩大平台型组织接口的范围和影响力，需要构建标准化的接口。标准作为平台型组织与平台生态系统其他成员之间互动的重要接口，从平台型组织走向平台生态系统，标准化接口至关重要。标准政策的挑战在于“两难”问题，若是标准不统一，则导致平台生态系统难以有效运行；若是标准完全统一，则有可能导致平台锁定与垄断的潜在风险。

一是标准不统一，平台生态系统难以有效运行。平台生态系统构成的主体之间的互操作性可体现在不同组织之间、不同设备之间、不同技术之间，以及不同数据格式之间。平台型组织作为发起制定标准的主体，需要将产业架构、资源、能力等方面尽可能标准化，由复杂、昂贵、烦琐变得简单、低价、易用，转变为整体产业的新型基础设施，并开放接口为外部参与者所调用（蔡斯，2015）。平台生态系统之中存在多个层面的标准互联互通的需求。首先是平台间层面的标准互联互通。在多个平台并存的情况下，平台之间的协作发展、资源互通非常重要，应提前布置平台间的数据互联，应用融通。一般而言，平台都倾向建立依托自身的标准体系，这给标准融通提升了难度。其次是平台与外部主体的标准互联互通。平台制定面向外部主体的标准规范，形成通用的标准架构，减轻外部主体的学习成本，降低外部主体在不同平台之间的迁移成本。在平台型组织的接口标准基础上，互补性产品和服务提供商得以专注于组件产品和服务的改进。苹果公司为了有效进行资源集结，建立了操作系统、应用开发、软硬件互操作多层次立体式的标准体系。苹果公司的 App Store 的应用开发包就是一个标准化的开发系统，能够促使各式各样的软件供应商共同参与并协同构建平台上各种模块的内容。随着平台型组织向制造与服务相融合的方向发展，标准问题进一步凸显。工业领域设备繁多，场景复杂，数据量大，数据格式差异大，要求建立更加统一的标准体系。

二是标准完全统一，则有可能导致平台锁定与垄断的潜在风险。平台型组织的标准具有公共物品属性和私人物品属性的双重属性。兼容的技术标准成为平台生态系统运行的“界面规则”，使不同的产品或服务能够彼此兼容，并且共同支持或扩展平台的基础构架，平台型组织依此对各参与者进行协调进而实现对平台生态系统的领导。一方面，平台型组织发挥社会资源配置功能，其制定的标准具有公共物品属性，平台生态系统越是发达，平台型组织的标准越是可以为平台生态系统成员所共同采纳、使用，越是有利于先进技术的扩散，带动产业链、创新链、价值链的协同，从而提高生产效率，降低生产成本。另一方面，平台型组织作为商业运作平台，其制定的标准具有私人物品属性，平台型组织的标准实质上体现着平台型组织的专有技术指标和架构设计，体现了平台型组织对平台生态系统的整体设计和把控能力，平台生态系统越是发达，存在的路径依赖效应则越容易造成事实上的锁定。可以说平台型组织是“规则制定者”，而其他类型的组织则转变为“规则遵守者”。随着平台生态系统交易成本的上升和网络效应的增强，一些平台型组织的接口由于技术含量高、研发投资大、承担风险多、连接载体广，将走向标准化，从而形成“锁定”效应。因此，标准政策的挑战在于如何处理好私人物品与公共物品之间的关系，在促进平台生态系统发生、发展与变革的过程中，避免平台型组织滥用标准优势与权力，影响平台型组织社会责任的履行。

12. 2. 2 政策思路

谁能够建立新兴产业的标准，谁就能赢得竞争优势。基于平台的标准政策要利用平台型组织、平台经济的优势来推动标准化建设，扩大自主标准应用范围，促进产业标准化程度的提升，提高各行各业的标准化程度。

政府充分发挥顶层设计、统筹协调作用，围绕平台发展的基础共性问题、通用指南问题、行业管理问题和安全质量问题四个方面制定通用性、基础性强的标准（Srinivas et al.，2019），以适应平台型组织发展的需求，加快平台生态系统的形成和壮大。事实上，像苹果公司 iPhone 中用到的互联网、全球定位系统、触摸屏显示器、SIRI 语音助手等技术的研发都是由政府支持的。平台型组织的接口标准具有先行性，在大规模工业生产过程之中，往往先有产品然后逐步形成标准。然而在平台生态系统的形成过程之中，需要预设接口标准，以方便互补产品和服务提供商根据预期标准、事实标准来调整对接。例如，围绕共享经济平台发展，相继制定了《共享经济平台资源提供者入驻审核通则》《共享经济平台数据交易隐私保护规范》《共享经济平台纠纷解决通则》等团体标准。政府充分发挥关键共性技术研发推进作用和先导引领作用，平台型组织的接口标准具有兼容性，确保系统之间和子系统之间互联互通、匹配协调，并不断升级更新，满足严格的兼容性要求。

政府充分发挥总体协调作用，通过分类、组织、协调各类资源，充实各个模块的内容，然后加以集成，从而形成整体解决方案。平台生态系统是一个松散耦合的系统，与紧密耦合系统相比，松散耦合系统的连接机制不是靠自上而下的命令，而是靠相互之间的协调联动。标准是平台生态系统成员间联通的纽带和运行的"界面规则"，哪个平台生态系统的标准辐射作用越强，为更多的成员所接受，有更多的产品或服务能够彼此兼容，哪个平台生态系统的影响力就越大，越容易对参与者进行协调甚至控制。由于平台生态系统非常复杂，单个组织通常难以独立制定标准，平台型组织的接口标准具有协作性，需要联合平台生态系统的重要利益相关者共同协作，降低技术风险。特别是对后发国家而言，政府牵头建立标准联盟是实现行业内先进技术扩散的重要方式。政府推行接口标准化战略对资源聚合至关重要，应将一批具有自主核心技术和较强平台化发展潜力的优势企业和重点产品列入标准化工作重点。例如，全球最大的物联网联盟（Open Connectivity Foundation，OCF），成员包括微软、英特尔、高通、三星、思科、通用电气、伊莱克斯在内的多家公司，统一物联网标准，以便公司和开发者都能够打造可无缝协作的物联网解决方案和设备。

12.3 就业政策分析

平台型组织作为就业的生力军，已经成长为创造就业、吸纳就业的重要单元，依托平台型组织就业已经形成潮流。与此同时，平台型组织的就业形态不同于以往任何时候的就业形态，其创造出多样化的新型就业形式，使不稳定的就业成为常态，既有的社会保障、就业保障政策难以适应新的就业形态。平台型组织对就业政策的挑战将是根本性的，带来就业结构的改变、就业方式的变革、就业关系的变化等问题。要求政府加快构建符合平台型组织特征的就业政策新体系。

12.3.1 政策挑战

平台型组织已经成为吸纳就业的重要单元。根据国家信息中心发布的《中国共享经济发展报告（2020）》，2019 年平台企业员工数约 623 万人。根据《阿里巴巴零售平台就业机会测算与平台就业体系研究报告》，2018 年阿里巴巴零售平台总体为我国创造 4082 万个就业机会。根据《生活服务平台就业生态体系与美团点评就业机会测算报告》，2018 年美团点评平台共带动就业机会约 1960 万个。

共享经济带来了大量的就业机会，对职工就业工资、工时及就业质量都有一定程度的促进作用（燕晓飞，2018）。平台型组织改变了劳动者的工作形态。从空间形态来看，灵活就业者的工作地点不需要固定，这极大扩大了就业空间范围。从时间形态来看，上班时间并不固定，有的就业者可以自由安排工作时间。从就业形态来看，产生了全新的职业，催生了网约车司机、司机服务经理、自动驾驶路测安全管理员、自动驾驶测试驾驶员等新就业形态。工作岗位、雇佣形式、工作地点、工作时间灵活多变，形成一种灵活而松散的组织关系。空间、时间上的泛在性和便利性，在给劳动者带来福利的同时，也降低了劳动关系的稳定性，带来权益和保障得不到有效保证的风险。

平台型组织深刻改变了传统劳动关系的概念本质（王文珍和李文静，2017）。在我国一般企业劳动关系中，通常是由企业提供生产场所和生产资料，劳动者提供活化劳动，企业通过各项生产管理制度等约束并保障劳动者与生产资料有效结合，企业基于劳动者的活化劳动支付报酬，劳动者自己不承担任何经营生产风险。生产者和消费者的角色是相对固定的，一般是“企业生产，用户消费”。传统的企业与个体之间的关系表现为雇佣关系或者买卖关系。根据《关于确立劳动关系有关事项的通知》，劳动关系成立的条件包括以下三条：用人单位和劳动者符合法律、法规规定的主体资格；用人单位依法制定的各项劳动规章制度适用于劳动者，劳动者受用人单位的劳动管理，从事用人单位安排的有报酬的劳动；劳动者提供的劳动是用人单位业务的组成部分。按照我国社会保险制度规定，只有签订正式劳动关系的受雇劳动者才能参加社会保险，而没有签订正式劳动关系的非受雇劳动者不能参加社会保险。从当前来看，城镇本地户籍灵活就业者已经能够参加社会保险，但是非本地的外来务工的灵活就业者则不能参加社会保险，难以被现行社会保障体系所覆盖（杨东，2018）。由于现有的劳动关系框架无法涵盖平台经济就业者，职工概念的属性需要重新界定。

基于平台型组织的新型劳动关系呈现出劳动市场关系双边化、劳动合约安排“去互惠化”、劳动过程管理算法化、劳动合约激励数字声誉化的特征。相对于传统劳动关系，基于平台型组织的新型劳动关系产生网络平台的单边垄断、劳动过程算法管理“黑箱化”、数字声誉的激励扭曲、劳动者工作收入的不稳定化等挑战（黄再胜，2019）。平台型组织的员工概念突破了原有的组织界限，新型就业主体的权益难以得到有效保障。共享经济发展产生了去劳动关系化的就业状况。这些劳动者与平台单位之间不存在固定的或事实上的劳动关系，而是更多地表现为一种劳动合作关系。同时，其中许多劳动者的收入报酬也不是由平台单位支付，而是直接由客户支付。随着共享经济在我国的快速发展，新业态、新模式持续涌现，中国职工队伍正在面临着结构性变化（燕晓飞，2018）。

12.3.2 政策思路

政府需要深化对平台型组织就业特征的认识，随着平台型组织的就业规模增长、就业灵活性加大，有必要加强对平台型组织就业特征的研究，以更好适应平台型组织的就业特征，合理有效界定平台型组织、劳动者、政府之间的劳动关系，以促进平台型组织的发展壮大，更好保护劳动者权益。基于平台的就业政策应该有两层含义。第一层含义是利用平台型组织、平台经济的优势来创造更多的就业岗位，扩大就业规模，增加就业数量。第二层含义是利用政策手段，规范平台型组织的就业规则，保障劳动者的合法权益不受到损害。

平台经济蓬勃兴起，就业门槛低、就业包容性强、就业形式灵活，已经成为吸纳煤炭、钢铁等产能过剩行业就业的重要载体。政府应积极促进新兴平台经济与传统产能过剩行业的有效对接，使得二者之间能够有序转换。

政府应根据劳动关系中的法律主体角色发生变化，有效应对平台型组织对传统劳动关系内涵的各个方面所带来的不同程度的冲击，适应平台型组织带来的新型劳动关系的本质特征。政府应完善社会保障体系，充分保证依托平台型组织就业的人员的合法权益；应扩大城镇社会保险制度的开放面，对非受雇劳动者、灵活就业者、外来务工人员等依托平台型组织就业的人员，给予同等待遇，一视同仁，让他们都能受到劳动和社会保障的托底。

国际劳工组织（International Labour Organization，ILO）是专门关注就业的国际机构，近年来也开始关注平台型组织对就业、劳动保障等带来的影响及其应对方案。国际劳工组织基于 2015 年和 2017 年针对劳务众包平台的问卷调查结果，提出了网络平台体面劳动的 18 条准则（Berg 等，2019）。①解决错误的就业分类；②允许群众行使其结社自由和集体谈判权利；③适用工人所在地的现行最低工资；④确保平台薪酬和费用的透明度；⑤确保平台上的独立员工有能力拒绝任务；⑥在任务或平台出现技术问题时，平台应承担损失工作的费用；⑦制定严格和公平的规则来管理不支付薪酬的情况；⑧确保服务协议条款以清晰简洁的格式呈现；⑨告知劳动者收到不利评级的原因；⑩为平台的所有用户建立和执行明确的行为准则；⑪确保劳动者有能力质疑不支付报酬、负面评估、资格测试结果、违规行为指控和账户关闭等情况；⑫建立与劳动者评审体系一样全面的用户评审制度；⑬确保工作任务说明在发布之前已明确和验证；⑭劳动者能够随时查看和导出完整的工作和声誉历史记录；⑮劳动者拥有与平台用户建立继续工作关系的权力；⑯确保平台用户和平台运营商及时、礼貌、实质性地与劳动者沟通；⑰告知劳动者其用户的身份和工作目的；⑱平台运营商应以标准方式清楚地标明可能造成心理压力和伤害的任务。

当然，规范平台就业，保障劳动者合法权益，不仅需要平台型组织自身加强管理，还需要更大层面的社会保障制度的建设和完善。国际劳工组织提出了三条建议：①根据合同的类型，调整社会保险机制，以涵盖所有形式的就业劳动者；②利用技术简化缴费与待遇支付的程序；③建立和加强税收融资的社会保护机制（Rani et al., 2018）。国际劳工组织的相关调查和建议可以为我国完善平台型组织的劳动政策提供借鉴参考。

12.4 竞争政策分析

竞争政策指的是政府为保护和促进市场经济中的有效竞争而采取的行动措施、制定的法规条例和设立的监督实施机构的总和。平台型组织天然具有垄断性，“赢家通吃”成为平台型组织的基因，一些平台型组织迅速发展成为超级平台，并有可能利用垄断地位威胁平台生态系统的多样性（Lee and Hwang, 2018），针对超级平台的反垄断调查也随之出现。如何防止超级平台滥用市场支配地位开展不正当竞争，从而使得“赢家通吃”的数字平台市场能够得以恢复竞争，是竞争政策研究的关键议题。平台型组织对竞争政策的挑战将是根本性的，带来行业集中度的提升、垄断行为的隐蔽性、数据垄断的横行等问题。要求政府加快构建符合平台型组织特征的竞争政策新体系。

12.4.1 政策挑战

垄断是平台经济发展的客观现象。在平台经济领域，“赢家通吃”的局面较为普遍，一部分平台发展成为超级平台。超级平台指的是月活跃用户数量达到 10 亿级，对用户具有高黏性并已成为重要新型基础设施，具有强大动员能力与产业支配地位且仍在持续扩张的网络平台（Simon, 2011）。例如，谷歌拥有大约 90% 的互联网搜索市场；脸书占全球社交媒体市场的 2/3，是世界 90% 以上经济体中的顶级社交媒体平台；亚马逊在全球在线零售活动中占据了近 40% 的份额，亚马逊网络服务在全球云基础设施服务市场中所占的份额也近 40%。微信拥有超过 10 亿活跃用户。支付宝、微信的支付解决方案几乎占领了整个中国移动支付市场。阿里巴巴在中国电子商务市场占有近 60% 的份额（联合国贸易和发展会议，2019）。由于网络效应、路径依赖的存在，平台发展往往容易导致市场结构的集中化，形成较为稳定的分层式垄断竞争市场结构，超级平台保持垄断地位的相对稳定性，中小型平台类则呈现出高度流动性的特征。英特尔与微软的

Wintel平台在个人电脑时代称霸，英国ARM公司与谷歌Android平台在移动互联网时代称雄。市场集中度指数（Herfindahl-Hirschman index，HHI）是反映市场集中程度的常用指数，是在判定市场结构中普遍使用的方法。根据指数测定结果，即时通信、搜索引擎、网上购物已经形成高寡占Ⅰ型市场（苏治等，2018）。

平台发展过程具有其特殊性，平台维系着双边甚至多边的群体，这些群体之间具有网络效应，平台成长初期会遭遇“鸡生蛋还是蛋生鸡”难题，而一旦成功发展，又可能“赢家通吃”形成垄断。那些具有较强跨边网络效应、较强同边网络效应、较高转换成本行业特征的平台型组织，具有先天的垄断基因，以倍增的速度发展，往往具有较高的市场占有率，一旦成功发展，极其可能“赢家通吃”形成垄断，某一家或几个大的平台型组织垄断市场。与网络效应一样，平台的数字能力也具有累积效应，有助于平台垄断势力的形成。平台从每次交互中积累数据，不断提升平台提取、控制和分析数据的能力。用户越多，能够获取的数据越多，转化为数字知识的数据越多，相对于其他拥有数据少的竞争对手，公司就越能降低成本、满足客户并改进产品，这也是平台型组织相对于非平台型组织的主要竞争优势。因此，行业龙头市场份额高、市场支配能力强，是数字技术特性决定的，超级平台的垄断地位是难以阻止的，是必然会出现的现象，只要产业发展到一定阶段都会出现这种情况，这是平台经济的典型特征之一。

操作系统、芯片、社交媒体、搜索引擎等领域的平台型组织已经形成垄断格局。那些有效激发网络效应，建立起平台生态系统的平台型组织，如果网络效应用得比较好，就有利于提高用户效用，但也有可能滥用市场支配地位，为了攫取更高市场份额开展不正当竞争。当前，超级平台利用市场地位和资金优势，实施垄断行为，开展不正当竞争，滥用市场支配力量的现象时有发生，在一定程度上扼杀了创新和市场活力。那么，“赢家通吃”的局面是否影响竞争呢？从实践来看，也不能一概而论。BAT[①]是一个耳熟能详的词汇，似乎“大树底下难长草”，然而可以发现，美团、头条系等新型平台生态系统的发展势头迅猛，已经成为新的平台型组织。从理论上来看，区别于行政垄断，平台生态具有用户多归属性，用户在不同平台之间的转移成本不高。平台生态具有网络效应，这是从正向的方向来看，但是从负向的方向来看，平台生态同时也具有“回振效应”，网络一边用户的离场会加速另一边离场的速度，从而导致雪崩式溃败的可能性。平台生态的跨界竞争激烈，然而，之后的事实证明，提供出行服务的平台出现不减反增的态势，美团作为一家以团购起家的平台公司进入出行服务市场，吉利作为一家汽

① BAT，B指百度、A指阿里巴巴、T指腾讯，是中国三大互联网公司百度公司（Baidu）、阿里巴巴集团（Alibaba）、腾讯公司（Tencent）首字母的缩写。

车厂商打造自身的出行服务平台“曹操专车”，首汽、神州等传统汽车约租车公司开始依托互联网提供平台服务，这充分说明垄断格局并未形成。研究表明，竞争并不能必然促使搜索平台提高市场信息传递的效率，对平台的监管应以平台的策略行为而非传统视角下的市场结构为首要条件（曲创和刘重阳，2019）。

12.4.2 政策思路

基于平台的竞争政策应该有两层含义。第一层含义是利用平台型组织、平台经济的优势来促进各行各业的竞争，带动产业整体创新力和竞争力的提升。第二层含义是规范平台型组织的行为，遏制不正当竞争，防范垄断竞争引致的负面效应。

随着平台经济的指数级发展，不少平台型组织快速获取了行业垄断地位，微软、谷歌等超级垄断平台都遭受过反垄断案大调查。表 12-1 显示了美国政府与谷歌、脸书、亚马逊和苹果四大平台的反垄断指控与辩护的关键点。

表 12-1　美国政府与四大平台的反垄断之辩

公司	指控	辩护
谷歌	利用在线上搜索领域的主导地位来巩固在互联网广告界的主导地位，创造出相对于出版商以及在网上销售和发布广告、与其存在竞争关系的科技公司的不公平优势	谷歌在互联网广告领域拥有令人羡慕的地位，但并不拥有垄断性的定价权
	谷歌通过排除其他原本可能与之竞争的公司，来赢得或保持其巨大的在线广告销售市场份额，包括通过合同条款来达成目的，相关条款使得广告主和出版商更难与其他想要与谷歌竞争的广告企业合作	谷歌的行动旨在以最快的速度为客户提供他们想要的信息。该公司称，有时候这意味着将消费者引向谷歌的网站和服务
	谷歌利用其核心业务所占据的主导地位不公平地偏袒自家的其他产品和服务，损害竞争对手的利益	谷歌的很多服务是免费向公众提供的，消费者实际是以他们产生的个人数据来支付费用
脸书	通过收购已构成竞争威胁的初创公司，脸书实现并保持了自身主导地位	脸书称其不具有垄断力量，面临众多竞争对手，包括 Twitter、Snapchat、苹果公司、Pinterest、微软的 Skype、谷歌和亚马逊。 脸书收购了一些能对其业务形成互补的公司，目的是使其社交媒体平台为消费者提供更好的体验，而不是为了消灭竞争对手

续表

公司	指控	辩护
亚马逊	亚马逊的崛起以及帮助其崛起的策略挤压了供应商，损害了对手卖家的利益，给消费者带来了各种不利影响，如产品质量下降和创新减少	亚马逊增长的驱动力来自其为消费者提供低价选择的决心，该公司与对手公平、合法竞争
苹果	苹果可能被指利用自己的 iPhone 应用平台，相较竞争对手的产品和服务，更支持自家产品和服务	苹果公司在任何领域都没有垄断地位，iPhone 在美国的市场份额不足 50%
	苹果可能被指 App Store 存在价格过高问题，因为 iPhone 用户无法在其他地方购买应用	苹果公司表示，其封闭的平台保护了消费者的数据。通过要求 iPhone 用户只能从苹果商店购买，苹果公司确保了软件的安全性，不会让用户的 iPhone 受到病毒或间谍软件的威胁

资料来源：道琼斯风险合规，《美国政府与四大科技巨头的反垄断之辩》

政府需要规范平台生态系统的规制与监管，对平台发展实施合理的规制与监管，将着力点放在维护有效的市场竞争上。平台型组织在相关市场界定、垄断势力测量和福利损失估计三个方面与传统组织具有不同的界定。针对反垄断、反不正当竞争问题的规则与监管应充分考虑平台经济的特性，在“相关市场的界定、市场势力的认定、进入壁垒的衡量、违法认定原则的选取、掠夺性定价的判定”等方面采取有别于一般企业的做法，需要根据行业进入竞争的活跃程度、行业进入壁垒的有无、行业技术更新迭代的频繁度加以精准细分，并且需要综合考虑个人数据保护、消费者选择、市场结构、转换成本和锁定效应等其他各类因素的共同作用。一方面，坚决防止超级平台利用用户、服务、数据的规模优势抑制中小微企业的创新创业活力。另一方面，平台监管的重点是反对垄断行为，而非反对垄断地位，否则不仅会阻碍平台发展，更不利于社会福利的最大化（傅瑜等，2014）。政府竞争政策规制的重点应该以加快形成平台型组织作为“垄断者”与平台生态系统成员作为“竞争者”和谐共生的新局面为目标。

12.5 政策文本分析

“平台经济”已经成为国家各类政策的重要关注对象，受中央、各部门、各地方多个层面的高度重视，有关“平台经济”的政策文件出台频率明显提升，发文层次明显提高，政策措施愈加全面精准，为促进与规范平台经济发展创造了良好的政策环境。

12.5.1 中央政策

平台型组织已经成为产业发展的重要载体和媒介，政府高度重视平台型组织的培育，促进平台经济的成长。国家、行业、地方的政策文本都有大量涉及平台型组织、平台经济的内容。由于平台的内涵比较广泛，有关平台型组织的政策分布在各类政策之中。国家层面不仅专门出台了支持平台经济发展的指导意见，并且在其他很多法律、条例、指南、规划、意见中，均有涉及平台经济的内容。2019 年 8 月，国务院办公厅发布的《国务院办公厅关于促进平台经济规范健康发展的指导意见》（国办发〔2019〕38 号）是指导我国平台经济规范健康发展的首个纲领性文件，是我国平台经济发展的重要里程碑，表明平台经济发展已经提升到国家政策层面。该指导意见明确了政府开展平台经济管理的基本思路、主要举措与牵头部门，既要鼓励平台经济的创新发展，又要加强平台经济的有效治理，从而保证平台经济始终行走在健康有序发展的快车道上。

中央从促进规范健康持续发展，推动信息化、数字化、智能化等方面，出台了大量意见、政策、措施，都将平台经济作为一个非常重要的方面做了专门强调，高度重视平台经济的发展，要求充分发挥平台型组织的基础性、带动性作用。例如，《国民经济和社会发展第十四个五年规划和 2035 年远景目标纲要》提出，“健全共享经济、平台经济和新个体经济管理规范，清理不合理的行政许可、资质资格事项，支持平台企业创新发展、增强国际竞争力。依法依规加强互联网平台经济监管，明确平台企业定位和监管规则，完善垄断认定法律规范，打击垄断和不正当竞争行为”。第十三届全国人民代表大会常务委员会第五次会议通过的《中华人民共和国电子商务法》，明确规定了电子商务平台经营者的法律地位。国务院发布的《国务院关于深化制造业与互联网融合发展的指导意见》明确提出“到 2018 年底，制造业重点行业骨干企业互联网‘双创’平台普及率达到 80%”的发展目标。《粤港澳大湾区发展规划纲要》《长江三角洲区域一体化发展规划纲要》等国家重大区域发展规划也明确提出大力发展平台经济等新业态。表 12-2 显示了近年来国家层面出台涉及平台经济的政策（检索时间截至 2020 年 3 月）。

表 12-2　国家层面出台涉及平台经济的政策

发文机关	文件名	文件内涵
国务院办公厅	国务院办公厅关于促进平台经济规范健康发展的指导意见	互联网平台经济是生产力新的组织方式，是经济发展新动能，对优化资源配置、促进跨界融通发展和大众创业万众创新、推动产业升级、拓展消费市场尤其是增加就业，都有重要作用

续表

发文机关	文件名	文件内涵
第十三届全国人民代表大会常务委员会第五次会议	中华人民共和国电子商务法	本法所称电子商务平台经营者，是指在电子商务中为交易双方或者多方提供网络经营场所、交易撮合、信息发布等服务，供交易双方或者多方独立开展交易活动的法人或者非法人组织
国务院	国务院关于积极推进“互联网+”行动的指导意见	营造开放包容的发展环境，将互联网作为生产生活要素共享的重要平台，最大限度优化资源配置，加快形成以开放、共享为特征的经济社会运行新模式
国务院	国务院关于加快构建大众创业万众创新支撑平台的指导意见	当前，全球分享经济快速增长，基于互联网等方式的创业创新蓬勃兴起，众创、众包、众扶、众筹（以下统称四众）等大众创业万众创新支撑平台快速发展，新模式、新业态不断涌现，线上线下加快融合，对生产方式、生活方式、治理方式产生广泛而深刻的影响，动力强劲，潜力巨大
国务院	国务院关于大力发展电子商务加快培育经济新动力的意见	电子商务与其他产业深度融合，成为促进创业、稳定就业、改善民生服务的重要平台，对工业化、信息化、城镇化、农业现代化同步发展起到关键性作用
国务院办公厅	国务院办公厅关于推动实体零售创新转型的意见	大力发展平台经济，以流通创新基地为基础，培育一批为中小企业和创业者提供专业化服务的平台载体，提高协同创新能力
国务院	国务院关于印发新一代人工智能发展规划的通知	建设布局人工智能创新平台，强化对人工智能研发应用的基础支撑
国务院	国务院关于深化“互联网+先进制造业”发展工业互联网的指导意见	加快工业互联网平台建设。突破数据集成、平台管理、开发工具、微服务框架、建模分析等关键技术瓶颈，形成有效支撑工业互联网平台发展的技术体系和产业体系
国务院	国务院关于深化制造业与互联网融合发展的指导意见	积极搭建支撑制造业转型升级的各类互联网平台，充分汇聚整合制造企业、互联网企业等“双创”力量和资源，带动技术产品、组织管理、经营机制、销售理念和模式等创新，提高供给质量和效率，激发制造业转型升级新动能
中共中央 国务院	粤港澳大湾区发展规划纲要	强化粤港澳联合科技创新，共同将广州南沙打造为华南科技创新成果转化高地，积极布局新一代信息技术、人工智能、生命健康、海洋科技、新材料等科技前沿领域，培育发展平台经济、共享经济、体验经济等新业态

续表

发文机关	文件名	文件内涵
中共中央 国务院	长江三角洲区域一体化发展规划纲要	推动互联网新技术与产业融合，发展平台经济、共享经济、体验经济，加快形成经济发展新动能。提升流通创新能力，打造商产融合产业集群和平台经济龙头企业。建设一批跨境电商综合试验区，构建覆盖率和便捷度全球领先的新零售网络

12.5.2 部门政策

平台经济发展作为一项新生事物，同样受到政府行业主管部门的高度关注。国家发展和改革委员会、工业和信息化部、交通运输部、中国人民银行、商务部、国家市场监督管理总局等部门发布专门文件，一方面鼓励平台大力探索新经济发展、新动能培育的新模式，另一方面针对平台加强监管，防范新事物可能带来的各种风险，促进平台经济更快更好成长。从政策文件来看，单个部门发文的情况比较少见，一般都是多个部门联合发文。《关于促进互联网金融健康发展的指导意见》由中国人民银行牵头，一共有 10 个部门联合发文，充分体现出平台发展不同于一般产业发展的跨部门、跨行业、跨领域、跨区域的特点。值得一提的是，商务部等 12 部门制定并印发的《关于推进商品交易市场发展平台经济的指导意见》，是第一个专门针对平台经济发展的部门政策文件，并强调要逐步形成“集成服务、协同产业的平台经济生态”，这为平台经济发展指明了发展方向。表 12-3 显示了近年来部门层面涉及平台经济的政策（检索时间截至 2020 年 3 月）。

表 12-3 各部门涉及平台经济的政策

发文机关	文件名	文件内涵
商务部等 12 部门	关于推进商品交易市场发展平台经济的指导意见	平台经济是利用互联网、物联网、大数据等现代信息技术，围绕集聚资源、便利交易、提升效率，构建平台产业生态，推动商品生产、流通及配套服务高效融合、创新发展的新型经济形态
交通运输部等 7 部门	网络预约出租汽车经营服务管理暂行办法	本办法所称网络预约出租汽车经营者（以下称网约车平台公司），是指构建网络服务平台，从事网约车经营服务的企业法人
中国人民银行等 10 部门	关于促进互联网金融健康发展的指导意见	积极鼓励互联网金融平台、产品和服务创新，激发市场活力

续表

发文机关	文件名	文件内涵
国家发展和改革委员会等8部门	关于促进分享经济发展的指导性意见	坚持包容审慎的监管原则，探索建立政府、平台企业、行业协会以及资源提供者和消费者共同参与的分享经济多方协同治理机制
工业和信息化部	关于印发《工业互联网平台建设及推广指南》和《工业互联网平台评价方法》的通知	工业互联网平台是面向制造业数字化、网络化、智能化需求，构建基于云平台的海量数据采集、汇聚、分析服务体系，支撑制造资源泛在连接、弹性供给、高效配置
国家发展和改革委员会等17部门	关于大力发展实体经济积极稳定和促进就业的指导意见	强化政策指引和分类指导，创新监管方式，加强行业自律，大力发展平台经济、众包经济、共享经济等新业态新模式，保障从业人员劳动权益，充分释放新动能带动就业效应
国家发展和改革委员会等15部门	关于推动先进制造业和现代服务业深度融合发展的实施意见	提升平台型企业和机构综合服务效能。坚持包容审慎和规范监管，构建若干以平台型企业为主导的产业生态圈，发挥其整合资源、集聚企业的优势，促进产销精准连接、高效畅通
国家发展和改革委员会等2部门	关于新时代服务业高质量发展的指导意见	引导平台经济、共享经济、体验经济等新模式有序发展
国家市场监督管理总局等2部门	关于印发《服务业质量提升专项行动方案》的通知	鼓励企业依托现有生产能力、基础设施、能源资源等发展平台经济、共享经济，提供基于互联网的个性化、柔性化、分布式服务
国家市场监督管理总局	关于平台经济领域的反垄断指南（征求意见稿）	平台经济，是指由互联网平台协调组织资源配置的一种经济形态
工业和信息化部	关于印发《推动企业上云实施指南（2018-2020年）》的通知	支持各类企业和创业者以云计算平台为基础，利用大数据、物联网、人工智能、区块链等新技术，积极培育平台经济、分享经济等新业态新模式

12.5.3　地方政策

从地方层面来看，上海于2014年在全国率先出台了有关平台经济发展的专门指导意见。之后，江苏、湖北、福建、广西、重庆等相继出台了专门关于平台经济发展的指导意见，对本省（自治区、直辖市）平台经济的发展提出具体的政策目标、政策任务和政策保障措施。上海、江苏、湖北、福建、广西、重庆有关平台经济的政策都由省级政府发布，政策目标、政策任务和政策保障措施等方面都具有较强的可比性。表12-4显示了近年来上海、江苏、湖北、福建等地方涉及平台经济的政策。

表 12-4　地方涉及平台经济的政策

地方	年份	文件名
上海	2014 年	关于上海加快推动平台经济发展的指导意见
江苏	2015 年	江苏省政府关于加快互联网平台经济发展的指导意见
湖北	2015 年	湖北省人民政府关于加快互联网平台经济发展的指导意见
福建	2019 年	福建省人民政府关于加快平台经济发展的实施意见
	2019 年	福建省促进平台经济规范健康发展五条措施
广西	2020 年	广西促进平台经济规范健康发展的实施方案
重庆	2020 年	重庆市人民政府办公厅关于促进平台经济规范健康发展的实施意见

收集各省（自治区、直辖市）有关平台经济的政策文本，采用 NVIVO 软件，把高频词分为名词和动词，其中名词主要表征政策对象，动词主要表征政策行为，形成政策文本中高频词的词云图和词频列表，见图 12-1。

图 12-1　平台经济政策文本词云图

表 12-5 展示了各省市平台经济政策文本高频词统计。从政策对象来看，平台经济政策的面向内容主要有平台（342 次）、经济（260 次）、企业（221 次）、市场（175 次）、交易（165 次）、互联网（129 次）、信息（101 次）。从政策行为来看，

平台经济政策所采取的举措类型主要有发展（315 次）、服务（274 次）、管理（159 次）、加快（143 次）、促进（132 次）、支持（126 次）和建设（107 次）。

表 12-5　各省市平台经济政策文本高频词统计

政策对象			政策行为		
单词	计数/次	加权百分比/%	单词	计数/次	加权百分比/%
平台	342	2.61	发展	315	2.40
经济	260	1.99	服务	274	2.04
企业	221	1.69	管理	159	0.78
市场	175	1.34	加快	143	0.84
交易	165	1.01	促进	132	0.61
互联网	129	0.99	支持	126	0.87
信息	101	0.77	建设	107	0.82
创新	96	0.73	推动	99	0.65
行业	94	0.60	提供	96	0.63
领域	94	0.57	建立	87	0.55
体系	88	0.67	监管	70	0.53
产业	83	0.63	加强	69	0.42
功能	83	0.40	鼓励	62	0.47
商务	73	0.56	推进	57	0.44
标准	71	0.53	形成	64	0.39

从上海、江苏、湖北、福建、广西、重庆对平台经济发展的认识来看，这些地方都将互联网作为最为重要的使能技术来抓，江苏、湖北直接在文件标题中提出加快发展“互联网平台经济”，充分认识到互联网作为“平台之母”的重要地位和作用。随着时间的演进，对新一代信息技术的范畴逐步深入，物联网、大数据、区块链、人工智能等重要的现代信息技术成为制定平台经济政策，加快平台经济发展的重要依托，平台经济的概念也从狭义的互联网平台经济，变更为广义的现代平台经济。

从对平台经济关键功能的认识来看，可以分为两个层面：一个层面是平台经济的直接作用，如上海、福建强调平台经济发展的集聚资源、便利交易、提升效率等典型功能；另一个层面是平台经济的间接作用，如江苏、湖北都强调了平台经济在促进新经济发展，带动传统经济转型，建设现代经济体系等方面的引领性、示范性、带动性作用。

从对平台经济形态的认识来看，上海、江苏、福建都认为平台经济是一种新型经济形态，湖北则认为平台经济是一种网络化经济形态，无论是新型经济形态，还是网络化经济形态，都表示平台经济是一种不同于传统经济形态的特征。各省（直辖市）有关平台经济描述见表 12-6。

表 12-6 各省（直辖市）有关平台经济描述

地方	使能技术	关键功能	经济形态
上海	互联网； 云计算	整合产业链； 融合价值链； 提高市场配置资源效率	新型经济形态
江苏	互联网； 云计算	推动产业持续创新和经济转型升级； 加快构建现代产业体系； 促进经济发展迈上新台阶	新型经济形态
湖北	互联网	促进产业持续创新； 引领新兴经济增长； 加快经济转型升级	网络化经济形态
福建	互联网； 物联网； 大数据	集聚资源、便利交易、提升效率； 构建平台产业生态； 推动商品生产、流通及配套服务高效融合、创新发展	新型经济形态

接下来从政策目标、政策任务、政策措施三个方面对各地方有关平台经济的发展政策进行分析比较。

12.5.3.1 政策目标

上海、江苏、湖北、福建平台政策目标见表 12-7。上海、江苏、湖北、福建都强调要抓住平台经济发展带来的重大机遇，促进平台经济发展总体规模和发展水平的明显提升。

表 12-7 上海、江苏、湖北、福建平台政策目标

地方	政策目标
上海	力争到“十二五”末，以大宗商品贸易、个人消费服务、农产品流通等市场转型为突破口，打造一批具有国际或区域影响力的平台型交易中心和市场，逐步形成“万商云集、万亿能级”的现代市场新格局，实现贸易倍增，提高上海国际贸易中心竞争力
江苏	围绕商品交易、服务供给、要素支撑等重点方向，结合我省产业发展特色和平台经济发展基础，突出重点领域，通过 3 ~5 年努力，打造一批具有国际或区域影响力的平台型交易中心，培育一批特色鲜明、竞争力强的平台经济品牌企业，形成一批分工明确、协同发展的平台经济产业链，建设一批功能完备、配套完善的平台经济集聚区。力争到 2020 年，全省平台经济整体规模和竞争能力居全国前列，形成以平台经济形态为鲜明特征的服务经济产业结构，为全省产业转型升级提供重要支撑

续表

地方	政策目标
湖北	到 2020 年，力争全省互联网平台经济整体规模和竞争能力居中部前列，在全国明显进档升位，为全省产业转型升级提供重要支撑
福建	到 2020 年，形成一批特色鲜明、竞争力强的平台企业，培育一批国内知名的工业互联网行业应用平台、电子商务平台和物流服务平台，发展一批国内领先的信息消费、家庭服务、健康医疗等细分领域平台，金融、科技、信息、商务等配套体系进一步健全，平台经济总体规模和发展水平进一步提升

江苏、湖北平台政策目标见表 12-8。除了对政策目标的定性描述之外，江苏、湖北制定了明确的定量指标。例如，江苏从平台经济、平台企业、平台产业集聚度、平台经济竞争能力四个方面确立了具体的政策目标。湖北从平台经济、平台企业、平台产业集聚区三个方面确立了具体的政策目标。

表 12-8　江苏、湖北平台政策目标

地方	平台企业目标	平台产业目标	平台经济目标
江苏	拥有一批具有较强知名度和竞争力的重点互联网平台企业，到 2020 年，营业收入超 1000 亿元的互联网平台企业 5 家，超 500 亿元的互联网平台企业 10 家。平台交易额进入国内同类型平台前三位的企业平台数达 20 家以上	到 2020 年，培育 2 个规模超万亿元、在国内具有竞争优势的平台经济产业集群；形成 10 个规模总量超千亿元、具有江苏特色的平台经济产业门类；建成 10 个主导产业突出、层次水平较高的平台经济集聚区	规模以上（列统）平台企业营业收入年均增长 20% 以上，税收贡献年均增长 15% 以上。 全省平台经济总体规模、发展速度、产业贡献等重要指标位居全国前列
湖北	到 2020 年，营业收入超 500 亿元的互联网平台企业 10 家以上，拥有超 1000 亿元的互联网平台企业，平台交易额进入国内同类型平台前三位的企业平台数达 15 家以上	到 2020 年，“一主两副”中心城市建成在国内具有竞争优势的平台经济产业集群；全省建成若干个各具特色、主导产业突出的产业集聚区	规模以上（列统）平台企业营业收入年均增长 20% 以上，税收贡献年均增长 15% 以上。网络零售交易额年均增长 30% 以上

总体来看，上海、江苏、湖北、福建对平台经济发展有着较为明确的目标指引。但是对平台经济发展的形态认识上还存在欠缺，特别是在目标描述中，都未写入“平台经济生态”的有关内容。事实上，平台经济是以平台生态系统的存在和运营为前提的，应该将平台经济生态系统培育作为一项重要的内容列入平台经济发展目标。

12. 5. 3. 2　政策任务

表 12-9 展示了上海、江苏、湖北、福建、重庆平台发展任务。上海、江苏、

湖北、福建和重庆确定了主要的平台发展类型，平台类型既有共同点，又有差异性。从共同点来看：①上海、江苏、湖北、福建和重庆都强调要大力发展物流专业服务平台，培育第三方、第四方物流服务平台发展，这符合我国物流业发展的实际情况。我国物流成本过高，物流效率过低，利用新技术、新模式改造传统物流行业具有极大空间。②上海、江苏、湖北、福建和重庆都高度重视各类交易服务平台的培育发展，包括农产品交易、电子商务交易等各类交易服务平台，提高交易效率和便捷性。从差异性来看，上海、江苏、湖北、福建和重庆根据各自的市场优势、区域优势，在培育发展平台经济的重点任务方面各有侧重，如上海强调大力发展大宗商品现货国际交易平台，与上海国际贸易中心的战略定位高度一致。

表 12-9　上海、江苏、湖北、福建、重庆平台发展任务

地方	平台类型
上海	1. 大宗商品现货国际交易平台 2. 消费服务和农产品流通平台 3. 物流、金融、资讯专业服务平台 4. 商务领域公共服务平台 5. 社会化、专业化平台企业
江苏	1. 网络销售服务平台 2. 大宗商品现货交易网络服务平台 3. 物流专业服务平台 4. 细分服务平台 5. 信息资讯服务平台 6. 互联网金融服务平台 7. 线上线下结合、跨界业务融合平台模式
湖北	1. 商贸销售服务平台 2. 企业供应交易服务平台 3. 物流专业服务平台 4. 互联网金融服务平台 5. 社会资讯服务平台 6. 政务公共服务平台
福建	1. 工业互联网平台 2. 电子商务平台 3. 物流专业服务平台 4. 传统市场交易网络服务平台 5. 多样化细分领域服务平台

续表

地方	平台类型
重庆	1. 工业互联网平台 2. 电商物流平台 3. 创新创业互联网平台 4. 金融服务平台 5. 公共服务互联网平台 6. 新兴细分互联网平台

总体来看，上海、江苏、湖北、福建和重庆培育发展平台经济的侧重点主要聚焦在产业链的中下游，价值链的中后端，重点发展物流、金融、交易、资讯等各类平台，利用互联网、大数据、人工智能等新一代信息技术来提升消费端、用户端的效率，更好匹配供给需求。上海、江苏、湖北、福建和重庆平台经济任务缺乏对产业链上游、价值链中前端的平台发展培育。例如，对涉及生产环节、制造领域、研发阶段的平台发展关注较少，只有福建明确提出要打造工业互联网平台。上海、江苏、湖北、福建和重庆更加关注平台经济的场景应用侧发展，对支撑平台经济发展的底层技术，如芯片、传感器、算法等底层技术缺乏布局，对平台经济发展的生态建设，如平台框架体系的开放创新缺乏布局。上海、江苏、湖北、福建和重庆重视媒介型平台的发展，而对载体型平台，如工业互联网平台、人工智能平台等载体型平台的关注度不高。重庆则高度重视工业互联网平台发展，从夯实基础服务平台，加快发展制造业开放服务平台，加快发展第三方服务平台，促进“互联网+先进制造”模式应用等方面提出推进举措。

12.5.3.3 政策措施

上海、江苏、湖北、福建、广西、重庆都强调要为平台经济发展提供全方位的政策保障。上海、江苏、湖北、福建都强调要围绕平台经济发展建立工作协调推进机制，重庆提出建立促进平台经济规范健康发展联席会议制度。平台经济的发展涉及多个行业领域、多个主管部门，因此建立协调推进机制是促进平台经济发展的重要措施。

上海、江苏、湖北、福建、重庆都强调要围绕平台经济发展建立统计监测和标准机制，加强统计监测和评估。平台经济发展日新月异，加强监测有利于了解平台经济发展的动态情况，加强标准建设有利于促进平台经济持续健康发展和提高竞争力。重庆市强调科学合理界定政府、平台、消费者和服务商的权利、责任及义务，不得将本该由政府承担的监管责任转嫁给平台。

表12-10展示了上海、江苏、湖北、福建平台发展保障措施。总体来看，上

海、江苏、湖北、福建制定的平台发展保障措施，与一般产业发展政策的保障措施有很大程度的相似之处，尚未将“平台治理”理念引入到平台经济发展过程之中，对如何引导平台持续健康发展、建设完善平台治理体系的政策关注不够，未能充分反映出平台经济发展的特征和要求。政府如何构建更加适应平台经济发展特征的政策体系还是一个有待探讨的研究问题。

表 12-10　上海、江苏、湖北、福建平台发展保障措施

地方	政策措施
上海	1. 建立平台经济联合推进机制； 2. 健全各类平台运营的规则和标准； 3. 认定一批平台示范和培育项目； 4. 加强平台统计监测和行业组织建设； 5. 加大平台经济发展政策扶持力度
江苏	1. 建立健全工作协调推进机制； 2. 加大财税政策引导支持力度； 3. 改善平台企业融资环境； 4. 加强平台经济人才队伍建设； 5. 开展平台经济统计监测和标准信用体系建设
湖北	1. 建立健全工作协调推进机制； 2. 加大财税政策引导支持力度； 3. 改善平台企业融资环境； 4. 规范平台经济市场竞争行为； 5. 开展平台经济统计监测和标准体系建设
福建	1. 健全推进机制； 2. 加大政策扶持； 3. 开展示范创新； 4. 促进健康发展

参考文献

埃文斯 . 2016. 平台经济学：多边平台产业论文集 . 北京：经济科学出版社 .

埃文斯，哈久，施马兰西 . 2010. 看不见的引擎：软件平台驱动下的产业创新和转型 . 陈宏民，胥莉，张艳华，译 . 北京：清华大学出版社 .

埃文斯，施马兰西 . 2011. 触媒密码：世界最具活力公司的战略 . 陈英毅，译 . 北京：商务印书馆 .

奥斯特罗姆 . 2012. 公共事物的治理之道：集体行动制度的演进 . 余逊达，陈旭东，译 . 上海：上海译文出版社 .

巴曙松 . 2009. 地方政府投融资平台的发展及其风险评估 . 西南金融，（4）：136-147.

布什 . 2005. 科学——没有止境的前沿 . 上海：商务印书馆 .

蔡宁，王节祥，杨大鹏 . 2015. 产业融合背景下平台包络战略选择与竞争优势构建——基于浙报传媒的案例研究 . 中国工业经济，（5）：96-109.

蔡斯 . 2015. 共享经济：重构未来商业新模式 . 王芮，译 . 杭州：浙江人民出版社 .

陈春花，刘祯 . 2017. 水样组织：一个新的组织概念 . 外国经济与管理，39（7）：3-14.

陈光华，梁嘉明，杨国梁 . 2014. 企业吸收能力、政府研发资助与外部知识获取对产学研创新绩效的影响研究 . 中国科技论坛，（7）：68-74.

陈光华，王建冬，郭明军 . 2013. 中美俄创新集群建设模式比较研究 . 科技与经济，26（6）：31-35.

陈光华，王烨，杨国梁 . 2015. 地理距离阻碍跨区域产学研合作绩效了吗？科学学研究，33（1）：76-82.

陈光华，杨国梁 . 2015. 边界效应对跨区域产学研合作创新绩效的影响研究——来自广东省的证据 . 研究与发展管理，27（1）：92-99.

陈劲 . 2013. 创新管理及未来展望 . 技术经济，32（6）：1-9，84.

陈少威，范梓腾 . 2019. 数字平台监管研究：理论基础、发展演变与政策创新 . 中国行政管理，（6）：30-35.

陈威如，余卓轩 . 2013. 平台战略：正在席卷全球的商业模式革命 . 北京：中信出版社 .

陈小勇 . 2017. 产业集群的虚拟转型 . 中国工业经济，（12）：78-94.

陈永伟 . 2018. 平台反垄断问题再思考："企业-市场二重性"视角的分析 . 竞争政策研究，（5）：25-34.

程贵孙 . 2009. 平台型产业反垄断规制的几个关键问题研究 . 当代财经，（7）：71-76.

程贵孙，陈宏民，孙武军 . 2006. 双边市场视角下的平台企业行为研究 . 经济理论与经济管理，（9）：55-60.

程贵孙，陈宏民，孙武军，等. 2009. 双边市场下电视传媒平台兼并的福利效应分析. 管理科学学报，(2)：9-18.
程立茹. 2013. 互联网经济下企业价值网络创新研究. 中国工业经济，(9)：82-94.
崔晓明，姚凯，胡君辰，2014. 交易成本、网络价值与平台创新——基于 38 个平台实践案例的质性分析. 研究与发展管理，26 (3)：22-31.
方军，程明霞，徐思彦. 2018. 平台时代. 北京：机械工业出版社.
方兴东，严峰. 2019. 网络平台“超级权力”的形成与治理. 人民论坛·学术前沿，(14)：90-101，111.
冯华，陈亚琦. 2016. 平台商业模式创新研究——基于互联网环境下的时空契合分析. 中国工业经济，(3)：99-113.
冯然. 2017. 竞争约束、运行范式与网络平台寡头垄断治理. 改革，(5)：106-113.
弗里曼. 2008. 技术政策与经济绩效：日本国家创新系统的经验. 张宇轩，译. 南京：东南大学出版社.
傅瑜，隋广军，赵子乐. 2014. 单寡头竞争性垄断：新型市场结构理论构建——基于互联网平台企业的考察. 中国工业经济，(1)：140-152.
富金鑫，李北伟. 2018. 新工业革命背景下技术经济范式与管理理论体系协同演进研究. 中国软科学，(5)：171-178.
郭广珍，张玉兰，胡可嘉. 2017. 封闭与开放平台的选择策略：基于需求与成本优势的下游厂商博弈分析. 中国工业经济，(3)：64-82.
国家统计局社会科技和文化产业统计司. 2016. 2014 年全国企业创新调查统计资料. 北京：中国统计出版社.
国家信息中心分享经济研究中心. 2019. 中国共享经济发展年度报告.
海尔集团公司. 2016. 海尔集团公司国家双创示范基地工作方案.
韩沐野. 2017. 传统科层制组织向平台型组织转型的演进路径研究——以海尔平台化变革为案例. 中国人力资源开发，(3)：114-120.
胡海波，卢海涛. 2018. 企业商业生态系统演化中价值共创研究——数字化赋能视角. 经济管理，40 (8)：55-71.
黄，霍洛维茨. 2015. 硅谷生态圈：创新的雨林法则. 北京：机械工业出版社.
黄纯纯. 2011. 网络产业组织理论的历史、发展和局限. 经济研究，(4)：147-160.
黄晓伟. 2019. 互联网平台垄断问题的算法共谋根源及协同治理思路. 中国科技论坛，(9)：9-12.
黄再胜. 2019. 网络平台劳动的合约特征、实践挑战与治理路径. 外国经济与管理，41 (7)：99-111，136.
加威尔，库苏麦诺. 2007. 平台领导：英特尔、微软和思科如何推动行业创新. 广州：广东经济出版社.
江飞涛，李晓萍. 2018. 改革开放四十年中国产业政策演进与发展——兼论中国产业政策体系的转型. 管理世界，34 (10)：73-85.
江积海，李琴. 2016. 平台型商业模式创新中连接属性影响价值共创的内在机理——Airbnb 的案例研究．管理评论，28（7）：252-260.
江小涓．2017. 高度联通社会中的资源重组与服务业增长．经济研究，52（3）：4-17.
井明灿，万风．2016. API经济是制造业+互联网的连接器．中国工业评论，（10）：12-17.
卡尔森，威尔莫特．2007. 创新：变革时代的成长之道．蒋怡，黄水平，译．北京：北京师范大学出版社．
卡斯特．2001. 网络社会的崛起．北京：北京社会文献出版社．
库斯玛诺．2013. 耐力制胜：管理战略与创新的六大永恒法则．万江平，万丹，译．北京：科学出版社．
李广乾，陶涛．2018. 电子商务平台生态化与平台治理政策．管理世界，34（6）：104-109.
李海舰，李燕．2019. 企业组织形态演进研究——从工业经济时代到智能经济时代．经济管理，41（10）：22-36.
李海舰，田跃新，李文杰．2014. 互联网思维与传统企业再造．中国工业经济，（10）：135-146.
李海舰，朱芳芳．2017. 重新定义员工——从员工1.0到员工4.0的演进．中国工业经济，(10)：156-173.
李杰．2019. 工业人工智能．上海：上海交通大学出版社．
李巍，董江原，杨雪程．2018. 平台型企业商业模式创新的路径及实现机制——基于秒银科技的案例研究．管理案例研究与评论，11（4）：333-348.
李悦雷，郭阳，张维．2013. 中国P2P小额贷款市场借贷成功率影响因素分析．金融研究，（7）：126-138.
李允尧，刘海运，黄少坚．2013. 平台经济理论研究动态．经济学动态，（7）：123-129.
联合国贸易和发展会议．2019. 2019年数字经济报告．
联合国贸易和发展会议．2020. 让“赢家通吃”的数字平台市场恢复竞争．
刘家明，柳发根．2019. 平台型创新：概念、机理与挑战应对．中国流通经济，33（10）：51-58.
刘江鹏．2015. 企业成长的双元模型：平台增长及其内在机理．中国工业经济，（6）：148-160.
刘林青，雷昊，谭力文．2010. 从商品主导逻辑到服务主导逻辑——以苹果公司为例．中国工业经济，（9）：57-66.
刘绍荣，夏宁敏．2019. 产业赋能平台：智能时代的商业模式变革——以贝壳与58同城的平台攻防战为例．清华管理评论，（Z1）：124-134.
刘绍荣，夏宁敏，唐欢，等．2019. 平台型组织．北京：中信出版社．
刘燕华，王文涛．2014. 新一轮工业革命与我国创新能力建设的思考．中国科学院院刊，29（1）：27-33.
卢远瞩，张旭．2015. 电视平台竞争：从免费模式到付费模式．经济学（季刊），14（2）：731-756.
陆亚东，孙金云．2014. 复合基础观的动因及其对竞争优势的影响研究．管理世界，（7）：93-106，188.
路风．2018. 论产品开发平台．管理世界，34（8）：106-129，192.

罗珉，李亮宇.2015. 互联网时代的商业模式创新：价值创造视角．中国工业经济，（1）：95-107.
罗森伯格.2004. 探索黑箱：技术、经济学和历史．北京：商务印书馆.
罗仲伟，李先军，宋翔，等.2017. 从“赋权”到“赋能”的企业组织结构演进——基于韩都衣舍案例的研究．中国工业经济，(9)：174-192.
罗仲伟，任国良，焦豪，等.2014. 动态能力、技术范式转变与创新战略：基于腾讯微信“整合”与“迭代”微创新的纵向案例分析．管理世界，(8)：152-168.
马骏，张永伟，袁东明.2018. 万物互联和智能化趋势下的企业变革、产业变革及制度供给．北京：中国发展出版社.
迈尔-舍恩伯格.2013. 大数据时代：生活、工作与思维的大变革．杭州：浙江人民出版社.
麦克里斯特尔.2017. 赋能：打造应对不确定性的敏捷团队．林爽喆，译．北京：中信出版社.
穆胜.2018. 释放潜能：平台型组织的进化路线图．北京：人民邮电出版社.
诺思.2008. 制度、变迁与经济绩效．杭行，译．上海：格致出版社.
欧黎明，朱秦.2009. 社会协同治理：信任关系与平台建设．中国行政管理，(5)：120-123.
帕克等.2017. 平台革命：改变世界的商业模式．北京：机械工业出版社.
彭剑锋，云鹏.2015. 海尔能否重生：人与组织关系的颠覆与重构．杭州：浙江大学出版社.
皮萨诺，史.2014. 制造繁荣：美国为什么需要制造业复兴．北京：机械工业出版社.
戚聿东，李颖.2018. 新经济与规制改革．中国工业经济，(3)：5-23.
钱德勒.2006. 塑造工业时代：现代化学工业和制药工业的非凡历程．北京：华夏出版社.
钱平凡，陈光华，温琳.2014. 平台研究国际进展与侧重点及政策含义．发展研究，（5）：80-83.
钱平凡，钱鹏展.2017. 平台生态系统发展精要与政策含义．新经济导刊，(6)：79-85.
曲创，刘重阳.2019. 平台竞争一定能提高信息匹配效率吗？——基于中国搜索引擎市场的分析．经济研究，54（8）：120-135.
曲振涛，周正，周方召.2010. 网络外部性下的电子商务平台竞争与规制——基于双边市场理论的研究．中国工业经济，(4)：122-131.
芮明杰.2018. 构建现代产业体系的战略思路、目标与路径．中国工业经济，(9)：24-40.
芮明杰，等.2018. 平台经济：趋势与战略．上海：上海财经大学出版社.
桑福德，泰勒.2008. 开放性成长 商业大趋势：从价值链到价值网络．刘曦，译．北京：东方出版社.
邵鹏，胡平.2016. 电子商务平台商业模式创新与演变的案例研究．科研管理，37（7）：81-88.
沈蕾，何佳婧.2018. 平台品牌价值共创：概念框架与研究展望．经济管理，40（7）：193-208.
施密特，罗森伯格，伊格尔.2015. 重新定义公司．北京：中信出版社.
石海瑞，孙国强，张宝建.2018. 平台生态系统演化的基模构建及政策解析．中国科技论坛，（7）：113-123.
史普润，江可申.2014. 平台经济分析框架下垄断机场定价策略分析．管理评论，26（6）：

33-41.
苏治，荆文君，孙宝文. 2018. 分层式垄断竞争：互联网行业市场结构特征研究：基于互联网平台类企业的分析. 管理世界，34（4）：80-100，187-188.
孙宝文. 2016. 财务困境识别：中国 P2P 平台的风险特征研究. 中央财经大学学报，（7）：32-43，55.
万兴，杨晶. 2015. 从多边市场到产业平台——基于中国视频网站演化升级的研究. 经济与管理研究，36（11）：81-89.
汪旭晖，张其林. 2015. 平台型网络市场“平台—政府”双元管理范式研究——基于阿里巴巴集团的案例分析. 中国工业经济，（3）：135-147.
汪旭晖，张其林. 2016. 平台型电商企业的温室管理模式研究——基于阿里巴巴集团旗下平台型网络市场的案例. 中国工业经济，（11）：108-125.
汪玉凯. 2018. 平台经济的发展与治理. 中国信息界，（4）：42-45.
王凤彬，王骁鹏，张驰. 2019. 超模块平台组织结构与客制化创业支持——基于海尔向平台组织转型的嵌入式案例研究. 管理世界，35（2）：121-150，199-200.
王节祥. 2018. 平台研究的流派、趋势与理论框架——基于文献计量和内容分析方法的诠释. 商业经济与管理，（3）：20-35.
王如玉，梁琦，李广乾，2018. 虚拟集聚：新一代信息技术与实体经济深度融合的空间组织新形态. 管理世界，34（2）：13-21.
王生金，徐明. 2014. 平台企业商业模式的本质及特殊性. 中国流通经济，28（8）：106-111.
王文珍，李文静. 2017. 平台经济发展对我国劳动关系的影响. 中国劳动，（1）：4-12.
王玉梅，徐炳胜. 2014. 平台经济与上海的转型发展. 上海：上海社会科学院出版社.
魏际刚. 2018. 新时期中国产业政策调整思路. 发展研究，（10）：12-16.
文魁，徐则荣. 2013. 制度创新理论的生成与发展. 当代经济研究，（7）：52-56.
吴海民，王建军. 2013. “第四利润源”研究的理论与实践：一个文献综述. 产经评论，4（2）：92-100.
肖红军，李平. 2019. 平台型企业社会责任的生态化治理. 管理世界，35（4）：120-144，196.
谢德荪. 2016. 重新定义创新转型期的中国企业智造之道. 北京：中信出版社.
谢伏瞻. 2019. 论新工业革命加速拓展与全球治理变革方向. 经济研究，54（7）：4-13.
谢平，邹传伟. 2012. 互联网金融模式研究. 金融研究，（12）：11-22.
徐晋，张祥建. 2006. 平台经济学初探. 中国工业经济，（5）：40-47.
许正中，高常水. 2010. 产业创新平台与先导产业集群：一种区域协调发展模式. 经济体制改革，（4）：136-140.
薛捷，张振刚. 2006. 国外产业共性技术创新平台建设的经验分析及其对我国的启示. 科学学与科学技术管理，（12）：88-93.
薛澜，赵静. 2019. 走向敏捷治理：新兴产业发展与监管模式探究. 中国行政管理，（8）：28-34.
燕晓飞. 2018. 中国职工状况研究报告. 北京：社会科学文献出版社.
扬西蒂，莱维恩. 2006. 共赢：商业生态系统对企业战略、创新和可持续性的影响. 北京：商务印书馆.
杨东.2018. 监管科技：金融科技的监管挑战与维度建构. 中国社会科学，（5）：69-91，205-206.
杨学成，涂科.2017. 出行共享中的用户价值共创机理——基于优步的案例研究. 管理世界，（8）：154-169.
叶琼伟，张谦，杜萌，等.2016. 基于双边市场理论的社交网络广告定价分析. 南开管理评论，19（1）：169-178.
叶秀敏.2016. 平台经济的特点分析. 河北师范大学学报（哲学社会科学版），(2)：114-120.
伊斯梅尔，马隆，范吉.2015. 指数型组织：打造独角兽公司的11个最强属性. 苏健，译. 杭州：浙江人民出版社.
游达明，朱桂菊.2011. 区域性科技金融服务平台构建及运行模式研究. 中国科技论坛，(1)：40-46.
袁勇，王飞跃.2016. 区块链技术发展现状与展望. 自动化学报，42（4）：481-494.
曾国屏，苟尤钊，刘磊.2013. 从"创新系统"到"创新生态系统". 科学学研究，31（1）：4-12.
张辉，刘奕.2012. 基于"情景-应对"的国家应急平台体系基础科学问题与集成平台. 系统工程理论与实践，32（5）：947-953.
张金萍，周游.2005. 基于商业生态系统的企业竞争战略. 管理世界，(6)：159-160，166.
张利飞，张运生.2013. 智能手机产业操作系统平台竞争战略研究. 中国软科学，（4）：148-158.
张向达，张超.2018. "互联网+"视角下政府与市场边界调整及再平衡分析. 学习与探索，(10)：72-77.
张骁，吴琴，余欣.2019. 互联网时代企业跨界颠覆式创新的逻辑. 中国工业经济，（3）：156-174.
张小宁.2014. 平台战略研究评述及展望. 经济管理，36（3）：190-199.
张小宁，赵剑波.2015. 新工业革命背景下的平台战略与创新——海尔平台战略案例研究. 科学学与科学技术管理，36（3）：77-86.
赵福全，刘宗巍，李赞.2017. 汽车产品平台化模块化开发模式与实施策略. 汽车技术，(6)：1-6.
赵世佳，徐楠，尚勇.2019. 我国下一代电动汽车平台研发和产业化的发展现状、需求及建议. 科学管理研究，37（4）：52-56.
中国人民大学劳动人事学院课题组.2019. 阿里巴巴零售平台就业机会测算与平台就业体系研究报告.
中国信息通信研究院.2018. 物联网白皮书.
中国信息通信研究院.2019. 互联网平台治理研究报告.
周文辉，邓伟，陈凌子.2018a. 基于滴滴出行的平台企业数据赋能促进价值共创过程研究. 管理学报，15（8）：1110-1119.
周文辉，李兵，周依芳，等.2018b. 创业平台赋能对创业绩效的影响：基于"海尔+雷神"的案例研究．管理评论，30（12）：276-284.
朱芳芳．2018. 平台商业模式研究前沿及展望．中国流通经济，32（5）：108-117.
Berg J，Furrer M，Harmon E，等．2019. 全球数字平台劳动者就业研究．中国劳动，（4）：72-96.
Kenney M，Zysman J，贾开．2016. 平台经济的崛起．经济导刊，（6）：64-69.
Alstyne M W V，Parker G G，Choudary S P. 2016. Pipelines，platforms，and the new rules of strategy. Harvard Business Review，94（4）：54-60，62.
Armstrong M. 2006. Competition in two-sided markets. The RAND Journal of Economics，37（3）：668-691.
Armstrong M，Wright J. 2007. Two-sided markets，competitive bottlenecks and exclusive contracts. Economic Theory，32（2）：353-380.
Asheim B T，Boschma R，Cooke P. 2011. Constructing regional advantage：Platform policies based on related variety and differentiated knowledge bases. Regional Studies，45（7）：893-904.
Belleflamme P，Peitz M. 2010. Platform competition and seller investment incentives. European Economic Review，54（8）：1059-1076.
Boudreau K. 2010. Open platform strategies and innovation：granting access vs. devolving control. Management Science，56（10）：1849-1872.
Boudreau K J. 2012. Let a thousand flowers bloom? an early look at large numbers of software app developers and patterns of innovation. Organization Science，23（5）：1409-1427.
Boudreau K J. 2017. Platform boundary choices & governance：Opening-up while still coordinating and orchestrating. Entrepreneurship，Innovation，and Platforms，227-297.
Boudreau K J，Hagiu A. 2009. Platform Rules：Multi-Sided Platforms as Regulators. Cheltenham，UK：Edward Elgar Publishing Limited.
Boudreau K J，Jeppesen L B. 2015. Unpaid crowd complementors：The platform network effect mirage. Strategic Management Journal，36（12）：1761-1777.
Ceccagnoli M，Forman C，Huang P，et al. 2012. Co-creation of value in a platform ecosystem：The case of enterprise software. MIS Quarterly，36（1）：263-290.
Cennamo C. 2018. Building the value of next-generation platforms：The paradox of diminishing returns. Journal of Management，44（8）：3038-3069.
Chen G H，Yang G L，He F，et al. 2019. Exploring the effect of political Borders on university-industry collaborative research performance：Evidence from China's Guangdong Province. Technovation，82-83：58-69.
Chu J H，Manchanda P. 2016. Quantifying cross and direct network effects in online consumer-to-consumer platforms. Marketing Science，35（6）：870-893.
Cohen J E. 2019. Between Truth and Power：The Legal Constructions of Informational Capitalism. Oxford：Oxford University Press.
Cooke P. 2012. From clusters to platform policies in regional development. European Planning Studies，20（8）：1415-1424.

Dal Y J. 2015. Digital Platforms, Imperialism and Political Culture. New York: Routledge.

Dedrick J, West J. 2004. An exploratory study into open source platform adoption. Faculty Publications. Proceedings of the 37th Annual Hawaii International Conference.

deReuver M, Sørensen C, Basole R C. 2018. The digital platform: A research agenda. Journal of Information Technology, 33 (2): 124-135.

Eckhardt J T, Ciuchta M P, Carpenter M. 2018. Open innovation, information, and entrepreneurship within platform ecosystems. Strategic Entrepreneurship Journal, 12 (3): 369-391.

Economides N, Katsamakas E. 2006. Two-sided competition of proprietary vs. open source technology platforms and the implications for the software industry. Management Science, 52 (7): 1057-1071.

Economides N, Tåg J. 2012. Network neutrality on the Internet: A two-sided market analysis. Information Economics and Policy, 24 (2): 91-104.

Economist. 2017. Fuel of the future: Information is giving rise to a new economy. The Economist.

Eisenmann T, Parker G, van Alstyne M. 2011. Platform envelopment. Strategic Management Journal, 32 (12): 1270-1285.

Eisenmann T R, Parker G, van Alstyne M. 2009. Opening platforms: how, when and why? Platforms, Markets and Innovation, 6: 131-162.

Evans D S, Schmalensee R. 2007. Catalyst Code: the Strategies Behind the World's Most Dynamic Companies. Boston: Harvard Business School Press.

Evans D S, Schmalensee R. 2010. Failure to launch: Critical mass in platform businesses. Review of Network Economics, DOI: 10.2202/1446-9022.1256.

Evans D S, Schmalensee R, Noel M D, et al. 2011. Platform economics: Essays on multi-sided businesses.

Evans, Gawer. 2016. The Rise of the Platform Enterprise.

Gawer A. 2009. Platforms, markets and innovation: An introduction// Gawer A. Platforms, Markets and Innovation. Cheltenham: Edward Elgar Publishing.

Gawer A. 2011. Platforms, markets and innovation. Cheltenham: Edward Elgar Publishing.

Gawer A. 2014. Bridging differing perspectives on technological platforms: Toward an integrative framework. Research Policy, 43 (7): 1239-1249.

Gawer A, Cusumano M A. 2002. Platform leadership: How Intel, Microsoft, and Cisco drive industry innovation. Boston, MA: Harvard Business School Press.

Gawer A, Cusumano M A. 2008. How companies become platform leaders. MIT Sloan Management Review, 49 (2): 28.

Gawer A, Cusumano M A. 2014. Industry platforms and ecosystem innovation. Journal of Product Innovation Management, 31 (3): 417-433.

Hagiu A. 2006. Pricing and commitment by two-sided platforms. The RAND Journal of Economics, 37 (3): 720-737.

Hagiu A. 2009. Two-sided platforms: Product variety and pricing structures. Journal of Economics &

Management Strategy, 18 (4): 1011-1043.

Hagiu A, Spulber D. 2013. First-party content and coordination in two-sided markets. Management Science, 59 (4): 933-949.

Hagiu A, Wright J. 2015. Multi-sided platforms. International Journal of Industrial Organization, 43: 162-174.

Huber T L, Kude T, Dibbern J. 2017. Governance practices in platform ecosystems: Navigating tensions between cocreated value and governance costs. Information Systems Research, 28 (3): 563-584.

Hyvättinen H. 2006. Interface standards and creating innovation markets—implications on SMEs in a technology programme. Technovation, 26 (2): 262-273.

Jacobides M G, Cennamo C, Gawer A. 2018. Towards a theory of ecosystems. Strategic Management Journal, 39 (8): 2255-2276.

Kaiser U, Wright J. 2006. Price structure in two-sided markets: Evidence from the magazine industry. International Journal of Industrial Organization, 24 (1): 1-28.

Kapoor R, Agarwal S. 2017. Sustaining superior performance in business ecosystems: Evidence from application software developers in the iOS and android smartphone ecosystems. Organization Science, 28 (3): 531-551.

Koufteros X A, Vonderembse M A, Doll W J. 2002. Integrated product development practices and competitive capabilities: the effects of uncertainty, equivocality, and platform strategy. Journal of Operations Management, 20 (4): 331-355.

Koufteros X A, Vonderembse M A, Jayaram J. 2005. Internal and external integration for product development: the contingency effects of uncertainty, equivocality, and platform strategy. Decision Sciences, 36 (1): 97-133.

Langley P, Leyshon A. 2016. Platform capitalism: The intermediation and capitalization of digital economic circulation. Finance and Society, 3 (1): 11-31.

Lee C, Hwang J. 2018. The influence of giant platform on content diversity. Technological Forecasting and Social Change, 136: 157-165.

Lee M, Youn S. 2009. Electronic word of mouth (eWOM) How eWOM platforms influence consumer product judgement. International Journal of Advertising, 28 (3): 473-499.

Li M N, Porter A L, Suominen A. 2018. Insights into relationships between disruptive technology/innovation and emerging technology: A bibliometric perspective. Technological Forecasting and Social Change, 129: 285-296.

Mäkinen S J, Kanniainen J, Peltola I. 2014. Investigating adoption of free beta applications in a platform-based business ecosystem. Journal of Product Innovation Management, 31 (3): 451-465.

McAfee A, Brynjolfsson E. 2017. Machine, Platform, Crowd: Harnessing Our Digital Future. New York, W. W. Norton & Company.

McIntyre D P, Srinivasan A. 2017. Networks, platforms, and strategy: Emerging views and next steps. Strategic Management Journal, 38 (1): 141-160.

Miguel J C, Casado M N. 2016. GAFAnomy (Google, Amazon, Facebook and Apple): The Big Four and the b-Ecosystem// Uranga M G, Zabala-Iturriagagoitia J M, Guenaga J B. Dynamics of Big Internet Industry Groups and Future Trends. Cham, Switzerland: Springer International Publishing.

Moore J F. 1993. Predators and prey: A new ecology of competition. Harvard Business Review, 71 (3): 75-86.

Muzellec L, Ronteau S, Lambkin M. 2015. Two-sided Internet platforms: A business model lifecycle perspective. Industrial Marketing Management, 45: 139-150.

Nambisan S, Sawhney M. 2011. Orchestration processes in network-centric innovation: Evidence from the field. Academy of Management Perspectives, 25 (3): 40-57.

Nambisan S, Siegel D, Kenney M. 2018. On open innovation, platforms, and entrepreneurship. Strategic Entrepreneurship Journal, 12 (3): 354-368.

Nelson R R. 1992. National Innovation Systems: A Comparative Analysis. New York and London: Oxford University Press.

Ojala A, Evers N, Rialp A. 2018. Extending the international new venture phenomenon to digital platform providers: A longitudinal case study. Journal of World Business, 53 (5): 725-739.

Ordanini A, Miceli L, Pizzetti M, et al. 2011. Crowd-funding: transforming customers into investors through innovative service platforms. Journal of Service Management, 22 (4): 443-470.

Ozalp H, Cennamo C, Gawer A. 2018. Disruption in platform-based ecosystems. Journal of Management Studies, 55 (7): 1203-1241.

Parker G, van Alstyne M, 2018. Innovation, openness, and platform control. Management Science, 64 (7): 3015-3032.

Parker G, van Alstyne M, Choudary S P. 2016. Platform Revolution: How Networked Markets Are Transforming the Economy? and How to Make Them Work for You. London: WW Norton & Company.

Parker G, College D, van Alstyne M, et al. 2017. Platform ecosystems: How developers invert the firm. MIS Quarterly, 41 (1): 255-266.

Purvis R L, Sambamurthy V, Zmud R W. 2001. The assimilation of knowledge platforms in organizations: An Empirical Investigation. Organization Science, 12 (2): 117-135.

Rani U, Berg J M, Furrer M. 2018. Digital labour platforms and the future of work: Towards decent work in the online world. Geneva: International Labour Office.

Rayna T, Striukova L, Darlington J. 2015. Co-creation and user innovation: The role of online 3D printing platforms. Journal of Engineering and Technology Management, 37: 90-102.

Rietveld J, Schilling M A, Bellavitis C. 2019. Platform strategy: Managing ecosystem value through selective promotion of complements. Organization Science, 30 (6): 1232-1251.

Robertson D, Ulrich K. 1998. Planning for product platforms. SloanManagement Review, 39 (4): 19.

Rochet J C, Tirole J. 2003. Platform competition in two-sided markets. Journal of the European Economic Association, 1 (4): 990-1029.

Rochet J C, Tirole J. 2004. Two-sided markets: An overview. Institut d' Economie Industrielle

Working Paper.

Rochet J C, Tirole J. 2006. Two-sided markets: A progress report. The RAND Journal of Economics, 37 (3): 645-667.

Rysman M. 2009. The economics of two-sided markets. Journal of Economic Perspectives, 23 (3): 125-143.

Saadatmand F, Lindgren R, Schultze U. 2019. Configurations of platform organizations: Implications for complementor engagement. Research Policy, 48 (8): 103770.

Scholten S, Scholten U. 2012. Platform-based innovation management: Directing external innovational efforts in platform ecosystems. Journal of the Knowledge Economy, 3 (2): 164-184.

Shafiei Gol E, Stein M K, Avital M. 2019. Crowdwork platform governance toward organizational value creation. The Journal of Strategic Information Systems, 28 (2): 175-195.

Simon P. 2011. The age of the platform: How Amazon, Apple, Facebook, and Google have redefined business. Nevada: Motion Publishing.

Srinivas J, Das A K, Kumar N. 2019. Government regulations in cyber security: Framework, standards and recommendations. Future Generation Computer Systems, 92: 178-188.

Täuscher K, Laudien S M. 2018. Understanding platform business models: A mixed methods study of marketplaces. European Management Journal, 36 (3): 319-329.

Thomas L D W, Autio E, Gann D M. 2014. Architectural leverage: Putting platforms in context. Academy of Management Perspectives, 28 (2): 198-219.

Tiwana A. 2014. Platform Ecosystems: Aligning Architecture, Governance, and Strategy. San Francisco: Morgan Kaufmann Publishers Inc.

Tiwana A. 2015. Evolutionary competition in platform ecosystems. Information Systems Research, 26 (2): 266-281.

Tiwana A, Konsynski B, Bush A A. 2010. Research commentary-platform evolution: Coevolution of platform architecture, governance, and environmental dynamics. Information Systems Research, 21 (4): 675-687.

Tushman M L, Rosenkopf L. 1992. Organizational determinants of technological change: Towards a sociology of technological evolution. Research in Organizational Behavior, 14: 311-347.

van de Kaa G, Papachristos G, de Bruijn H. 2019. The governance of platform development processes: A metaphor and a simulation model. Technological Forecasting and Social Change, 138: 190-203.

Wan X, Cenamor J, Parker G, et al. 2017. Unraveling platform strategies: A review from an organizational ambidexterity perspective. Sustainability, 9 (5): 734.

WEF (World Economic Forum) . 2019. Platforms and Ecosystems: Enabling the Digital Economy. Switzerland.

West J. 2003. How open is open enough? Melding proprietary and open source platform strategies. Research policy, 32 (7): 1259-1285.

Weyl E G. 2010. Aprice theory of multi-sided platforms. The American Economic Review, 100: 1642-1672.

Wheelwright S C, Clark K B. 1992. Creating project plans to focus product development. Harvard Business Review, 70 (2): 70.

Wright J. 2004. One-sided logic in two-sided markets. Review of Network Economics, 3 (1): 44-64.

Zhao Y, von Delft S, Morgan-Thomas A, et al. 2020. The evolution of platform business models: Exploring competitive battles in the world of platforms. Long Range Planning, 53 (4): 101892.

Zhu F, Furr N. 2016. Products to platforms: Making the leap. Harvard Business Review, 94 (4): 72-78.

Zhu F, Iansiti M. 2012. Entry into platform-based markets. Strategic Management Journal, 33 (1): 88-106.

Zhu F, Liu Q H. 2018. Competing with complementors: An empirical look at Amazon. com. Strategic Management Journal, 39 (10): 2618-2642.

后　记

创新在我国现代化建设全局中居于核心地位，平台经济在构筑国家竞争新优势中意义重大。我在开展博士论文的选题、研究、写作过程之中，将创新组织模式作为选题方向，围绕高技术研究机构创新组织模式开展系统研究。研究发现“平台型”是高技术研究机构创新组织模式一种重要类型，代表了群体创新的新范式，具有非常强的创新活力，值得加以关注和重视。从此开启了我对平台创新的持续关注和研究历程。

近年来，平台创新研究飞速发展。我感觉有关平台经济和平台创新的研究，呈现出三个方面的重大变化：一是研究高度的显著提升。平台经济并非自上而下、顶层设计规划出来的，而是自下而上、市场驱动演化发展而来的。平台经济和平台创新一开始受到产业研究、学术研究的关注。最近几年，随着平台经济的爆发式增长，平台经济和平台创新成为一个非常重要的政策议题。平台经济写入“十四五”规划纲要，中央财经委员会第九次会议专题研究平台经济规范健康持续发展议题，受到最高层的高度重视和关注。二是研究广度的显著扩展。早期研究主要是从信息系统、反垄断的视角研究平台，后期研究开始从经济、创新、政治、政策、治理、运营、管理等各个学科领域视角研究平台，相关成果已经扩大到平台经济、平台创新、平台政策、平台治理等各个方面，逐步形成平台系统研究的理论体系。三是研究深度的显著增强。研究逐步从现象的描述、经验的归纳，深入到规律的总结、原理的分析。从宏观上，建立平台经济的理论架构，并阐释其政治经济原理。从中观上，分析平台经济的组织模式，建立平台运营的基本框架。从微观上，分析平台经济的基础原理，描述平台经济的发展规律。

迎接新一轮科技革命和产业变革，不仅要求科技生产力本身的发展，也要求科技生产关系的同步变革调整。其中，创新组织模式的转型变革是承上启下的关键。平台经济是在新一代信息技术驱动下，创新组织模式的深刻变革。随着新一轮科技革命与产业变革的深入发展，特别是新一代信息技术的广泛渗透融合，平台创新组织模式正在成为一种主流的创新组织模式，展现出强大的生命力和破坏力。目前各方面研究远未定型，平台创新研究仍然是一个需要在研究高度上不断提升，研究广度上不断扩展和研究深度上不断增强的领域。

本书在研究过程之中，得到了各方面领导专家的大力支持和帮助。特别是得到中国科学院科技战略咨询研究院院长潘教峰研究员的指导，得到国务院发展研究中心钱平凡研究员、国家信息中心王建冬处长和清华大学经济管理学院温琳博士后的指点，在此一并表示感谢！“路漫漫其修远兮，吾将上下而求索”！